“十四五”中国基建：国家重大基础设施发展思路研究

李连成　王杨堃　著

中国经济出版社
CHINA ECONOMIC PUBLISHING HOUSE
中国石化出版社
HTTP://WWW.SINOPEC-PRESS.COM

图书在版编目（CIP）数据

“十四五”中国基建：国家重大基础设施发展思路研究/李连成，王杨堃著．—北京：中国石化出版社，2022.8
ISBN 978-7-5114-6788-1

Ⅰ.①十…　Ⅱ.①李…②王…　Ⅲ.①基础设施建设-研究-中国　Ⅳ.①F299.24

中国版本图书馆CIP数据核字（2022）第138632号

中国石化出版社出版发行

地址：北京市东城区安定门外大街58号
邮编：100011　电话：(010) 57512500
发行部电话：(010) 57512575
http：//www.sinopec-press.com
E-mail：press@sinopec.com
北京富泰印刷有限责任公司印刷
全国各地新华书店经销
*
710×1000毫米16开本14.75印张208千字
2022年12月第1版　2022年12月第1次印刷
定价：69.00元

序　言

基础设施是经济社会运行的重要物质条件，在国家发展全局中具有战略性、基础性、先导性作用，相当程度上影响着经济要素和资源的时空配置效率，直接影响着人民群众的获得感和幸福感。党的十八大以来，以习近平同志为核心的党中央高度重视基础设施的建设和发展，领导和推动我国基础设施发展事业取得历史性成就、发生历史性变革。“十四五”时期，是我国全面建成小康社会、实现第一个百年奋斗目标之后，乘势而上开启全面建设社会主义现代化国家新征程、向第二个百年奋斗目标进军的第一个五年，党中央着眼全面建设社会主义现代化国家的战略全局，在《关于制定国民经济和社会发展第十四个五年规划和二〇三五年远景目标的建议》中，明确提出“构建系统完备、高效实用、智能绿色、安全可靠的现代化基础设施体系”。

国家重大基础设施是现代化基础设施体系的重中之重，发挥着重要的牵引和带动作用。为深入贯彻落实党中央、国务院相关决策部署，服务国家宏观决策和国家发展改革委中心工作，作为国家高端智库首批试点单位，中国宏观经济研究院在“2020年度国家高端智库选题”工作中，拟定了“‘十四五’国家重大基础设施发展规划思路研究”的课题任务，交由综合运输研究所具体组织开展研究工作。由于工作需要，我本人参加了这项课题的中期检查、终期验收等环节的评审工作，见证了课题主要核心观点的形成以及相关成果逐步完善的过程。在研究过程中，研究团队全面总结了我国重大基础设施建设发展的重要作用、基本经验、现实基础和突出短板，系统研判了重大基础设施高质量发展面临的新形势新要求，深入分析了“十四五”时期重大基础设施发展所具备的阶段转换特征，研究提出了“十四五”时期重大基础设施建设发展的总体思路、重点任务方向和重要保障措施，为国家发展改革委开展基础设施高质量发展、“十四五”综合交通运输体系规划等相关工作提供了重要参考和研究支撑。此外，课题研究也具有较高的学术价值，得到了业内专家的高度肯定，比如在适应性评价方面比较系统，在问题短板的分析方面有新意和深度，对阶段特征和变化趋势的分析具有前瞻性，在发展思路上有战略宏观性，任务方向上能聚焦重点，政策建议具体可行等。作为这项课题研究所形成的系列成果之一，本书的公开出版，是一件非常值得祝贺和鼓励的好事。

《“十四五”中国基建：国家重大基础设施发展思路研究》一书首次从基础设施支撑引领现代化经济体系建设的视角，对交通、能源、信息等领域传统基础设施、新型基础设施进行了较为全面和系统的研究，深入阐述了大变局下以系统协同、联动融合方式推动基础设施高质量发展、结构性改革和发挥支撑引领作用的理论及现实依据。从内涵目标、方式路径、着力重点等层面深入分析了基础设施发展由规模快速扩张到整体质量效益、由独立割裂粗放发展到创新协同融合发展、由基础设施网络化建设到网络型基础设施产业化治理等重大阶段转换特点，提出了基础设施要在匹配适应经济社会发展的基础上进一步催生经济发展新动能，支撑引领现代化经济体系建设。同时，本书基于未来重大形势研判及长期以来基础设施发展存在的突出短板，明确提出了“十四五”时期，重大基础设施应着力推动传统基础设施精准化补齐短板、基础设施数字化绿色化转型升级和数字基础设施网络化协同融合等三大重点任务，并对各项任务的实施路径进行了细致剖析。此外，本书还系统论证了相关行业治理体系优化调整的方向和关键举措，建议政府决策部门应充分重视瞄准经济资源时空配置的“目标”治理、竞争中性的开放互联的“门槛”治理以及全生命周期的精细化管理的“过程”治理等三大重点保障措施。上述这些在理论和政策应用研究层面上的创新性成果的取得，不仅是综合运输研究所近些年来在“交通与经济融合发展”主题下进行研究探索的一种体现，也是宏观经济研究院在高端智库建设中不断加强多学科融合性研究的一种收获，因此，也是值得鼓励和祝贺的。

2022年4月26日，习近平总书记在主持召开中央财经委员会第十一次会议上再次强调指出，基础设施是经济社会发展的重要支撑，要统筹发展和安全，优化基础设施布局、结构、功能和发展模式，构建现代化基础设施体系，为全面建设社会主义现代化国家打下坚实基础。这为新发展阶段统筹推进基础设施现代化提供了重要遵循，也为今后我们开展现代化基础设施体系建设的相关研究提出了新的更高的要求。希望综合运输研究所能够紧跟新形势新要求，在自身优势领域深耕细作的同时，围绕国家发展改革委中心工作和宏观经济研究院高端智库建设重点，持续拓宽研究视野，增强理论功底和知识储备，深化跨学科融合性研究，细化调查研究，不断取得更多更丰硕的研究成果，更好发挥决策支撑和参谋助手作用。

吴晓华（中国宏观经济研究院副院长）

2022年10月15日

前　言

基础设施在国家发展全局中具有战略性、基础性、先导性作用，是经济社会发展的重要支撑。重大基础设施发展在推动国土资源开发、优化区域经济格局、搭建开放经济体系、承载宏观经济调控、带动相关产业发展等方面作用突出。从基础设施与国民经济和社会发展的适应性来看，1949年以来，我国基础设施的建设和发展大致经历了“被动追赶”“瓶颈制约”“初步缓解”“基本适应”等发展阶段。党的十八大以来，我国步入开创中国特色社会主义新时代，基础设施建设和发展取得许多新的历史性成就，在重大科技设施、水利工程、交通枢纽、信息基础设施、国家战略储备等方面取得了一批世界领先的成果，基础设施整体水平实现跨越式提升，基础设施对经济社会发展的重要支撑作用得到进一步巩固和增强。当前及今后一个时期，我国经济处在转变发展方式、优化经济结构、转换增长动力的攻关期，建设现代化经济体系是跨越关口的迫切要求和我国发展的战略目标。对照现代化经济体系建设的战略目标要求，我国基础设施的建设和发展在空间布局、系统结构、经济融合、体制机制上还存在诸多短板，同国家发展和安全保障需要相比还不适应，亟须进一步贯彻落实党中央和国务院的决策部署，加倍努力构建现代化基础设施体系，持续深入推动国家重大基础设施的高质量发展。

“十四五”时期，我国经济社会发展面临许多新的机遇和挑战，基础设施发展也相应地面临深刻的系统性结构调整要求。笔者认为，要努力构建现代化基础设施体系，做好重大基础设施的发展规划，必须立足新发展阶段、贯彻新发展理念、构建新发展格局，系统研判基础设施发展的内涵目标、方式路径、作用机制和着力重点实现重大阶段转换的关键特征，深入分析基础设施发展所面临的宏观经济下行压力加大、投资边际效益下降、债务负担有所加重、资源环境约束趋紧等突出挑战，兼顾支撑现代化经济体系建设的战略目标和应对当前经济发展形势的重点任务，统筹谋划基础设施整体优化、协同融合发展以求高质量支撑引领经济社会发展的综合性解决思路。

基于上述研究背景，研究团队承担了国家高端智库选题、中国宏观经济研究院重点课题"'十四五'国家重大基础设施发展规划思路研究"，尝试立足基础设施支撑引领现代化经济体系建设，围绕基础设施高质量发展这一主题，契合国家重大发展战略，在系统研判我国基础设施发展形势要求及重大阶段转换特征的基础上，针对结构性矛盾短板，综合时空经济、经济地理、运输经济等学科理论方法，借鉴发达国家相关经验，聚焦交通、能源、信息等基础设施领域，从推动系统协同、联动融合和优化资源要素时空配置的视角，提出"十四五"时期我国重大基础设施发展规划思路及相关措施建议。以课题研究为基础，联系经济社会发展形势，课题组成员为相关政策建言献策，在《经济日报》《宏观经济研究》等发表文章，取得良好效果。课题获得2021年度中国宏观经济研究院优秀研究成果奖二等奖，本书即是在这项课题研究的基础上，经过进一步调整、补充、修改及总结提炼而形成的一项应用成果。

本书强调，"十四五"时期，国家重大基础设施发展应深度契合新发展格局下的产业链、供应链需求，以系统协同、联动融合方式推进基础设施领域供给侧结构性改革，着力实施传统基础设施精准化补齐短板、基础设施数字化绿色化转型升级和数字基础设施网络化协同融合等三大重点任务，并从目标、门槛、过程等三个方面深入调整优化相关行业治理体系。

本书共分为九章，李连成、王杨堃负责全书总体思路、框架设计、组织协调、统稿及修订工作。第一章为绪论，从适应性评价、形势要求、阶段特征、思路目标、任务方向和举措建议等方面，对全书主要研究内容进行了概述，主要执笔人为李连成、王杨堃、秦山等；第二章为基础设施建设支撑现代化经济体系作用研究，对现代化经济体系的基本内涵与建设要求、基础设施与现代化经济体系建设的关系、基础设施建设支撑现代化经济体系的作用效果及其地位作用进行了分析，执笔人为向爱兵、王杨堃；第三章为基础设施发展面临的形势与要求，从国际、国内、中长期及“十四五”期等维度，分析了基础设施发展面临的宏观形势和主要要求，执笔人为李名良、王杨堃；第四章为发达国家基础设施规划经验借鉴，对英国、美国、日本等国家的相关基础设施规划理念、方法及其对我国基础设施规划的启示进行了阐述，执笔人为钱寒峰、王杨堃；第五章为交通基础设施发展重大任务及重大工程研究，对我国交通领域基础设施现状问题、发展思路、重点任务及保障措施进行了分析，执笔人为张广厚、王杨堃、王淑伟；第六章为传统基础设施智能化发展研究，对我国基础设施智能化发展的现状问题、形势要求、整体思路建议、主要任务及保障措施进行了分析，执笔人为陈晓博、王杨堃；第七章为能源输送基础设施现状及战略需求，对我国能源输送基础设施的现状问题、发展建议和趋势展望进行了分析，执笔人为肖新建、王杨堃；第八章为信息基础设施发展思路及主要任务，对我国信息基础设施发展的现状问题、思路目标、主要任务、政策建议进行了分析，执笔人为牟春波、王杨堃；第九章定方位、谋长远、促融合、开新局，作为全书的总结，从现实基础、形势研判、阶段特征、总体思路、主要任务、治理体系等方面，对我国“十四五”重大基础设施发展规划思路的主要观点进行了系统提炼，执笔人为王杨堃。

本书创作过程中，得到中国宏观经济研究院吴晓华副院长、马晓河研究员、肖金成研究员、韩文科研究员、孙学工研究员等专家的指点，他们对书中的主要观点给予了高度评价，并提出了宝贵的修改意见和建议。此外，本书的出版，也得到国家发展改革委基础设施发展司、中国宏观经济研究院科研管理部、国家发展改革委能源研究所、中国信息通信研究院产业与规划研究所的帮助和支持，在此一并感谢。

囿于时间及新冠肺炎疫情的影响，相关调查研究工作受限，加之笔者水平有限，书中定有诸多不妥之处，敬请广大读者批评指正，并衷心希望本书能在业内引发更多关于我国现代化基础设施体系建设的关注和讨论。

李连成

2022年10月7日

目 录

第一章 绪论

“十四五”时期是我国全面建成小康社会、实现第一个百年奋斗目标之后，乘势而上开启全面建设社会主义现代化国家新征程、向第二个百年奋斗目标进军的第一个五年，也是完整贯穿新发展理念、实现基础设施发展之内涵目标、方式路径、作用机制和着力重点重大阶段转换的关键期。重大基础设施的发展对国家经济体系建设具有战略先导性作用，在推动国土资源开发、优化区域经济格局、搭建开放经济体系、承载宏观经济调控、带动相关产业发展等方面具有突出作用。当前，我国基础设施在建设规模、供给能力上已取得显著成效，但对照建设现代化经济体系的战略要求，在空间布局、系统结构、经济融合、体制机制上还存在诸多短板，且面临宏观经济下行压力加大、投资边际效益下降、债务负担持续加重、资源环境约束趋紧等重大挑战。因此，必须兼顾支撑现代化经济体系建设的战略目标和应对当前经济形势的短期任务，统筹谋划基础设施整体优化、协同融合发展以求高质量支撑引领经济社会发展的综合性解决思路。“十四五”时期，国家重大基础设施发展，应深度契合新发展格局下的产业链、供应链需求，以系统协同、联动融合方式推进基础设施领域供给侧结构性改革，着力实施传统基础设施精准化补齐短板、基础设施数字化绿色化转型升级和数字基础设施网络化协同融合等三大重点任务，并从目标、门槛、过程等三个方面深入调整优化相关行业治理体系。

“十四五”时期，是我国由全面建成小康社会向基本实现社会主义现代化迈进的关键开局时期，是“两个一百年”奋斗目标的历史交汇期，也是全面开启社会主义现代化强国建设新征程的重要机遇期。如何在

"十四五"时期进一步夯实现代化经济体系的长远发展基础，同时有效应对复杂多变的宏观经济形势（包括因新冠肺炎疫情而进一步加大的经济下行压力），促进当前经济稳增长，是重大基础设施发展所要承担的历史使命。这既要着眼于中长期现代化经济体系建设的一系列战略目标，也要着力于短期内释放振兴实体经济的带动能力；既要注重为传统基础设施领域补短板，也要注重为新型基础设施发展创造条件，特别是传统基础设施的数字化、智能化转型升级和数字基础设施发展及由此带来的联动融合发展效应。既要注重不同基础设施发展的个性特征，也要结合各种基础设施发展的共性规律。既要发挥重大基础设施投资拉动的作用，也要注重防控和应对金融、债务、生态等领域的风险挑战。因此，迫切需要统筹谋划基础设施整体优化、协同融合发展以求高质量支撑引领经济社会发展的综合性解决思路。

本书聚焦对国民经济和社会发展具有全局性、战略性、引领性、前瞻性的重大基础设施，主要涉及交通、物流、能源、信息及水利等领域，包括顺应新一代信息技术发展要求，满足数字经济发展要求的新型基础设施建设。

一、国家重大基础设施发展的适应性评价

（一）重大基础设施发展成效总体评价

基础设施是国民经济和社会发展的重要支撑，优先发展基础设施是我国取得巨大发展成就的重要经验之一。重大基础设施的发展对国家经济体系建设具有重要的战略先导性，同时也是应对经济周期性变化、实施宏观调控的重点领域。

1.推动国土资源开发

自然资源、人口分布及区域发展的不均衡性是我国经济地理的重要特征，也是经济活动产生地域联系的根本原因。北煤南运、西气东输、西电东送、南水北调等国家重大系统性工程，在推动国土资源开发、促进能源

及产业结构调整、保障经济民生等方面发挥了巨大作用。如西气东输工程，20年来累计实现天然气管输商品量超过5400亿立方米，推动天然气在我国一次能源消费结构中的比例提高到8%以上，替代标准煤6.1亿吨，减排温室气体7.2亿吨、粉尘4.2亿吨，使近5亿人直接受益。

2.优化区域经济格局

改革开放以来，我国区域经济发展格局先后主要经历了从“沿海、内陆”（二分法）、“东中西三大地带”（三分法）、“东、中、西、东北四大板块”（四分法）到目前以“精准化协同化”为显著特征的几个阶段。与此同时，随着新型城镇化和乡村振兴战略的实施，以“城市群、都市圈”为主体形态的城镇化发展格局和以“生产空间集约高效、生活空间宜居适度、生态空间山清水秀”的乡村“三生”空间格局日渐凸显。在这一过程中，国家骨干公路网、民航机场及其航线网络、高速铁路网、农村公路网、内河航道网等交通基础设施大发展，极大地压缩了资源要素流动的时空距离和位移成本，在支撑国家区域发展战略、优化区域经济格局等方面发挥了重要作用。依托长江黄金水道构建的综合立体交通走廊、倚重轨道交通骨干推进的区域交通一体化发展以及借助港航网络拓展和转型升级的自由贸易港建设，在长江经济带、京津冀一体化和海南自由贸易试验区等国家重大区域发展战略中充当了“先行军”的角色。

3.搭建开放经济体系

基础设施在国际和全球范围内的互联互通，是一国参与全球生产贸易分工体系的重要凭借，也是最易被国际社会所认可和接纳的国际公共物品的供给。交通、能源、通信等领域的互联互通，促进了人员、物资、能源、信息等要素的跨国流动，延展了国内区域开放开发的战略纵深，增强了我国统筹利用国内国际两种资源、两个市场的能力。沿海港航设施体系的完善为东部地区率先融入国际经贸体系奠定了基石，以中欧班列为代表的国际铁路联运通道建设为中西部地区打造内陆开放高地拓展了新空间，国际航空网络、能源进口通道为人员高效流动和能源安全提供了重要保障。

4.承载宏观经济调控

由于过去相当长的一个时期，我国基础设施总体处于相对短缺的状态，作为国家宏观调控的重点领域之一，基础设施的大规模投资建设，在应对1998年和2008年两次输入型经济危机的过程中发挥了重要的内需拉动作用，并且也为政府积累了主动应对危机的有关经验和教训。与两次危机相对应的是，"十五"期间，全社会累计完成公路、水路等交通建设投资超过新中国成立以来51年完成投资的总和，高速公路新增里程是"八五"和"九五"建成高速公路总和的1.5倍；"十一五"期间，铁路基本建设投资是"十五"投资的6.3倍，铁路营业里程增长了20.7%。

5.带动相关产业发展

基础设施的建设发展，因其投资乘数效应、规模范围经济、网络外部性影响等作用机理，直接或间接地带动其他相关产业发展。基础设施的投资建设，直接带动建筑建材、装备制造、金融等产业发展，设施的网络化覆盖，推动旅游、商贸、电子消费等行业繁荣，设施的智能化绿色化改造升级，促进新一代信息技术、环保科技的应用及由此衍生的各类新产品及服务新业态。受益于基础设施的大发展，我国在桥梁工程技术、港口装卸设备、轨道交通装备技术等领域处于世界先进地位，并成为全球第一大互联网市场。

（二）"十三五"重大基础设施发展的基本现状

"十三五"时期，我国基础设施发展在网络化建设、供给能力、服务质量、发展业态等方面取得新成就，总体适应经济社会发展需要。

1.投资规模创下新高

"十三五"时期，交通领域固定资产投资仍旧保持较大规模和较大增速，截至2019年年底，已累计完成超过12.6万亿元，较"十二五"同期增长37%。2020年上半年虽然受到新冠肺炎疫情影响，但交通固定资产投资累计已完成14499亿元，预计全年固定资产投资仍将在3万亿元以上，"十三五"时期累计投资达到16万亿元左右，较"十二五"时期增长超30%。从“十三五”时期内年度走势看，交通投资总规模呈现“起跳企稳”的特点，2017年公路投资规模大幅增长3000亿元以上，年度投资一举超过2万亿元，带动当年交通固定资产投资规模超过3万亿元，之后2018年和2019年交通固定资产投资规模开始稳定在3.2万亿元以上（表1-1）。

表1-1 “十三五”时期交通基础设施投资建设形势分析表

铁路投资建设保持高位稳定	“十三五”时期前四年铁路投资建设分别达到8015亿元、8010亿元、8028亿元和8029亿元，四年平均投资达8021亿元，较“十二五”同期增长18.9%。其中，国家铁路完成投资自2016年起分别为7676亿元、7606亿元、7603亿元和7511亿元，是力促交通稳投资的“压舱石”
公路投资建设规模大幅增加	“十三五”时期前四年公路投资建设规模分别为17975.81亿元、21253.33亿元、21335亿元和21895亿元，前四年总投资达到8.24万亿元，较“十二五”同期增长51.4%，对交通投资总规模增长的贡献率超过80%。其中，高速公路投资建设规模分别为8235.32亿元、9257.86亿元、9972亿元和11504亿元，呈逐年上升趋势；普通国省道投资建设分别为6081.28亿元、7264.14亿元、6378亿元和4924亿元，自2017年之后下降趋势较为明显
水运投资建设规模明显下降	“十三五”时期前四年水运投资建设规模分别为1417.37亿元、1238.88亿元、1191亿元和1137亿元，前四年总投资达到4984亿元，较“十二五”同期下降15.4%。其中，内河建设规模四年分别为552.15亿元、569.39亿元、628亿元和614亿元，呈逐年上升趋势；沿海建设规模分别为865.23亿元、669.49亿元、563亿元和524亿元，出现大幅下降。一方面从2018年起水运投资建设重点开始转向内河水运建设，另一方面沿海建设规模的大幅下降对水运投资建设整体规模造成一定影响
民航投资建设规模大幅增长	“十三五”时期，受北京大兴国际机场、成都新机场等重大项目带动影响，前四年民航投资建设规模分别为782.4亿元、869.4亿、857.9亿元和969.4亿元，前四年总投资达到3479.1亿元，较“十二五”同期增长22%

2.网络建设持续完善

“十三五”时期，各种基础设施网络建设持续完善，网络规模和覆盖范围进一步扩大。交通方面，2016年至2019年年底，铁路营业里程新增1.8万公里，总里程达13.9万公里，其中高铁营业里程新增1.6万公里，总里程达3.5万公里；公路里程新增43.6万公里，总里程达501.25万公里，其中高速公路里程新增2.7万公里，总里程达14.96万公里；民用航空机场新增28个，机场总数达238个，定期航班通航城市新增30个，总数达234个。能源方面，截至2019年年底，全国220千伏及以上输电线路回路长度已达75.5万千米，变电设备容量已达42.6亿千伏安；油气长输管道总里程达到13.9万千米，其中天然气管道约8.1万千米，原油管道约2.9万千米，成品油管道约2.9万千米；全国投产LNG接收站21座，总接卸周转能力达到6695万吨。通信方面，全国光缆线路长度新增2262.7万公里，总长度达4750万公里；互联网宽带接入端口数量新增4.46亿个，总数达9.2亿个，其中光纤接入端口数量新增5.67亿个，总数达8.5亿个；全国移动电话基站总数新增374.2万个，总数达841万个，其中4G基站新增366.9万个，总数达545万个，共建成5G基站13万个（表1–2）。

表1-2　从中长期规划看"十四五"时期相关基础设施建设及服务发展空间

铁路网基本实现规划目标	根据《中长期铁路网规划》发展目标，2019年年底铁路营业里程距离2025年目标还有3.6万千米发展空间，其中高铁营业里程基本接近规划目标
油气管网设施存在明显差距	根据《中长期油气管网规划》发展目标，2019年年底油气管网规模距离2025年目标还存在10万千米的差距，其中天然气管网距离发展目标还存在8万千米的差距；2018年年末全国天然气用气人口距2025年目标还存在1.8亿人口的差距，天然气消费规模在能源消费结构中的比例还存在4.2%的差距。总体来看油气管网发展规模较规划目标明显滞后，基础设施需进一步加大投入
通信基础设施服务仍有较大发展空间	根据《国家信息化发展战略纲要》发展目标，2019年年底我国信息消费综合及电子商务交易额约达到2025年既定目标的50%，互联网国际出口带宽约达到2025年既定目标的17.5%，仍存在较大发展空间

3.供给能力总体适应

"十三五"时期，各种基础设施供给能力进一步提高，总体适应我国社会和经济发展需求。交通方面，2019年铁路客运量达36.6亿人次，货运量达43.89亿吨；公路客运量达130.12亿人次，货运量达343.55亿吨；民航旅客运输量6.6亿人次，货邮运输量753.2万吨。能源方面，2019年能源消费总量达48.6亿吨标准煤，煤炭消费量增长1.0%，原油消费量增长6.8%，天然气消费量增长8.6%，电力消费量增长4.5%。信息通信方面，2019年三家基础电信企业的固定互联网宽带接入用户总数达4.49亿户，其中1000Mbps及以上接入速率的用户数为87万户，100Mbps及以上接入速率的用户总数达3.84亿户，固定宽带迈入千兆时代；4G用户总数达到12.8亿户，移动互联网接入流量消费达1220亿GB，移动互联网月户均流量达7.82GB/户/月，其中手机上网流量达到1210亿GB；全国数据中心平均电源使用效率（PUE）为1.6左右，实现了质的飞跃（表1-3）。

表1-3 “十三五”时期基础设施供给能力分析

运输结构调整取得明显成效	2016年到2019年，交通基础设施营业性客运量降低7.36%，客运周转量提高13.15%，货运量提高7.16%，货物周转量提高6.37%。其中，铁路客运量及客运周转量、货运量及货运周转量均大幅增长，公路客运量及客运周转量、货运量及货运周转量出现不同程度的下降，说明运输结构调整及“公转铁”行动取得较为明显的成效
能源供应能力进一步优化	截至2018年年底，我国总发电装机容量达到18.99亿千瓦，其中火电11.4亿千瓦，水电3.5亿千瓦，风电1.8亿千瓦，太阳能发电1.7亿千瓦，均居世界第一；已建成数十条全球电压等级最高的特高压输电线路，保障电力资源的优化配置；已基本形成西油东送、北油南运、西气东输、北气南下、海上登陆、就近供应的油气管道供应格局，LNG接收站总接卸周转能力比2016年提高43.06%
移动互联网业务发展迅速	2016年到2019年，我国移动电话用户数增长21.21%，移动电话普及率提高18.92%，4G用户数增长66.23%，固定互联网宽带接入用户数提高51.18%，并迈入千兆时代，移动互联网接入流量消费提高1203.42%，说明“十三五”时期通信基础设施供给能力尤其是移动互联网业务呈现出快速发展的态势

4.服务质量稳步提高

“十三五”时期，基础设施服务水平稳步提高，安全、绿色与普遍服务水平进一步提升。交通方面，铁路领域未发生特别重大、重大交通事故，公路水路未发生特大事故，交通事故死亡人数逐年下降；交通运输能耗总体上呈逐年降低趋势。能源方面，2019年天然气、水电、核电、风电等清洁能源消费量占能源消费总量的比例达23.4%，"十三五"时期呈逐年上升趋势。信息通信方面，全国农村宽带用户新增7079万户，总数达1.35亿户，每年增长幅度超过20%，普遍服务成效显著；全国光缆线路总长度达4750万公里，光网改造效果明显；4G覆盖盲点不断被消除、移动通信核心网能力持续提升，夯实5G网络建设基础（表1-4）。

表1-4 "十三五"时期基础设施服务质量

交通基础设施节能减排取得积极成效	2016年到2019年，国家铁路单位运输工作量综合能耗降低16.35%，污染物排放中化学需氧量排放量降低9.77%，二氧化硫排放量降低77.27%；公路专业货运企业每百吨千米单耗标准煤降低5.56%，城市公交企业每万人次单耗标准煤降低6.25%；远洋和沿海货运企业每千吨海里单耗标准煤降低4%，港口企业每万吨单耗标准煤降低16%。总体来看交通运输业节能减排工作在"十三五"时期取得了积极成效
煤电超低排放和节能改造目标提前完成	截至2018年三季度末，我国煤电机组累计完成超低排放改造7亿千瓦以上，提前超额完成5.8亿千瓦的总量改造目标，加上新建的超低排放煤电机组，我国达到超低排放限值煤电机组已达7.5亿千瓦以上；节能改造累计完成6.5亿千瓦，"十三五"期间完成改造3.5亿千瓦，提前超额完成"十三五"时期3.4亿千瓦改造目标
通信基础设施普遍服务实现快速增长	2016年到2019年，我国农村宽带用户从7454万户增长到1.35亿户，增长81.11%，农村网民规模从2015年的1.95亿人增长到2018年的2.22亿人，互联网普及率提高了6.8%，通信业普遍服务成效显著，农村宽带用户与互联网普及实现了快速增长

5.融合发展成效初显

"十三五"时期，传统基础设施与互联网等新兴产业融合发展成效初显，新业态发展迅速。交通方面，"网约车""共享单车"等新业态利用信息化手段提高了服务能力和服务效率，为城市交通提供了多样化的供给，更好地满足了人民群众的出行需求。2019年全国已有247个城市发布了网约车规范发展的具体办法和意见，110多家网约车平台公司获得经营许可，全国已经发放了68万本网约车驾驶员证、45万本车辆运输证，网约车平台的日均使用量达到2000万人次，"共享单车"约1000万人次。

能源方面，风电、光伏等新能源产业稳步发展，能源互联网催生大量的新业态、新模式，带动新能源、新材料、智能制造、电动汽车等战略新兴产业蓬勃发展，推动能源市场开放和产业升级。信息通信方面，通过加强生态合作，聚焦物联网、云服务、智慧生活、垂直行业应用、5G等重点领域，加快培育新兴业务。截至2019年年底，三家基础电信企业发展蜂窝物联网用户达10.3亿户，全年净增3.57亿户；网络电视用户全年净增3870万户，占净增光纤接入用户的78.9%（表1–5）。

表1-5 “十三五”时期基础设施融合发展成效

交通基础设施推动数字化、智能化改造升级	2019年，传统交通基础设施数字化智能化改造升级取得了积极进展。公路方面，已开展多地5G高速公路示范段建设，全国联网收费高速公路架设ETC门架2.46万个；40%国省干线公路的重点路段、特大桥梁、特长隧道实现了运行状况的智能感知；铁路方面，智能化铁路信号系统得到广泛应用，京张智慧高铁投入运营；水运方面，北斗卫星导航已经在3200余座内河导航设施和2900余座海上导航设施安装应用，长江、西江干线数字航道基本建成，厦门远海、上海洋山、青岛等港口自动化码头投入运营，全国沿海、内河船舶交通管理系统建设雷达站227座，监管覆盖水域7万余平方千米
智能电网建设日趋完善	根据国家智能电网规划相关目标，“十三五”时期是智能电网全面建设阶段，到2020年要全面建成统一智能电网。从建设进度来看，调度、变电、用电监测环节基本实现自动化，目前主要指标逐步达成预期目标。其中，城市供电可靠率、城市综合电压合格率、农网供电可靠率、智能电表覆盖率已提前完成既定目标，农网综合供电电压合格率、综合线损率接近既定目标，仅配网自动化覆盖率与既定目标存在一定差距
5G业务加快发展、市场前景良好	2019年10月底5G正式商用后，我国5G用户规模与网络覆盖范围同步快速扩大。截至2019年年底，我国5G基站数超13万个，用户规模以每月新增百万用户的速度扩张，国内35款5G手机获得入网许可，5G手机出货量1377万部，呈明显增长趋势。5G高速、高可靠、低时延特性满足医疗健康、自动驾驶、公共事业、智慧城市、物流等领域数十亿设备的信息传输需要，电信业积极主动推进5G生态建设，在摄影级视频、监控级视频、实时交互、AR/VR/MR、无人机、远程控制、机器人等领域加强应用开发，挖掘行业价值，同时加快向家庭应用延展，提升移动通信网络在智能门禁、安全门锁、燃气检测、智慧烟感、电气火灾等应用的网络连接优势，叠加更多的服务功能，推动市场发展

（三）当前基础设施发展的突出短板

从全局来看，当前我国基础设施发展的突出矛盾是结构性的，在空间布局、系统结构、经济融合以及体制机制等层面还存在明显短板。

1. 空间布局短板

从国土资源空间开发及区域经济发展角度审视，各种基础设施的综合规划布局，尚不适应区域经济发展格局转变对基础设施布局建设的精准化和协同化要求。一是支撑国土空间开发的骨干网络尚未完全贯通，比如铁路、高速公路、油气管网等设施还有相当数量的骨干通道需要建设，特别是跨区域空间跨功能层级的接合部有待联通。二是城镇化发达地区，特别是都市圈、城市群形态逐步显现的地区，设施发展面临提档升级需求大、土地空间局限大等方面的矛盾，比如新建设施可利用的通道资源日渐紧缺，土地综合开发供需矛盾突出。三是中西部等经济欠发达地区，特别是"老少边穷"地区的设施覆盖范围和服务可靠性仍待提升。

2. 系统结构短板

从设施网络自身的技术等级、功能分工以及设施之间的系统性衔接角度来看，还存在大量制约系统整体效率提升的突出问题。一是设施网络层次不清晰，功能结构待完善，如区际、城际、市域（郊）、城市等层次的轨道交通缺乏功能的清晰界定和有效衔接，普通国道和国家高速公路之间的衔接协调不够，枢纽、干线、支线、通用航空等层次的民航机场功能结构待完善。二是设施等级结构不够匹配，比如高等级公路、高等级航道、高速信息网络占比相对偏低，一些铁路客运通道不同区段的技术等级差别过大。三是点线能力和效率配合不充分，通道、线路型设施建设相对较快，枢纽、场站等设施发展较弱，综合性的枢纽衔接设施则更为滞后，比如综合交通枢纽换乘效率普遍较低，风光等发电设施与输电网络消纳矛盾突出。四是不同设施间的功能互补不足，比如在处理"输煤"与"输电"关系下统筹交通能源通道和特高压电力通道建设上仍不够充分，一些水利设施与通航设施形成制约关系。五是存量设施利用和新建设施间的关系不够协调，比如一些地区的存量设施尚未充分挖潜利用，就开始新建设施，一定程度上造成资源浪费和效率损失。

3.经济融合短板

从深化经济联动融合角度来看，设施布局建设和功能与相关产业间的衔接互动仍较弱。一是全局性系统性认识不足，对设施建设的认识更多的是作为投资拉动工具，缺乏从时空资源配置视角理解设施建设和运营的重要性，传统企业受经营方式、经营理念、思维惯性等因素的影响，对应用新型信息技术、环保技术改造的意愿不强烈。二是需求对接不精准，大多数地区的整体规划不合理，既不利于产业的持续发展，也不贴合本地实际服务需求，互联网在应用水平方面的价值还有待进一步挖掘。三是业态融合创新基础不扎实，传统产业总体创新水平不足，一些核心技术的开发和应用仍受制于人。四是与生态环保的适配性仍有待大幅提升，一方面生态环保领域的规划、政策及管理要求仍较粗放，存在“一刀切”问题；另一方面，各设施领域落实生态环保要求，实施绿色化改造的举措及其综合效果参差不齐，尚未形成有效的产业化治理。

4.体制机制短板

上述短板的形成有着更深层次的制度性因素。一是准入方面，部分行业还存在着市场开放程度较低、公平准入困难、区域垄断特征显现等问题，“信息孤岛”“数字鸿沟”等问题也依然严重。二是监管方面存在流程复杂、协同机制不健全、效率较低等问题。三是基础设施规划、设计、建设、运营及维护等环节，缺乏有利于基础设施整体功能发挥的统筹衔接和资金合理运用等条件，不仅积累了大量隐性债务，而且基础设施投资的风险也在加大。四是行业标准化、产权保护、信息安全环保法规等基础制度仍有待健全。

二、“十四五”基础设施发展面临的形势及要求

当今世界正经历百年未有之大变局，新冠肺炎疫情全球大流行使这个大变局加速变化。“十四五”时期，我国面临国内外环境深刻变化带来的

新矛盾、新挑战，需要准确识变、科学应变、主动求变，聚焦高质量发展主题，进一步深化供给侧结构性改革，形成以国内大循环为主体、国内国际双循环相互促进的新发展格局。基础设施发展也相应地面临深刻的系统性结构调整。

（一）"十四五"基础设施发展面临的形势研判

1.全球大联通时代各大国围绕全球联通新技术和规则展开激烈竞争

信息技术已经成为新一轮科技革命和产业变革的核心引擎，社会各个领域、世界每个角落正在被动员起来构建一个高效互联的庞大网络，建立全球大联通系统是大势所趋。当前，为了权衡全球化的各种利害关系，平衡联通效率和安全之间的矛盾，区域板块化深度联通系统率先崛起，北美、欧盟、亚洲三大区域化供应链、产业链、价值链联盟逐步浮出水面。在全球自由贸易方面，美国推行"三零"（零关税、零壁垒、零补贴）原则，企图构建由美国主导的新型全球贸易体系。与新贸易和治理体系变革相对应，全球联通系统发生剧烈变化，围绕产业链、价值链布局加快重构供应链，设施联通调整随之加速。同时，世界主要大国为了争取在新全球大联通时代对己更加有利的地位，增强对全球和国家供应链、产业链、价值链的管控能力，在联通技术和规则方面展开激烈竞争，加强信息和智能技术创新，争抢相关技术标准和规则话语权。

2.新发展格局提出设施联通新方向和新要求

消费端面临内需主导、内外需有机结合的多元开放市场。内需在终端消费市场的主导地位不断增强，我国内需市场是高度开放的市场，内需与外需有机结合将构筑一个更加开放多元的大市场。随着我国开放的大门越打越开，超大规模内需市场成为全球资本和企业重点争夺的对象，内需国际化步伐加快，内需与外需加速融合，设施联通的布局和重点内外兼顾。生产环节，构建以大空间尺度协作为核心的自主组织网络。我国产业转型升级加快，补齐中高端领域发展短板，价值控制和获取能力不断增强，改变以往"被组织"的生产模式，逐渐转变为"主动组织”和全球生产体系的主导者。依托超大规模内需市场，凭借不断增强的供给实力，我国将构建更加高效自主的产业组织网络，在大空间尺度范围内建设经济增长极和增长带，京津冀协同发展、长江经济带、粤港澳大湾区和长三角一体化等区域战略深入推进，城市群、都市圈和中心城市等发展的重要性不断提升。我国原材料进口规模巨大，部分资源进口规模增速和对外依存度呈双高趋势，未来原材料大规模进口难以避免。在打造大空间尺度经济增长极和增长带过程中，跨区域基础设施建设需求增多，以都市圈和城市群为主要空间载体的设施网络呈现板块化特征。对外设施联通方面，在“一带一路”框架下稳步推进“六廊六路”，构建多元化通道格局。

3.信息化和智能化等新技术对基础设施发展带来新机遇

科技进步是经济和社会发展的根本力量，而每次关键技术群体性突破和运用都带来了经济社会生产力跃升。第一次工业革命，蒸汽机的发明带来了机械化，开启了工业生产时代；第二次工业革命，电力应用催生了大规模生产方式，推动了钢铁、机械等工业的崛起；第三次工业革命，计算机技术促进生产自动化，使生产力得到了进一步提高。当前，人类正迎来第四次工业革命，大数据、物联网、移动互联网、工业互联网、云计算等新一代信息技术快速发展，广泛渗透于经济社会各个领域，与人类的生产、生活深度融合，成为引领创新和驱动转型的先导力量。我国抓住了第四次工业革命发展机遇，与其他发达国家处于同一起跑线上。2017年，我国数字经济规模约为3.5万亿美元，位居全球第二位[1]。此外，我国有超大市场规模优势和日渐凸显的人才红利，以及稳步推进创新驱动发展战略，我国有望实现赶超。重大基础设施作为国家战略性资产，是前三次工业革命新技术应用和创新发展的关键领域，第四次工业革命同样如此，特别是新一代信息技术基础设施应当受到重视。

---

[1] 数据来源：《世界创新竞争力发展报告（2011—2017）》，李建平等主编，2018年。

4.基础设施发展的要素保障压力及绿色化发展挑战持续加大

整体来看，技术和产业变革走向全社会生产力的变革还需要一段时间，全球流动性过剩和主权国家债务高企蕴含金融风险，再加上国际贸易和政治格局处于大调整阶段，逆全球化、贸易保护主义和民粹主义等都将影响经济增长，突如其来的新冠肺炎疫情使全球经济雪上加霜。"十四五"时期，国内和国际经济下行压力较大。在国内，近些年我国财政增长势头明显放缓，政府财政支出压力加大，而融资平台和土地财政等渠道明显受限，可用于基础设施建设的资金规模不如从前，基础设施领域面临过"紧日子"的局面。同时，随着"绿水青山就是金山银山"发展理念深入人心，土地和生态等资源管控已经逐步走向规范化和精细化，基础设施发展面临的资源和环境约束力明显增强。

（二）"十四五"基础设施发展要求

"十四五"时期，我国进入构建新发展格局的关键时期，经济社会生产力处在再次大提升的重要关口，国内和国际经济位于长周期下行阶段，基础设施发展形势复杂多变，众多矛盾、机遇和挑战交织融合，国内和国际发展形势相互影响，坚持扩大开放、深化改革是做好各项目工作的基础，具体在基础设施发展领域有如下要求。

1.加强国内基础设施布局的国际延伸力度

各国共处一个世界，是人类命运共同体，国际合作加深意味着未来跨国经贸和文化等联系将更加紧密。在"一带一路"倡议框架下，我国要继续加强国内基础设施联通布局的国际延伸力度，重视沿边设施薄弱地区基础设施发展，特别是增强与东亚和东南亚等周边地区的联通，顺应区域板块化联通深化的趋势，构建更为紧密和顺畅的跨国基础设施联通网络。同时，全球化基础设施联通网络化运营和管理等方面的竞争将更加激烈，我国要提升在国际设施技术规则和标准等方面的话语权，加快培育世界一流的设施运营企业，推动世界进入全球化大联通时代。

2.抓住技术变革机遇加快布局新型基础设施

一直以来，基础设施是技术创新和运用的热点和重点领域。加快布局新型基础设施是将新一轮科技革命和产业变革机遇转化为国家产业和创新竞争力的重要抓手。一方面，新一代信息通信技术、3D打印、区块链和清洁能源等新技术向各个领域加速渗透，围绕新技术运用的产业融合联动加快，新型基础设施布局支撑引领产业升级。另一方面，新型基础设施领域是全球技术争夺战的核心领域之一，赢得此轮竞争需要国内强大的新型基础设施市场需求作为支撑，加强信息化和智能化技术在设施联通领域的运用。

3.网络化布局与重点区域先行引领相结合

在高度联通型社会，信息技术的广泛运用和线上线下融合发展使基础设施网络化布局的价值进一步放大，而基本公共服务均等化也要求基础设施扩大覆盖范围，特别是要加强薄弱领域和区域的补短板工作。与此同时，我国人口主要向一二线大城市、大都市圈和区域中心城市集聚是城镇化后期的普遍规律，城市群和都市圈成为现代经济的主要空间载体，也是基础设施枢纽和组织平台的承载者，是新技术、新理念和新模式等运用场景的主要发源地，需要发挥好先行引领作用，推动打造大空间尺度经济增长极和增长带。

4.运用好政府和市场力量建立多元供给模式

当前，国内外经济下行压力加大，政府财政收入增长空间受限，再加上为了防范金融风险，地方政府融资渠道更加透明化，宏观杠杆率进入合理区间来之不易，政府部门难以独立承担本轮基础设施更新任务，创新供给模式着力吸引社会资本是解决资金问题的重要路径。同时，本轮基础设施更新和新型基础设施布局有深厚的产业变革基础，也能够吸引市场力量和产业资本积极参与，并且企业主体的参与可以提高供给质量和使用效率。

5.坚持综合规划引领和做好系统谋划工作

重大基础设施是国家战略性资产，关乎国家长期竞争力和发展优势，需要站在国家利益和安全高度进行系统谋划，突出中央政府统筹、协调和引领作用，积极发挥各级地方政府的积极性。我国作为超大经济体，拥有了超大规模基础设施存量的优势，需要统筹协调好存量优化和增量创新的关系。随着技术融合、模式创新和组织方式变革加快，各类基础设施加速跨界融合发展，线位共享、集成布局和平台共享等需求迫切，综合规划引领发展必不可少。

三、"十四五"基础设施发展的重大阶段特征

"十四五"时期是我国由全面建成小康社会向基本实现社会主义现代化迈进的关键开局时期，也是完整贯穿高质量发展理念、实现基础设施发展之内涵目标、方式路径、作用机制和着力重点的重大阶段转换的关键期。

1.内涵目标：从规模快速扩张到整体质量效益

"十四五"时期，是开启社会主义现代化强国建设新征程的第一个五年规划期，也是第一个完整贯穿"高质量发展"主题的五年规划期，还将是第一个全面涵盖并整体推进各领域重大基础设施发展的五年规划期。着眼国家中长期发展战略部署，基础设施的高质量发展，不仅意味着自身发展质量和效益要高，更重要的是能够高效支撑现代化经济体系的建设和运行。其主要内涵至少包括以下四个方面：一是强调网络规模合理适度，能够适应和引领国土空间的综合协调和立体开发。二是强调技术水平先进适用，能够顺应智能化和精细化运营趋势。三是强调发展动力健康持续，能够有效防抗和应对各类潜在风险。四是强调影响作用创新多元，能够支撑现代化经济体系建设和催生相关产业发展新动能。因此，基础设施发展的目标，要由追求各自网络的建设规模和速度转变为追求整体服务质量和综合效益。

2.方式路径：从独立割裂粗放发展到创新协同融合发展

各类基础设施特别是传统基础设施，经过一个较长时间的相对独立发展已演进至比较成熟的阶段，主要体现在具有比较扎实的规模基础和适应基本需要的供给能力，但面对动能转换下的经济转型升级新要求，包括应对新一代信息技术变革应用下的数字经济发展机遇和挑战，这种“个性张扬”有余而“共性协同”不足的矛盾随即凸显，突出体现在各种设施内部缺乏自规划建设至运营维护全链条的协调统一，“重投资建设、轻运营维护”的现象普遍存在，各种设施间的系统性衔接不畅、资源共享不充分、联动融合不深入，“前后一公里”“争抢要素资源”、重复建设、行业壁垒、“数字鸿沟”等问题及障碍重重。由此可见，基础设施的发展方式，要由相对独立甚至封闭割裂的状态转向整体优化、协同融合的格局，发展路径要由主要倚重资源要素投入以加大建设转向深化体制机制改革和运营服务模式创新以推动可持续发展。

3.作用机制：从被动满足派生性需求到主动优化要素资源的时空组织

回顾改革开放以来，基础设施对经济社会发展的适应性及其作用关系，大体是从“瓶颈制约”到“初步缓解”，再到“基本适应”，而后又进入“支撑引领”的新时期。这意味着，基础设施的功能要从被动满足经济活动的派生性需求向主动引导和优化经济要素的时空组织延伸拓展，在匹配适应经济社会发展的基础上进一步催生经济发展新动能。事实上，从时空经济学的角度来看，基础设施本身就是对资源要素进行时空配置的载体，资源在时空配置上的效率从更长远的视角上决定着国家和地区未来的发展方向和水平，而未来现代化经济体系所需要的资源配置和产业布局，已经从单纯的低成本要素吸引逐渐升级到以运输链、物流链、信息链和供应链的时空组织优化和构建经济生态圈来引导。鉴于基础设施的巨大沉没成本、资产专用性和路径依赖，优化基础设施布局及其运用模式就显得异常重要，不能简单地将设施投资建设作为拉动内需的工具。当然，破除基础设施所承载的要素流动链条上的体制障碍，也是实现这种作用机制转换的应有之义。

4.着力重点：从基础设施网络建设到网络型基础产业治理

审视现实，传统基础设施的大规模建设，使得其骨干网络化水平已渐趋相对稳定的状态，进一步加大投资建设的边际效应已呈现递减趋势，而大量的存量设施不乏背负沉重的债务负担。新时期，应注重统筹平衡资源占用和价值创造的关系，在扩充增量以继续完善传统设施网络化的同时，更加注重优化利用存量设施，而且对于新扩充的增量，应符合"整体优化、协同融合"的要求，更加精准化地谋划布局和控制节奏，提高各类设施的存量间、增量间以及存量与增量间的协调性。对于新型基础设施领域，则应更加注重统筹"传统基础设施的智能化、绿色化转型升级"以及"数字设施的网络化布局、平台化建设和协同融合应用"，特别是注重依托数字设施网络化、标准化平台以及广泛多样的信息技术应用场景，助推消费升级和产业升级，挖掘经济新动能。

四、重大基础设施发展规划的总体思路及目标

（一）发展思路

围绕基础设施高效支撑现代化经济体系建设的高质量发展内涵，以综合协同、联动融合方式推进供给侧结构性改革为主线，深度契合"以国内大循环为主体、国内国际双循环相互促进"的新发展格局下的供应链、产业链发展需求，统筹推动基础设施产业化治理体制机制改革，聚焦国家重大发展战略区域和先导领域，以精准化、数字化、绿色化、协同化为导向，着力固根基、补短板、提效能、促融合，完善基础设施网络布局及结构，系统规范推进基础设施赋能提效，创新基础设施协同融合发展路径，优化经济资源要素的空间组织，提升基础设施整体服务质量、综合效益及总体安全保障能力，巩固和强化重大基础设施对国民经济和社会发展的战略支撑引领作用。

（二）基本原则

1.系统谋划，重点突破

着眼现代化经济体系建设的战略目标，聚焦以国内大循环为主体、国内国际双循环互相促进的新发展格局要求，加强重大基础设施的顶层设计，推动相关法律法规、规划政策、技术标准体系建设，以国家重大区域发展战略、国土空间开发及总体安全格局、网络结构性短板、重大核心及优势融合发展领域等为重点，加快相关基础设施特别是新型基础设施的布局建设。

2.管控风险，稳中求进

增强机遇意识和风险意识，努力防范和化解基础设施领域引发的债务风险、金融风险，加强基础设施领域的生产安全、生态安全、数据安全和环境保护，坚持稳中求进工作总基调，科学有序把握建设节奏，深入推动基础设施绿色化、可持续发展。

3.改革创新，联动融合

深刻把握行业治理体系和治理能力现代化发展方向，深化行业管理体制机制改革和市场运营组织模式创新，健全部门、区域、军地间协同联动发展机制，强化事中、事后监管，提升基础设施全生命周期管理服务水平，有机整合各类基础设施资源，推动设施共商、共建、共用、共享、共维，促进基础设施与相关产业深度融合发展。

4.以人为本，精益求精

牢固树立以人民为中心的发展理念，以广大人民群众的生产生活需求为根本出发点，在基础设施的规划、设计、投融资、运营、管理、维护等各环节，统筹社会资源尽可能地精准对接人民群众需要，注重依法保障人民群众的切身利益，提高设施的精细化服务和管理水平。

（三）总体目标

“十四五”末期，国家重大战略区域综合交通骨干网络结构进一步完善，连接重要能源产区及消费地的电网、油气管网设施规模大幅增长，风、光、核能等新能源基础设施更趋完善，千兆光纤宽带网络、5G移动网络以及北斗通信网络建设取得显著发展。基础设施数字化、绿色化转型升级系统全面推进，基础设施网络协同化、一体化发展程度加深，整体运行效率和服务水平明显提升，节能减排综合效能显著提升，基础设施与相关产业联动融合更加深入，基础设施经济效益和财务可持续性明显改善，基本构建形成系统完备、高效实用、智能绿色、安全可靠的现代化基础设施体系。

五、重大基础设施规划实施的重点任务方向

（一）传统基础设施精准化补齐短板

1.支撑国家重大区域发展战略

以新形势下区域协调发展新思路为导向，以城市群、都市圈为重点，统筹强化多层次轨道交通网，适度加密地方高速公路网，增强普通公路网络的基础作用，同步推动一批干支线航道整治，推进一批世界级枢纽机场和港口、国家物流枢纽基地、大型综合客运枢纽、综合水利枢纽、能源储备基地建设，强化带状引领和圈状辐射作用，推动形成若干重要的贸易走廊、产业轴带和经济中心。

1）优化综合运输通道布局

以“十纵十横”综合运输通道为基础，适应未来交通运输需求总体格局，构建与国土空间开发格局高度契合的“纵横联通、轴辐放射、沿边环绕”综合运输通道体系。强化由陆桥、沿江、沪昆等横向运输通道以及沿海、京哈—京港澳、包防等纵向运输通道构成的“三纵三横”综合运输通道功能，构筑连接东中西、贯通南北方的一级国土开发轴线系统，均衡国土空间开发，高效连接全国主要城市群。建立以京津冀、长三角、粤港澳、成渝和长江中游等五大国家级城市群为核心，全面辐射和覆盖所有区域性城市群的放射性运输通道，构建“七纵七横”二级国土开发轴

线系统，形成围绕重点城市群的“轴辐式”通道格局，推动形成多中心、网格型的国土开发格局。以沿边公路、铁路建设为重点，构建环绕陆路边境线的沿边运输通道，为维护国家安全稳定、促进经济社会发展、保障和改善民生提供有力支撑。强化国土空间主干通道能力，有序推进主干通道第二通道工程、重点通道连通延伸工程和部分既有通道功能提升工程，提升主要经济区联通水平。

2）因地制宜推进城市群城际交通发展

准确把握城市群在发展基础、发展阶段以及发展定位等方面的差异性，因地制宜有序推进城市群城际交通网络建设。

（1）明确高标准、差异化的城市群交通一体化发展策略，主要以综合运输大通道为主骨架，加快推进城际铁路建设，完善国家高速公路网，适度建设地方高速公路，强化国、省干线公路，建设以城际铁路、高速公路为骨干的城市群城际交通网络，打造主要城市群核心城市间、核心城市与周边城市间、相邻城市间力争1小时通达的交通圈。要加快提升东部地区城市群综合交通运输一体化水平，建成以城际铁路、高速公路为主体的快速客运和大能力货运网络。推进中西部地区城市群内主要城市之间的快速铁路、高速公路建设，逐步形成城市群内快速交通运输网络。

（2）因地制宜、重点突出完善城际公路网络。主要是加快构建便捷高效、能力适度、安全可靠的城际公路网络是各大城市群的共同任务，但不同城市群由于现实基础差别较大，在发展重点上也有所不同。趋于成熟阶段城市群既有高等级公路网络已较为完善，重点在于加快打通跨省、跨市的断头路，以充分发挥中心城市辐射带动作用；快速发育阶段城市群城际高等级公路网络已基本建成，主要任务在于提升瓶颈路段通行能力，包括进出城路段拓宽、城市内路段绕出等；雏形发育阶段城市群的当务之急是提高城际公路网等级，以提升其通行效率和韧性，增强对基本生产、生活物资运输的支撑和保障力度。

（3）循序渐进、审慎有序推进城际轨道交通建设。对于趋于成熟阶段城市群，当前建设进度已经滞后于发展阶段，应在已发布的交通一体化规划框架下，加快前期工作进度、推动城际铁路迅速成网，以支撑城市群更高水平一体化发展；对于快速发育阶段城市群，应加快编制交通一体化规划，统筹考虑国家干线铁路网，在主要城际公路通道谋划形成公铁复合廊道，引导城际客货运输需求向更加集约化的铁路转移；对于雏形发育阶段城市群，考虑到当前城际联系较弱、未来发展潜力也不大，可主要依托高等级公路网支撑客货运输需求，部分骨干通道通过利用既有高铁开行城际列车。

（4）以综合性交通枢纽建设为抓手推动城市群交通更高质量一体化。协同推进京津冀、长三角、粤港澳世界级机场群建设，做好机场间国际、国内、区域合理分工，加快推进国际枢纽机场高铁连通，增强其对整个城市群的辐射带动能力、提升国际竞争力；加强铁路枢纽合理分工和协调运行，在核心城市主要火车站全面完善城际服务设施、系统布局城际列车线路，并通过建设枢纽环线为各方向城际列车的跨线直通创造条件；加快完善枢纽协调运行体制机制，充分应用物联网、云计算、区块链等新技术，进一步提升不同运输方式衔接效率，推动实现旅客出行“一票制”、货物运输“一单制”。

3）加快建设都市圈交通一体化网络

（1）制定都市圈差异化发展策略。对于发展相对比较成熟的都市圈，重点推进以市域（郊）铁路为代表的轨道交通建设；对于尚处于发展初期的都市圈，重点应通过城际公交（快速公交）解决，个别通道视情况考虑轨道交通建设。为强化对都市圈交通基础设施发展指导性，可探索编制部分跨市域都市圈交通基础设施发展规划，强化都市圈规划与城市群规划、城市规划的有机衔接，确保协调配合、同向发力。国家有关部门要加强对都市圈规划编制的统筹指导，研究制定支持都市圈建设的政策措施。

（2）加快推进公路城市道路化、道路客运公交化。主要加强主要城市和重点城镇的交通连接，打通节点城市间公路联系，改善公路通行条件，完善安全设施，构建形成以高速公路为骨架、国省干线公路为基础、县乡和农村公路为补充的外通内畅、快速高效、便捷安全的公路网络。原有城市间道路客运、农村客运，需要改变原有必须进站的道路客运模式，逐步发展成城际公交、城乡公交。在相关高、快速路上设置公交专用道，开通BRT线路是市域（郊）铁路建设前的有效方式。道路客运公交化需要解决票价及补贴、公交车在高速公路上通行和跨区审批等一系列问题。

（3）以适宜的技术标准推进市域（郊）铁路建设。重点推进北京、上海、广州、深圳、重庆、杭州、南京、成都、武汉等都市圈市域（郊）铁路建设。选择合适的技术标准，既要防止简单将城市轨道延伸出去，同时又要防止技术标准过高，演变成为城际铁路。虽然都市圈是通勤圈，但要强调外围组团的独立性，强化城市间产业分工协作。在市域（郊）铁路建设过程中，要加强推进TOD理念的落实，提升外围组团的产业发展环境、基本公共服务水平，形成具有主导产业、职住相对均衡的新城，从而引导都市圈健康发展，避免形成以轨道交通为主导的“摊大饼”发展模式。

4）加快提升城市交通网络品质

注重大中小城市的差异性，根据人口规模、经济体量、空间特征、发展潜力等因素合理推进、有序提升城市交通网络品质。

（1）加快建设更加精准的城市公共交通体系。特大、超大城市要加快构建以轨道交通为主体的大容量快速公共交通系统，显著提升地面公交系统的服务质量，大力发展共享单车、公共自行车，完善“最后一公里”公交网络，形成多元化、多层次公共交通系统网络。大城市要以加快城市主要客流走廊快速公共交通系统建设，加快建设以轨道交通为骨干、以地面公交系统为主体的城市公共交通系统，进一步提升城市公共交通系统承载能力与品质。中小城市要以完善城区基本公共交通服务为首要任务，逐步提高城市公共交通线网密度、站点覆盖率和服务水平，持续提升城区交通公共设施和服务能力。

（2）合理有序推动城市道路网络改造升级。优化城市道路网络功能和级配结构，有序推进城市快速路建设，破除城市内“大院”围墙，加强微循环和支路网建设，加快打通城区“断头路”，合理提高路网密度，改善快速、主干、次干、支路比例。

（3）精准供给城市停车设施。继续实施差异化的停车设施供给策略，充分发挥停车管理对城市出行需求的调控作用，分城分区合理供给停车设施。有序推进城市公共停车以及立体停车设施建设，加快轨道交通P+R停车设施建设，补齐城市专业化货运配送快递停车设施短板，加强城市道路与停车设施一体化布局和协调发展。推进停车收费价格改革，推动停车产业化发展，加强停车场库建设和管理，加大违法停车执法力度。

（4）进一步改善慢行交通出行环境。提高非机动车道的网络化、通达性和通畅性，在城市重要商业区域、公共交通站点、交通枢纽、居住区、旅游景区周边等场所增加非机动车停车空间配套。着力改善步行环境，确保步道连续性和有效宽度，改善行人过街设施条件。关注特殊人群的特点和需求，重视交通基础建设的人性化，扩大无障碍设施覆盖范围。

（5）加快提升县域交通基础设施承载能力。以提升县域交通承载能力为导向，加快实施交通基础设施补短板强弱项工作。强化县城城市道路网络建设，强化市政设施配套，推进公路绕城段建设，提升县城交通通畅水平。加快推进二级及以上公路客运站覆盖所有县城、县级市，重点推进位于县城、县级市及特大镇区的公路客运站、乡镇客运服务站以及客运班线、包车客运、旅游客运等中途停靠站点建设。有序推进县城公共停车场建设，满足出行停车需求。

2.优化国土资源开发和生态安全格局

以西部资源富集区和生态保护屏障为重点，加快建设一批引调水、重点水源、江河湖泊治理、大型灌区、重点水系水电站等重大水利水电工程，积极推进一批特高压输电、油气管网等工程，统筹资源开发和环境保护，推动资源高效集约利用和能源供需结构优化调整。

1）加快电网通道建设

根据目标市场落实情况，稳妥推进跨省区电力输送通道建设，加快西南水电外送通道建设，扎实推进陕西、青海、新疆、陇彬等地区电力外送通道工程前期论证，白鹤滩水电和金沙江上游、中游等水电电力外送通道工程前期论证，以及闽粤联网工程前期论证；加强重要输电通道，特别是“大气污染防治十二条”重点输电通道建设，打造坚强稳定的清洁能源大范围优化配置平台，不断提升电力系统平衡调节能力，保障大电网的安全稳定运行。

2）推进天然气管网重点工程

加快中贵联络线增输、陕京四线增输、广西LNG接收站与中缅管道联通、广东区域LNG接收站经西二线反输等11项互联互通重点工程建设。

3）完善煤炭运输大通道

推进神木—瓦塘、靖边—神木等铁路建设，解决陕北地区煤炭调出问题。加快瓦日、张唐铁路配套专用线、联络线、装卸站、堆场等集疏运系统建设，尽早达到设计能力。加快北方主要港口铁路集疏港能力建设；在现有铁路网规划基础上，紧密结合煤炭去产能后的生产格局，详细测算主要煤运通道需求和能力变化，完善铁路网规划，调整运力布局，消除煤炭运输瓶颈。

3.提升特殊薄弱地区总体安全保障能力

以老少边穷地区为重点，加快进疆入藏新通道建设，完善集中连片特困地区基本公共服务，加强重点边境地区沿边、抵边设施建设和军民融合发展，稳步推进我国与东盟地区、东北亚地区各国家间交通、物流、能源、信息等设施互联互通，加快实施新一轮农村电网改造升级工程，持续改善民生和保障国防、能源及供应链安全。

1）推动交通更好服务国防和军队现代化建设

立足我国安全形势变化和海外利益拓展，在新疆、西藏等延边地区和南海、东海等前沿区域，完善有效服务国防需要的铁路、公路、港口、机场等设施覆盖，提升既有设施功能，推动向前沿延伸，增强投送能力。统筹谋划海外枢纽布局，以印太地区为重点，提升对关键通道控制能力。

2）提升农村基础设施支撑保障能力

（1）全面提升农村公路网质量。加快实施通村组硬化路建设，除少数不具备条件的乡镇、建制村，全面完成通硬化路任务。加强已建成县乡村公路提质升级，对年代较久或拥堵瓶颈路段实施路面升级或改扩建工程。完善安全防护措施，保障农村地区基本出行条件。加快完善农村地区公共交通设施，实现具备条件的建制村全部通客车。

（2）建立规范化可持续管护机制。明确乡村交通基础设施的公共产品定位，构建事权清晰、权责一致、中央支持、省级统筹、市县负责的城乡交通基础设施一体化建设机制，健全分级分类投入机制。对城乡道路和普通公路等公益性设施管护和运行投入，一般公共财政预算按规定予以支持。明确乡村交通基础设施产权归属，由产权所有者建立管护制度，落实管护责任。

（3）强化对乡村振兴战略的支撑力度。推进促进交通基础设施建设与农村地区资源开发、产业发展有机融合，加强特色农产品优势区与旅游资源富集区交通建设。持续改善特色小镇、农村旅游景点景区、产业园区和特色农业基地的交通基础设施条件。鼓励采用多元化市场融资方式拓宽融资渠道，积极引导社会资本参与乡村交通基础设施建设。

（4）发挥交通扶贫脱贫攻坚基础支撑作用。大力推进革命老区、民族地区、边疆地区、贫困地区、垦区林区交通基础设施建设，实现以交通便利带动脱贫减贫，深度贫困地区交通建设项目尽量向进村入户倾斜。推动资源丰富和人口相对密集贫困地区开发性铁路建设，在有条件的地区推进具备旅游、农业作业、应急救援等功能的通用机场建设，加强农村邮政等基础设施建设。

（5）加强农村电网改造升级。补齐电力基础设施短板，提升乡村用能可靠性和灵活性水平。

（6）升级农村地区电信普遍服务水平。建立健全长效电信普遍服务补偿机制，制定针对农村广泛的5G频率和异网漫游政策，推动千兆光纤和

5G网络逐步向有需求的农村地区延伸。

3）加强国际信息网络互联互通

合理增设国际互联网出入口局，完善乌鲁木齐、昆明、深圳等区域性国际局功能，加快国际互联网出入口扩容。积极优化国际海缆登陆站等国际信道出入口设施设置，以周边和“一带一路”为重点，加强跨境信息通道建设，加快构建以我国为中心的国际光缆网络，打通我国网络与世界主要国家的直联通道，推动国际信息服务业务扩大及实现在国内的落地，积极打造具有重要影响力的国际网络枢纽和国际信息中心。

4）健全跨行业网络安全及通信应急保障能力体系

积极推进关键信息基础设施保护，加强网络安全风险评估、隐患排查。同步规划、建设、运行网络安全系统，完善网络安全态势综合感知平台，建设全方位全覆盖安全防护体系，提高主动预警和防御能力。建立移动物联网网络安全管理机制，加快建设移动物联网安全监管手段，提升安全态势感知、卡端管理、风险预警等实时监测能力。积极构建网络安全风险联防联控机制，强化跨领域、跨部门、跨政企合作。加强网络资源冗余配置，提升网络、计算等资源按需弹性扩展能力，加快构建技术先进、安全可靠、机动灵活、天地一体的应急通信网络，做好重大活动和突发事件通信保障，降低突发事件对基础设施和网络运行的影响。

4.完善设施网络系统结构

以空间、方式、技术等多层级网络衔接短板为重点，加快未贯通地区国家骨干设施网络建设，优化设施网络干支技术等级结构，实施一批集疏港铁路、铁路专用线建设和枢纽改造工程，统筹要素资源集约利用，推动各类设施衔接协调、功能互补、共建共用，提升各种基础设施网络的整体运行效率和服务水平。

1）持续提升交通设施衔接水平

实施枢纽质量提升工程，以既有枢纽节点为重点，落实客运零距离换乘、货运无缝衔接要求，完善枢纽周边集疏运设施网络，加快推进枢纽铁水、空铁、公铁、公水、公空等联运设施联通，引入城市轨道、铁路等大容量快速集疏运方式，系统规划布局无障碍设施。推进部分客运、货运枢纽改造升级，加快推进一批铁路物流基地、港口物流枢纽、航空转运中心、快递物流园区等设施改造。强化交通基础设施网末端服务能力，解决旅客出行和物流服务"最后一公里"，优化港口后方集疏运体系，加快实施铁路进港工程，推动铁路进园区、进工厂。实施干线公路与城市道路顺畅衔接工程。

2）进一步优化电力主网架布局和结构

加强区域内各省间电网互济能力，推进配电网建设改造和智能电网建设，提高电网安全可靠性和运行效率。

3）加快完善和优化全国天然气干线管网布局

基础设施建设和管网互联互通两手抓，消除管输能力不足和区域调运瓶颈的制约；推动LNG接收站与主干管道间、LNG接收站间管道互联，消除"LNG孤站"和"气源孤岛"。加快天然气管网改造升级，协调系统间压力等级，实现管道双向输送，最大限度发挥应急和调峰能力。

（二）基础设施数字化、绿色化转型升级

1.提高供给效率

推进新一代信息技术、节能环保技术与基础设施深度融合，稳步推动传统基础设施智能化、绿色化改造升级。创新新型基础设施融合应用场景，打造基础设施升级新体系，全面提升基础设施运行效率、服务质量和治理能力。推动基础设施规划、设计、建造、养护、运行管理等全要素、全周期数字化、网联化，构建覆盖重要基础设施的全天候感知监测系统，全面提升基础设施供给效率。加快传统基础设施深度数字化、绿色化改造，提升基础设施智能化、绿色化建设运营的投资比重。

1）着力提升交通运输系统供给效率

以安全集约高效为目标，加快交通运输设施调度指挥、运行管理、状

况感知、监测预警、运维巡检等系统的数字化、智能化改造，加强智能化铁路信号系统、干线公路重点区段感知、空管调度、数字航道、自动化码头、自动化分拣中心等建设，全面提升交通运输系统运行效率。推动自动驾驶与车路协同技术研发，加快建设智能路侧设施，分阶段、分区域推进道路基础设施的智能化改造，重点推进京沪高速沿线重点点位C-V2X网络全面覆盖，对路侧设备进行智能化、网联化改造，促进跨行业多部门数据互联共享，全面提升高速公路出行和物流流通效率。重点推动铁路运输组织调度系统提质升级，推进货场、编组站设施效率提升。推动数字航道建设，提升高等级航道网联化水平，加强既有码头、堆场自动化升级改造，布局建设智能化码头。

2）推动能源生产设施智能化、绿色化

鼓励建设智能风电场、智能光伏电站等设施及基于互联网的智慧运行云平台，实现可再生能源的智能化生产。鼓励用户侧建设冷热电三联供、热泵、工业余热余压利用等综合能源利用基础设施，推动分布式可再生能源与天然气分布式能源协同发展，提高分布式可再生能源综合利用水平。促进可再生能源与化石能源协同生产，推动对散烧煤等低效化石能源的清洁替代。建设可再生能源参与市场的计量、交易、结算等接入设施与支持系统。鼓励煤、油、气的开采、加工及利用全链条智能化改造，实现化石能源绿色、清洁和高效生产。鼓励建设与化石能源配套的电采暖、储热等调节设施，鼓励发展天然气分布式能源，增强供能灵活性、柔性化，实现化石能源高效梯级利用与深度调峰。加快化石能源生产监测、管理和调度体系的网络化改造，建设市场导向的生产计划决策平台与智能化信息管理系统，完善化石能源的污染物排放监测体系，以互联网手段促进化石能源供需高效匹配、运营集约高效。

3）提升水利信息感知能力建设

深度融合遥感、云计算、物联网、大数据、人工智能等技术，构建天地一体化水利监测体系，加快水文观测站提档升级，构建水文、水资源、水利工程、水土流失等智能感知体系，推进中小水库、堤防、水闸、水电站、灌区等领域安全监测预警设施建设和技术应用。开展水库、堤防、水闸等要素的更新。推进水利大数据中心建设，提升数据分析处理能力。完善水利业务数据体系，以基础数据、监测数据、业务管理数据为基础形成统一的水利数据资源体系，打造水利大数据中心。提升水利信息传输和交互能力。加强水利卫星通信网络建设，研究拓宽卫星通信带宽资源，探索新型通信卫星网络在水利行业应用，加强北斗三号卫星、新型遥感卫星在小型水库安全监测预警中的应用。建立国家部委与长江委、黄委、淮委、太湖及部分省份的基础数据同步和服务调用机制，开展水库地方、水闸等水利要素数据更新。充分应用国家数据共享交换平台，实现部门间数据共享。推动流域和省级水利一张图应用。

4）集约建设城市市政综合信息载体

统筹推动多功能信息杆柱建设，统筹规划城市智慧灯杆升级改造，试点推广"一杆多用"集约建设的智慧灯杆建设，构建城市统一杆塔信息平台，探索建立杆塔资源共建共享和有偿使用制度。推动智慧管网（廊）建设，面向地下管网、综合管廊维护无人化和管理智能化需求，统筹部署或预埋环境感知、状态监测、信号传输、运行控制等各类数字化基础设施，建设支撑管网、管廊智能检修设备的综合运营平台、数字化管理接口，实现城市地下空间，城市地下管网、管廊的管理信息化和实时监测、自动预警、智能处置的智能化运行。

2.提升服务品质

以精准便捷人性为目标，以互联网等为纽带，加强生产端和消费端的对接，打通线上线下，衔接传统和新型基础设施，全面提升基础设施服务品质。聚焦基础设施发展的重点领域和关键环节，加快智能化技术推广应用，创新基础设施服务理念、重塑基础设施运行组织模式，全面提升服务水平。

1）着力提升智能交通服务品质

推动综合客运枢纽智能化改造，提升衔接换乘效率和综合服务水平。

加强智慧物流枢纽建设，增强全程物流服务和监管能力。发展智慧出行（出行即服务）和智慧物流。推动打通旅客运输全流程、各环节，打造顺畅衔接的出行服务链条，以互联网企业等市场主体为支撑，提供“一站式”智慧出行服务，提升跨方式、跨区域出行体验无感化水平。推动各运输方式票务系统互联互通，尤其促进铁路共享12306平台票务资源，并向符合条件的互联网企业开放。提升物流订单、运输、仓储、配送全流程智能化水平，实现货物全流程追踪、可视化监管。加快完善重点交通物流信息平台。加快完善国家综合交通运输信息平台、国家物流公共信息平台、国家交通地理空间信息平台、国家交通基础设施大数据平台等一系列国家级信息平台。推动交通定位导航、出行服务、物流电商、交易结算等交通运输平台融合发展。

2）加快智慧能源服务网络设施建设

加快泛在电力物联网和智能电网建设，推进能源流、业务流、数据流集成融合。开展泛在电力物联网设备故障智能感知与诊断、源网荷储泛在资源的自主智能调控、综合能源的自治协同与多元服务技术及应用，构建能源系统智能化运营体系；促进5G技术与电力物联网深度融合，开展5G+智能电网建设。聚焦社会用能新需求，培育电力行业新业态，大力开拓综合能源服务、电动汽车、电子商务、储能等新兴业务及共建、共享、共赢的能源互联网生态圈。积极发展用户侧智慧用能和综合用能增值服务、新能源智能微电网等新模式和新业态，推动电网从单一供电向综合能源服务平台转变。建设接纳高比例可再生能源、促进灵活互动用能行为和支持分布式能源交易的综合能源微网。建设以智能电网为基础，与热力管网、天然气管网、交通网络等多种类型网络互联互通，多种能源形态协同转化、集中式与分布式能源协调运行的综合能源网络。建设高灵活性的柔性能源网络，保证能源传输的灵活可控和安全稳定。

3）创新水利发展模式推动数字治水应用

充分整合利用各类水利信息管理平台，加强对水利信息化资源的统筹管理、优化配置、集约利用，强化信息共享和业务协同，提升水利信息化的投资效益和综合应用水平。推动水资源信息网络覆盖和互联互通。进一步加强计算和存储能力建设，建设高度集成的水利大数据中心，逐步形成智慧水利大脑。加快全国智慧水利网络建设，建设多元共治的系统治水体系。运用大数据等现代化手段实现对区域、流域水资源精准调配和智能调控，实现对水资源、河湖水域岸线、各类水利工程、水生态环境等涉水信息动态监测和全面感知。加大水资源监控体系建设，加强对水资源"三条红线"监测以及洪水灾害预警监测，共建汛情、雨情监测预报和发布系统，纳入统一的地质灾害信息管理和预警系统。完善水利工程建设管理与信用信息平台，提高水利基本建设、运行维护的管理水平和规范化程度。

4）打造智慧市政提升城市服务水平

重点推进智能抄表、市政物联等应用场景感知设施部署，完善传统基础设施"末梢神经元"。推广"水电气"三表合一，建设"多表合一"信息采集系统和终端，实现水、电、气三表信息的联合集中自动采集和跨行业用能信息资源共享，减少人工抄表工作量和硬件重复建设，打通家庭电表与水表、天然气表数据，开通"一键缴费""水电气"数据的用量提醒、远程断电及开关阀门等智能便捷新型服务，为政府企业提供节能降耗、减排增效等政策的数据支撑，为城市居民提供信息化、自动化、互动化的水、电、气综合服务模式。

3.催生业态创新

围绕催生业态创新，以创新驱动发展为导向，以融合协同化为要点，以产业链升级为目标，全面推动基础设施新业态发展，充分挖掘经济发展新动能。

1）以创新驱动发展为导向，推动基础设施智能化新业态发展

针对基础设施及其服务管理发展短板，着眼市场需求，大力推动新兴业态等前沿领域创新和产业化。鼓励智能化转型升级和新技术应用，加快建立技术、市场和资本共同推动的基础设施数字化新业态、新产业发展模式，重点推动智能交通、智慧能源、智慧城市、智慧水利等新兴业态创新发展。

2）以融合协同化为要点，推动跨基础设施融合新业态发展

把握各类基础设施发展阶段和自身技术经济特征，围绕优化供给、提质增效方向，从基础设施体系协同化发展角度，依托互联网信息平台，集聚要素资源，驱动生产组织和管理创新，推动基础设施跨领域、跨方式、跨区域融合发展，重点加强各类基础设施的接合部和交叉部创新发展，催生基础设施衍生新业态。

3）以产业链升级为目标，推动基础设施与经济社会融合新业态发展

加快与装备制造、旅游、商贸、金融等行业的深度融合，推动传统设施领域组织管理框架的调整和商业服务模式的重构。重点联动自动驾驶汽车制造业与地图导航服务业建设车路协同的智慧公路，联动新能源汽车产业、能源行业建设充电桩、加气站及电池组装配中心等设施，联动旅游行业发展风景道、景观铁路、“动域旅游”“全程出行规划”等设施及服务，联动商贸、金融等行业发展电商快递、供应链金融，促进传统运输企业向现代物流集成商转变。

（三）数字基础设施网络化协同融合

1.加大数字感知设备及技术应用

统一通信技术标准，扩展信息接收范围，加快芯片处理器、基础传感技术和装备的创新研发和应用。

强化感知设施标准整合和统筹建设。围绕产业数字化、治理智能化、生活智慧化三大方向推动移动物联网创新发展。加快感知设施在城市管理、生产制造、环境保护等领域应用部署。加强城市管理感知终端部署顶层设计和统筹建设，构建服务整个城市公共管理、公共服务和公共安全的城市物联专网，大力发展基于NB-IoT（窄带物联网）、5G等技术的物联网应用。加强遥感遥测卫星部署，建设国家航空航天测绘遥感影像数据共享机制和平台。加快建设先进感知监测系统，形成动态感知、全面覆盖、泛在互联的城市交通运行监控网络。

2.拓展安全高效的数据传输网络

拓展网络覆盖范围，提高网络传输速率，加快以千兆光纤宽带固定网、5G移动网、北斗卫星通信网等为代表的基础信息网络以及电力等行业安全专用信息网络的规模化建设。

1）加快5G网络全面部署

推动5G高低频协同技术标准化和应用，全面开展5G网络规模化部署，加快实现城市、县城、乡镇、工业园区、高铁、地铁等应用密集地区5G网络连续覆盖。有选择性、分步骤地向交通沿线、精准农业、农村居住区等场景延伸，拓展5G+应用场景。加快5G室内覆盖建设进度，提升室内、地下空间等场景5G使用体验。

2）推广千兆光纤网络升级

适应高速率业务发展需要，发展下一代大带宽高效全光通信技术，持续推进千兆宽带建设，扩大千兆光纤宽带覆盖范围，农村地区优先推进卫生所、学校等公益机构向千兆升级。有条件的地区超前布局更高速率宽带接入网络，构建大容量、低时延光纤接入网络。

3）建设智能高效骨干网

推广部署SRv6/EVPN简化协议、网络软硬切片等技术打造简洁IP网络，提供端到端差异化承载和快速提供能力。推动骨干网络向400G及更高设备能力迈进，建设新一代超大容量、超长距离、智能调度的光传输网络。深入优化互联网网络架构，持续扩容网间互联带宽。加快网络NFV化和网络SDN商用进程，提升网络设施智能化发展水平。

4）统筹推进空基互联网的研发部署

加强卫星关键核心技术攻关，超前规划频率资源使用，积极储备卫星轨位资源，积极推进高通量卫星和低轨卫星星座部署，逐步扩展全球重点区域覆盖水平和接入能力。

5）推广移动蜂窝物联网网络覆盖和差异化发展

重点推进基于5G的物联网接入技术的深度应用，积极构建NB-IoT、4G（含LTE-Cat1）和5G协同发展的移动物联网体系，NB-IoT面向低速率广连接的场景应用，LTE–Cat1满足中等速率的传输和话音需求，5G则实现更高速率和更低延时物联场景。加快推进5G网络建设，继续深化4G网络覆盖，支持Cat1发展；进一步加大NB–IoT网络部署力度，按需新增建设NB–IoT基站，县级及以上城区实现普遍覆盖，面向室内、交通路网、地下管网、现代农业示范区等应用场景实现深度覆盖。结合5G商用部署，推动5G与车联网协同建设，在重点地区、重点路段建设新一代广泛覆盖的车用无线通信网络（C–V2X）。

3.强化数据处理及控制平台建设

强化整合处理能力，提升开源兼容水平，加快云计算、边缘计算、超级计算、分布式计算等设施建设，挖掘海量采集数据价值，加快兼容性操作系统、软件定义网络、区块链等组织管理技术的应用，提升平台多元化服务支撑能力。交通领域，注重加快基于大数据、云计算、人工智能等新技术城市交通智能控制平台建设。

1）积极打造布局合理绿色集约的数据中心体系

完善数据中心分区分类划分标准，结合业务需求差异优化布局，推进数据中心和计算资源在全国范围内统筹布局，支持在西部和东北等地区建设大型超大数据中心和云计算设施。持续提高数据中心绿色节能水平。探索建立骨干承载网络与数据中心布局间的统筹协调机制，加快构建以数据中心为核心的骨干网络架构。

2）着力推进云边协同的计算基础设施建设

统筹高性能智能计算中心部署，加强城市计算设施体系建设，构建城市公共云计算设施。加强边缘计算应用场景、部署方案的研究，探索边缘计算在工业互联网、智慧城市等场景的落地实践，加强云边协同技术架构统一规划，形成云边协同发展格局。

3）建立统一的空间基础信息平台

在数字化时代，各领域信息化系统建设都需要利用或开发地理信息系统模块功能，地理信息系统是智慧城市、智能交通等各个领域数字化、网络化、智能化发展的基础之一。云计算、大数据与人工智能的发展为构建统一的空间基础信息平台，应建设部门联动、开放共享、安全高效的分布式空间基础信息平台，解决各部门独立开发、重复开发、信息不统一、不准确、不互通等问题。

4）打造普惠人工智能基础设施

大力推进人工智能算力、算法库、数据集以及公共服务平台和解决方案库等建设，强化人工智能发展基础，减少对美国掌控的人工智能产业链的依赖。一是积极推进人工智能芯片研发和制造，鼓励国产AI芯片和服务器产业生态的发展，发展集中式AI算力平台。二是提升人工智能算法核心基础，在算法框架与数据集领域，重视国内人工智能算法框架的创新发展和应用推广，鼓励百度、旷视科技等国产算法框架和数据集成长，合理利用国外主流框架与数据集。三是大力发展通用AI算法平台。充分利用我国AI人才和应用场景等优势，通过开源等方式聚集一批通用人工智能算法打造大型通用AI算法平台，面向所有用户提供较为成熟的通用AI算法。四是鼓励建设行业性AI算法平台。面向医疗卫生、交通、城市管理等重点领域，抽取行业业务逻辑，沉淀行业服务能力，开发高质量的行业数据集，建设一批开放的行业性AI算法平台。

5）加强区块链基础设施顶层设计

区块链当前仍是一种技术应用，技术路线还不清晰，基础设施形态还不明确，还有待进一步引导和开发。一是加强技术试验和突破，开展行业区块链相关标准化工作。二是建设"国家+城市"两级区块链公共基础设施网络，加快区块链服务网络（BSN）正式商用推广，大城市可以考虑构建城市级区块链服务平台，各行业根据流程可以考虑构建行业区块链服务平台。三是大力发展跨链基础设施，促进跨链信息互通。

6）构建国家基础设施数字孪生体

数字孪生体是物理世界在数字世界的映像，并通过感知设施、物联网、智慧大脑等能力，在数字世界实现物理实体的全生命周期管理，具备生产模拟、预测等能力。当前数字孪生概念已经在工业生产、大型基础设施建设等领域开始应用，并在探讨应用到智慧城市复杂系统中。要实现全面的数字孪生，未来还有很长的路要走，当前要鼓励数字孪生技术创新，促进技术成熟，并开展前期标准化的相关工作，确保未来不同数字孪生体能够通过数据互通实现整体化发展。

4.发展重点领域和场景数字经济

聚焦重点领域场景，加快协同融合创新，围绕公共卫生、工业生产、公共事业、公共安全、智慧城市、智慧农业、环境保护等重点领域和场景，推进物联网、车联网、工业互联网、远程医疗、疫情防控等设施部署，促进数字经济相关产业快速发展。

1）建设高精度时空基准服务能力

北斗卫星导航系统是我国支撑国家安全和经济社会发展需要的重要空间基础设施。高精度定位服务是自动驾驶汽车、物联网等发展的核心要素，要统筹考虑各方需求，充分利用已有北斗卫星导航定位基准站网，推动全国统一的高精度时空基准服务能力建设。加强导航系统和通信系统融合，建设多源导航平台。

2）加快物联网开发和服务平台建设

引导行业应用企业搭建设备整合智能化、设备及数据管理智能化、系统运维智能化的垂直行业应用平台，逐步形成移动物联网平台体系，进一步降低移动物联网设备的开发成本和连接复杂度，满足复杂场景应用需求。支持基础电信企业建设移动物联网连接管理平台，加强网络能力开放，支持物联感知设备快速接入，支撑海量并发应用场景。

六、重大体制机制保障措施及政策建议

（一）行业治理体系优化调整方向

1.“目标”治理：经济资源的时空配置

（1）要有利于区域经济发展战略的实施和统一开放大市场的实现，形成若干重要的能源通道、贸易走廊、产业轴带、创新基地、开放高地和经济中心，强化带状引领和圈状辐射作用。

（2）要加强与相关产业的联动融合，以深化运营管理改革和业态模式创新为先导，强化精细化、绿色化发展和综合立体开发，加强资源集约节约高效利用，充分挖掘自身服务潜力和催生经济新动能的作用。

（3）要更深度融入开放型世界经济，统筹协同地缘政治、对外贸易、产能对接、资金融通、人文交流等需求，在加强国际设施联通的基础上，有组织有重点地优化布局和联动开发，促进设计、施工、投融资、相关装备制造等高质量、标准化、成体系"走出去"，形成国内国际双循环。

2."门槛"治理：竞争中性的开放互联

（1）深化行政管理体制改革，进一步加快推动相关行业"政企分开""放管服""综合管理"，强化竞争政策基础地位，打破行政垄断、防止市场垄断，清理废除妨碍统一市场和公平竞争的各种规定和做法，依法加强各种所有制经济产权保护，加大知识产权保护力度，完善政府守信践诺机制。

（2）健全现代企业治理体系，完善国有资产监督管理体制机制，深入推动国有企业混合所有制改革，统筹基础设施建设与运营关系，加快铁路、电力、电信等网络型基础设施产业的竞争性治理。

（3）完善要素市场化配置体制机制，细化创新设施用地供给、集约节约利用和空间综合开发配套措施，加大股票债券、银行贷款、保险基金等资本要素对设施投融资的有效供给，加快数据、技术等要素市场的培育和发展，健全要素市场运行机制。

（4）建立健全设施高质量发展体制机制，强化国家重大基础设施发展规划引领，加强标准化建设，推动各类设施统筹规划、协同建设。

3."过程"治理：全生命周期的精细化管理

（1）规划体系既要确保战略规划在宏观上与国民经济发展阶段以及国土空间和资源开发重点相匹配，还要保障发展规划与不同地域产业、城镇化及要素流动特点相适应，综合协调各种资源的集约节约利用，也要保证建设规划与不同阶段的具体实施能力相一致，使整个规划体系做到方向准确、重点突出、节奏合理。在规划管理体制机制上要更加注重多元主体的广泛、深度参与，以更好识别、对接和协调供需，特别是在重大项目的技术论证中加强需求预测和经济社会效益综合分析，注重经济原则和全面反映项目生命周期的各种成本，为基础设施精细化决策提供科学依据。

（2）投融资管理注重有机结合项目的公益性、社会性和市场性，强化各类投资主体产权的充分界定和有效保护，加强投资实施的透明度以及金融创新，在有效防范债务和金融风险的同时，优化政府、开发性金融机构、传统商业银行及社会资本之间的合作，使项目更具产权激励、经济效率和财务可持续性。

（3）建设管理需注重统筹协调设计和验收标准，注重统筹成本预算控制和资源集约节约利用及环保措施的激励，确保工程质量达标和建设进度合理。

（4）运营维护管理应注重产权保护和创新激励，加大设施综合开发强度，完善设施养护体系，以人为本、精益求精，在高效利用设施资源和精准对接需求方面做足功夫。此外，全过程必须坚守安全、绿色、环保、保障相关利益主体合法权益等发展底线，加强“事中事后”联合监管，不断完善信用体系及追责机制。

（二）若干政策建议

1.加强规划引领

1）建立科学的发展规划体系

基础设施发展和布局具有显著的网络特征，重大基础设施建设是国家长远战略安排的重要组成部分。基础设施具有涉及面广、影响力强、项目论证和建设周期长等特点，重大基础设施是国家重要的战略性资产，需要有较为长远性的系统谋划，并且需要提高规划的权威性。建议做好全国综合性中长期基础设施发展战略规划，对战略导向、发展目标、空间布局、重点任务和实施步骤等进行系统谋划。基础设施规划还要加强对接我国国民经济和社会发展“十四五”规划，结合中长期基础设施发展战略安排，聚焦当前挑战、核心领域、主要矛盾和重要短板等问题，科学编制

"十四五"国家基础设施发展规划，落实中长期规划的重点任务和重大项目。同时，各类基础设施相关规划需要与综合性基础设施规划对接，特别是重大基础设施项目的安排需要保持一致（表1－6）。

表1-6 规划基础和经验借鉴

规划基础	从国内相关领域规划延续性来看，基础设施各领域有编制和实施中长期发展规划的良好基础。比如在交通领域，2007年印发了《综合交通网中长期发展规划》，其规划期为2006—2020年，规划期更长的《国家综合立体交通网规划纲要》已经出台；能源方面有《能源中长期发展规划纲要（2004—2020年草案）》《核电中长期发展规划（2005—2020年）》和《中长期油气管网规划》等
借鉴经验	从国际发展经验来看，基础设施是发达国家国家性战略的重点领域，并且已经实现多种基础设施的整体谋划。比如"美国2050"国家委员会报告《American 2050：An Infrastructure Vision for 21st Century America》指出，在面临重大挑战的新世纪，美国需要大胆的远景展望来引领基础设施投资和发展朝向可持续而繁荣的未来。"连接欧洲"计划由欧盟委员会在2011年11月19日提出，并将其开支列入2014年至2020年的欧盟总预算，该计划由"连接欧洲交通""连接欧洲能源"和"连接欧洲通信"三个子项目组成

2）建立高效的规划实施机制

突出规划编制和实施的社会开放性，广泛听取人民群众的诉求，充分吸纳重点、重大企业和行业领先、领军企业意见、建议，加强与此类企业发展战略的匹配和联系，提高基础设施的市场价值，注重吸引社会力量参与落实规划项目和内容。由于基础设施涉及面广，与之有关联的部门也较多，将责任和具体事权落实到各个有关部门，调动部门积极性，强化部门责任意识。因此，每项任务和工程都需要有责任主体部门。建立完善的规划评估督导机制，定期对规划进行评估，查找规划实施过程中存在的问题，定期检视重大任务、重点工程和发展目标等合理性，根据后期实施情况修编相关规划内容。同时，加强规划实施经验总结，对推进不力部门和责任主体进行督导，好的实施经验要做好推广宣传。

3）建立重大国家基础设施项目库

综合性基础设施发展规划与其他各类基础设施发展规划类似，重大工程和重大项目是规划的核心内容，而这些工程和项目落实情况直接关乎规划实施成效。同时，重大基础设施项目论证周期长，前期研究认证工作可能长达十来年甚至更长时间，大部分项目施工周期也很长，需要长期的跟踪研究和推进。鉴于重大基础设施的重要性和上述特征，需要建立重大国家基础设施项目库。一方面，建立重大国家基础设施项目库平台，形成重大项目库信息系统平台，对重大国家基础设施的项目储备、前期推进、在建进展、计划申报、项目预警、滚动计划及报表管理等实行一站式统一监管。另一方面，根据重大国家基础设施项目的实施年限进行分类管理，近期项目做好实施跟踪工作，及时排除实施过程中存在的困难，中长期谋划项目推动前期研究并更新信息，为未来项目实施做好准备。

2.强化研究支撑

1）加强战略性问题跟踪研究

依托国家高端智库相关研究机构，成立国家基础设施发展研究中心，加强对基础设施发展中长期、热点和难点问题的研究。基础设施是经济社会赖以生存发展的一般物质条件，为社会生产和居民生活提供公共服务，基础设施发展的重大问题研究需要与经济社会长期问题结合并跟踪研究。特别是，各类基础设施融合化和一体化发展趋势明显、要求越来越高，而基础设施综合性问题研究相对较弱，尚缺乏较为成熟的基础理论作为支撑。同时，随着“一带一路”倡议的深入推进，设施联通成为跨国合作的重点内容和先行领域，在外部环境不确定因素增多的情况下，基础设施国际合作机遇和难点成为研究焦点。

2）加强基础设施科学技术研究

基础设施是新技术产生和运用的重要领域，蒸汽机技术运用于交通运输领域发明了轮船和火车，基于电力运用发展起来的能源基础设施成为其他类型基础设施发展的基础。当前，人类发展正处于第四次工业革命的关键阶段，以大数据、云计算、人工智能、量子通信等前沿技术为代表的新一轮产业技术革命，必将为世界经济发展注入前所未有的动力。然而，我国在基础设施技术开发和运用领域仍然存在诸多短板，科学技术创新能力有待加强。因此，要强化基础设施发展的技术研究支撑，着力解决前瞻技术、“卡脖子”技术和关键性共享技术等研发和创新存在的体制机制问题，更加注重帮扶和支持市场技术创新力量。

3）加强技术标准和行业规范研究

基础设施发展具有长期性，而我国是新兴大国，国际影响力处在快速上升阶段，其中基础设施的国际影响力是短板。特别是，在国际规则话语权方面，许多国家已经把标准作为技术、经济竞争的主要手段，我国参与和提升话语权的阻力明显增大。同时，我国基础设施行业中很多技术在国际上有突出优势，但对国际标准的制修订动态缺乏长期、深入的跟踪研究，在国际标准制修订过程中参与程度较低，未能将行业优势技术及时融入国际标准。因此，要完善关键领域的建设标准、衔接标准、信息配套标准和服务标准等，积极参加国际标准和规范的制定，争取更大的规划话语权。

3.创新供给模式

1）明确分类供给基础设施

不同类型的基础设施，市场收益有很大差别。有些项目提供纯粹的公共产品，其自身基本没有收费能力，应该由政府来负责建设；有些项目可能本身收益能力较强，市场化程度较高，比如传统的电力建设项目，应该发挥市场机制的作用，让企业及各类市场投资主体进行建设；还有一类是处于中间状态的提供准公共产品的基础设施项目，有一定的收益能力，但是收益不足以弥补投资及项目运营支出，可以根据具体情况采用多种建设模式，比如公私合作的PPP模式。要分别针对不同类型基础设施项目的特点，选择不同的投资主体及项目运作模式。

2）引进市场机制创新投融资模式

从基础设施投融资的模式看，其涉及政府、开发性金融机构、商业银行、社会资本等多方利益。既要用好政府财政资金，也要从战略高度做出顶层设计和组织协调，促进地方政府融资平台转型发展，防范地方债务风险。另外，要以基础设施的营运管理改革为先导，探索"公益性项目+经营性物业"的整体用地模式，创新供给基础设施领域不动产投资信托基金（简称基础设施REITs）和相关产业发展基金等市场化金融产品。特别是对于新型基础设施，应采用创新的、市场化的投融资方式。以大数据和云计算为例，企业基于其商业化前景做了大量的基础设施投入工作，政府未来在这些领域的投资中，应尊重商业机构的市场敏锐性，自身更多集中于整体规划布局和相关产业配套，以更为市场化的投融资模式推进新型网络基础设施建设。

3）创新“新基建”应用场景、提高投资效率

随着技术在产业的渗透逐步加深，数字基础设施和数字赋能的各类支撑平台，以智慧交通、智慧能源、智慧城市、智慧医疗、智能制造为代表的智能社会新场景、新应用不断涌现，“新基建”成为传统产业升级的助推器和加速器，为相关产业发展带来新商机。因此，“新基建”应遵循以应用为主导、与场景创新深度融合，结合场景创新、模式创新来推进“新基建”建设，提高基础设施投资效率。

4.改革治理体系

1）突出综合部门统筹协调作用

基础设施类型很多，有交通、能源、水利、通信和物流等基础设施，还有城市污水处理和环境卫生管理等市政基础设施，不同类型基础设施既有自身的技术特性，也存在交叉融合，特别是对土地资源和线位等资源利用存在不同程度的重叠，在实践发展过程中需要统筹考虑。同时，由于各类基础设施又是各个行业发展的重要基础，是各个行业管理部门推动行业发展的核心抓手。因此，基础设施建设和管理，既要与各个行业发展协同推进，也要突出综合部门统筹协调，加强资源整合和共建共享，以跨行业统筹来提高部门合力。

2）厘清中央与地方政府权责关系

在基础设施发展过程中，政府部门发挥着重要作用，不但制定各类基础设施规划，也是规划实施的主导者，并且是公益性较强基础设施的重要出资人，还可能是部分设施的管理和运营主体。因此，调动各级政府的积极性和规范其行为至关重要，而首要任务就是厘清中央和地方政府的权责关系。一方面，建设基础设施的资金投入规模巨大，要合理划分中央与地

方财政事权和支出责任，建立权责清晰、财力协调、区域均衡的中央和地方财政关系，形成稳定的各级政府事权、支出责任和财力相适应的制度。另一方面，要强化中央政府对地方政府基础设施发展的管理与服务能力，地方政府要根据国家相关规划制定省级层面的发展规划，地方重大基础设施项目需要纳入国家项目库统一管理，中央政府通过项目规划和资金安排等方式把握地方基础设施建设规模和节奏。

3）优化基础设施运营管理市场环境

对新型基础设施相关的新业态，要采取包容审慎的监管方式，推进行业自律和社会监督。针对新业态发展中存在的法律定位不清晰、行为规范不明确、监督管理不完善等突出矛盾和难点问题，着力健全完善相关管理制度，为新业态、新模式发展营造良好的制度环境。对可以收费的基础设施，要完善价格管理体系，既要保障消费者合法权益，也要使服务供给者有合理的收益率。同时，要加强基础设施服务质量供给信用体系建设，完善"互联网+监管"，推进信用共享评价和分级分类，提高信息化监管水平。坚决破除民营企业参与基础设施运营管理的隐性壁垒，创新完善体制机制，营造良好的政策环境。

5.加大政策支持

1）强化关键要素支持

灵活采取财政贴息、政府回购和贷款担保等方式加大对战略性基础设施项目的支持，充分发挥国家开发银行等政策性金融机构在保障重大项目建设资金供给中的作用。鼓励金融机构创新产品，特别是承担重大基础设施建设和发展任务的企业，强化服务支持关键企业发行企业债券、项目收益债券、可续期债券等专项债券，募集重大基础设施建设资金。建立健全保障土地综合开发的体制机制，合理安排国家基础设施建设用地计划指标，优先保障重点项目土地供应。

2）注重人才队伍培养

近年来，基础设施技术和应用场景不断创新，技术创新人才至关重要。特别是在国际技术竞争加剧的情况下，人才在国际竞争中具有决定性意义，国家的发展依靠人才的发展，必须把促进人才的健康成长和充分发挥作用放在人才工作的首要位置。同时，要利用好我国基础设施发展的机遇，为相关技术人才成长创造良好条件和环境，善于发现人才，用人所长。对5G、物联网和大数据等新型基础设施发展，要在人才发展规划制定、人才重要政策统筹、人才重点工程策划和人才重点项目实施上下功夫。

6.践行绿色发展

严格落实“三线一单”（生态保护红线、环境质量底线、资源利用上线、生态环境准入清单）管控要求，做好基础设施项目的环境影响评价工作，严把环保准入关。对重大基础设施项目论证工作，要同步编制规划环境影响报告书，重点就项目实施的累积性、长期性环境影响进行分析，提出预防和减轻不良环境影响的对策措施。强化资源集约利用和绿色开发，做好规划项目施工、运行阶段的环境监管，项目施工期应当尽量减少施工占地、缩短施工时间、选择合理施工方式、落实环境敏感区管控要求以及其他生态环境保护措施。在项目建设和应用过程中，鼓励采取绿色技术和绿色材料，提高基础设施环境亲和力。

第二章 “十四五”基础设施建设支撑现代化经济体系作用研究

基础设施是支撑经济发展和社会进步的基石。交通、能源、水利、物流、市政等传统基础设施以及工业互联网、物联网、算力中心等新型基础设施，是现代化经济体系的重要组成部分，具有战略性、基础性和先导性作用。“十四五”时期基础设施建设支撑现代化经济体系的作用主要体现在拉动国民经济增长、促进国土空间开发、服务支撑国家战略、促进全面改革开放等方面。

一、新时期我国现代化经济体系的基本内涵与建设要求

建设现代化经济体系，是党中央从党和国家事业全局出发，着眼于实现“两个一百年”奋斗目标，顺应中国特色社会主义进入新时代的新要求作出的重大决策部署。国家强，经济体系必须强。只有形成现代化经济体系，才能更好顺应现代化发展潮流和赢得国际竞争主动，也才能为其他领域现代化提供有力支撑。党的十九大报告指出，“必须坚持质量第一、效益优先，以供给侧结构性改革为主线，推动经济发展质量变革、效率变革、动力变革，提高全要素生产率，着力加快建设实体经济、科技创新、现代金融、人力资源协同发展的产业体系，着力构建市场机制有效、微观主体有活力、宏观调控有力度的经济体制，不断增强我国经济创新力和竞争力”。这就从根本上明确了现代化经济体系的基本内涵和建设方向。

（一）深刻领会建设现代化经济体系的科学内涵

所谓现代化经济体系，就是与建设社会主义现代化强国的要求相适应的现代产业体系及其运行机制和管理体制。其基本内容就是现代产业体系与现代市场经济体制的有机结合，基本目标就是通过经济发展的质量变革、效率变革、动力变革，实现经济的高技术、高质量、高效益发展。所谓产业体系就是一国国民经济中各种产业因各种相互关系而构成的整体。产业体系的发展演进是产业分工不断深化，产业要素、产业结构和产业功能不断优化的动态过程，是各产业之间的交叉与融合。就现代产业体系而言，主要包括实体经济、科技创新、现代金融、人力资源等几个方面。其中，实体经济是主体、是根本，其他几个方面都是为实体经济服务的。具体来讲，实体经济与现代金融是相互融合相互促进的。在现代经济条件下，实体经济离不开金融，金融更离不开实体经济。实体经济离开金融就等于失去了灵魂，而金融离开了实体经济就成为无源之水、无本之木。金融为实体经济服务，实体经济则进一步促进金融发展。无论是实体经济还是现代金融的发展，离开科技创新都寸步难行，而人力资源则为其他几个方面，特别是科技创新提供人才支撑，这就是现代产业体系构成的四大要素和内在逻辑关系。

（二）“十四五”时期现代化经济体系建设任务

建设现代化经济体系是一项长期的任务，按照党的十九大的部署，“十四五”期间需要做好以下六个方面的工作。

1.深化供给侧结构性改革

供给侧结构性改革的主要任务就是优化供给结构，提高供给质量，转换供给机制，这也正是建设现代化经济体系的重要内容。党的十九大报告指出，“建设现代化经济体系，必须把发展经济的着力点放在实体经济上，把提高供给体系质量作为主攻方向，显著增强我国经济质量优势。建设现代化经济体系，必须围绕建设制造强国，加快发展先进制造业，推动互联网、大数据、人工智能和实体经济深度融合，在中高端消费、创新引领、绿色低碳、共享经济、现代供应链、人力资本服务等领域培育新增长点、形成新动能"。

2.加快建设创新型国家

创新是引领发展的第一动力，也是建设现代化经济体系的战略支撑。要按照党的十九大的部署，瞄准世界科技前沿，强化基础研究，实现前瞻性基础研究、引领性原创成果重大突破。加强应用基础研究，拓展实施国家重大科技项目，突出关键共性技术、前沿引领技术、现代工程技术、颠覆性技术创新，为建设科技强国、质量强国、航天强国、网络强国、交通强国、数字中国、智慧社会，进而建成强大的现代化经济体系提供有力支撑。

3.实施乡村振兴战略

农业是实体经济的重要产业之一，农业、农村、农民问题是关系国民经济的根本性问题。因此，建设现代化经济体系，离不开构建现代农业产业体系，实现农业现代化。构建现代农业体系，必须在深化农村集体产权制度改革，在保障农民财产权益，在壮大集体经济的基础上，逐步建立和完善与现代化农业相适应的农业生产体系、经营体系和分配体系。

4.实行区域协调发展战略

我国发展的不平衡、不充分，主要表现为区域之间发展的不平衡和欠发达地区发展的不充分。实行区域协调发展战略，是解决发展不平衡和不充分的问题关键。区域经济的协调发展，离不开完善的产业体系和经济体系。通过构建现代产业体系，建设现代化经济体系，把欠发达地区的经济发展纳入现代产业体系和现代化经济体系之中，对促进区域协调发展具有重大意义。

5.加快完善社会主义市场经济体制

现代市场经济体制是现代化经济体系的重要方面和重要内容，建设现代化经济体系，必须加快完善社会主义市场经济体制。经济体制的核心问题，归根结底是政府和市场的关系问题。完善社会主义市场经济体制，必须以完善产权制度和要素市场化配置为重点，实现产权有效激励、要素自由流动、价格反应灵活、竞争公平有序、企业优胜劣汰。

6.推动形成全面开放新格局

现代化经济体系是一个开放系统，既要对外开放，更要对内开放。按照建设现代化经济体系要求的开放具有明显的新时代特征。这种新时代特征可概括为：以推进贸易强国建设为目标，实行引进来和走出去并重与陆海内外联动、东西双向互济。正如党的十九大报告指出的，“要以‘一带一路’建设为重点，坚持引进来和走出去并重，遵循共商共建共享原则，加强创新能力开放合作，形成陆海内外联动、东西双向互济的开放格局”。

二、新型和传统基础设施与现代化经济体系建设的关系

基础设施是经济发展不可或缺的基本条件，与经济发展存在正相关关系。新时期基础设施内涵出现新变化，基础设施是现代化经济体系的重要组成部分。

（一）新型基础设施与传统基础设施的内涵及特征

传统基础设施是相对新型基础设施而言的，在新型基础设施概念尚未提出之前，只有基础设施概念，通常指交通、能源、水利、信息、市政等工业化基础载体。目前，对新型基础设施的概念阐述与内涵界定尚处于探索阶段。早期阶段，从中央决策层历次会议的表述来看，新型基础设施的范畴集中在经济型基础设施领域，主要是指5G网络、数据中心、人工智能、工业互联网、物联网等与数字经济或产业互联网密切相关的数字基础设施领域，核心是支撑数据这一关键生产要素的感知、采集、传输、存储、计算、分析和应用。以2020年4月20日国家发展改革委新闻发布会内容为分水岭，关于新型基础设施内涵界定的探讨进入新的阶段，新型基础设施的范畴进一步拓展到社会型基础设施领域。根据国家发展改革委的定义，新型基础设施是以新发展理念为引领，以技术创新为驱动，以信息网络为基础，面向高质量发展需要，提供数字转型、智能升级、融合创新等服务的基础设施体系。新型基础设施主要包括三方面内容：一是信息基

础设施，包括以5G、物联网、工业互联网、卫星互联网为代表的通信网络基础设施，以人工智能、云计算、区块链等为代表的新技术基础设施，以数据中心、智能计算中心为代表的算力基础设施等。二是融合基础设施，主要指深度应用互联网、大数据、人工智能等技术，支撑传统基础设施转型升级，进而形成的融合基础设施，如智能交通基础设施、智慧能源基础设施等。三是创新基础设施，主要是指支撑科学研究、技术开发、产品研制的具有公益属性的基础设施，如重大科技基础设施、科教基础设施、产业技术创新基础设施等。当然，这个概念内涵并非盖棺定论。国家发展改革委还特别指出，"伴随着技术革命和产业变革，新型基础设施的内涵、外延也不是一成不变的，将持续跟踪研究"❶。

（二）基础设施是经济社会发展不可或缺的基本条件

基础设施是工业化进程的基础条件，构成了社会经济的基础。世界各国经济发展实践表明，没有基础设施发展，工业化不可能实现，经济也不可能得到真正的发展。基础设施是社会先行资本。在一般产业投资之前，一个社会应具备在基础设施方面的积累。基础设施的先行建设是一国经济起飞的必要但不是充分的条件。在一国经济可能出现起飞之前，从最广泛的意义上说，必须有最低限度的先行社会基础资本建设。历史（1914年以前的俄国）和当代的情况（1958年以后的中国）都表明，在没有相应的前提性资本准备的情况下开始起飞的国家，会因其在结构上的缺陷导致其在起飞年代中出现严重问题。基础设施投资所带来的规模经济效益不仅能够使企业降低成本、提高获利能力，而且其他企业乃至整个社会都可以分享其外部经济利益，从而提高整个社会的获利能力。

（三）基础设施是现代化经济体系的重要组成部分

现代化经济体系是由社会经济活动各个环节、各个层面、各个领域的

❶摘自2020年4月20日国家发展改革委高技术司司长伍浩在国家发展改革委4月份新闻发布会上的讲话。

相互关系和内在联系构成的一个有机整体，主要包括：创新引领、协同发展的产业体系，统一开放、竞争有序的市场体系，体现效率、促进公平的收入分配体系，彰显优势、协调联动的城乡区域发展体系，资源节约、环境友好的绿色发展体系，多元平衡、安全高效的全面开放体系等。基础设施是第一、第二、第三产业活动所不可或缺的基本服务，不仅包括运输、通信、供水、电力、灌溉以及排水系统等公共服务，还包括法律、秩序、教育以及卫生等公共服务。从产品或服务属性来看，无论新型基础设施还是传统基础设施都是现代产业体系的重要内容。基础设施产业除了具备一般产业共性特征外，还具备一些特有的产业特征，譬如基础设施网络特性、高度技术密集和劳动力密集性等。此外，从系统体系完整性来看，基础设施是市场体系、收入分配体系、城乡区域发展体系、绿色发展体系、全面开放体系等的基础支撑，没有基础设施系统的高效运行，以上体系难以正常运转。

三、基础设施建设支撑现代化经济体系的作用效果分析

基础设施建设支撑现代化经济体系的作用主要体现在：拉动国民经济增长、促进国土空间开发、服务支撑国家战略、促进全面改革开放等方面。

（一）基础设施投资建设与国民经济增长

1.基础设施投资建设作用经济增长的一般原理

基础设施与经济增长的关系是国内外学者长期关注的问题。尽管经济学家早已认识到了航海、港口、道路、桥梁、水利等公共工程对经济发展的重要性[1]，但“基础设施”的概念直到20世纪40年代才正式被引

[1] 亚当·斯密在《国民财富的性质和原因的研究》（1776）中，阐述了国家的重要职能之一就是“建设并维持某些公共事业及公共设施，其建设与维持决不是为某些少数人的利益”；同时认为，交通运输对国家的经济发展非常重要，“一国商业的发达，全赖有良好的道路、桥梁、运河、港湾等等公共工程”。凯恩斯在《通往繁荣之路》（1931）中从治理经济危机的角度出发，将公共工程作为宏观经济调控的手段由政府加以运用。

入经济学领域。第二次世界大战以后，以罗森斯坦·罗丹（Rosenstein-Rodan，1943）、罗格纳·纳克斯（Ragnar Nurkse）、阿尔伯特·赫希曼（Albert Otto Hirschman）为代表的一批发展经济学家最先使用基础设施概念，将基础设施界定为社会先行资本（Social Overhead Captital），并认为基础设施对经济发展的促进作用主要表现为增长效应与福利效应。凯恩斯主义认为基础设施投资作为国民经济的一项要素投入不仅能引起总产出直接增加，还会通过乘数效应影响资本积累；内生经济增长理论认为基础设施投资等活动的外部性是经济长期增长的根本源泉（Bougheasetal，2000）；以杨小凯（2003）为代表的新兴古典经济学认为分工才是经济发展的根本原因，基础设施水平提高的目的是降低交易成本提高交易效率，而后通过扩大分工进而促进分工演进和经济增长。

2.传统基础设施投资建设拉动经济增长实证分析

加大基础设施投资力度，是推动经济持续增长的主要动力，更是重大危机发生后拉动经济回升、稳定经济社会运行秩序的"强心剂"和"压舱石"。回顾我国过去数十年的快速发展，以"铁公机"为代表的传统基础设施投资显著地拉动了国民经济增长，1981—2019年，每年交通基础设施投资规模与GDP增长趋势线基本重合，如图2-1所示。同时发现，交通基本建设投资占GDP的比重从1981年的0.64%逐步提升到2019年的3.2%，交通基础设施投资在国民经济增长中的地位不断提升。当然，通过扩张性财政政策加大基础设施投资在应对重大突发事件中更是发挥了重要作用。1998年亚洲金融危机时，交通等基础产业就被选择为刺激经济的重点投资领域之一，1998年和1999年交通运输业[1]固定资产投资占全国GDP的比重均达到3.2%，交通投资占全社会固定资产投资总额比重均达到9.5%。为应对2003年"非典"疫情造成的经济影响，并借助我国加入WTO带来的机遇，政府采取加大基础设施投资政策，2003年全社会

[1] 交通运输业包括铁路运输业、道路运输业、城市公共交通业、水上运输业、航空运输业和管道运输业以及装卸搬运和奇特运输业。分析数据来源于《中国统计年鉴》。

固定资产投资与全国GDP比例首次超过40%，其中交通投资占GDP比重首次超过3.5%，其后几年均保持快速增长。在应对2008年第一季度我国南方大部分地区暴雪冻雨灾害和下半年亚洲金融危机中，加大基础设施投资又一次被作为刺激经济的重要手段，并产生持续性影响，2008年全社会固定资产投资占全国GDP比重首次达到55%，2009年达到66%，2010年更前所未有地接近70%，其中2009年和2010年交通投资占GDP比重分别达到6.4%和6.9%，而之前最高的年份均未超过5%。

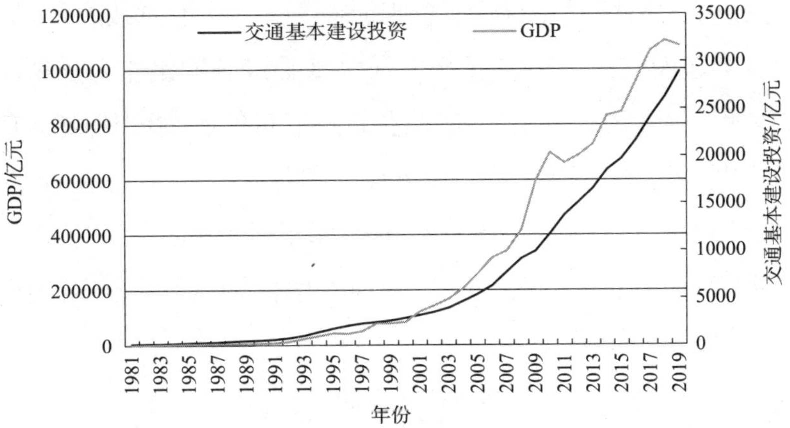

图2-1　1981年以来我国交通基本建设投资与GDP增长趋势图

资料来源：《中国统计年鉴》《全国铁路统计资料汇编》《全国交通统计资料汇编》《中国民航统计年鉴》《2019年交通运输行业发展统计公报》《2019年国民经济和社会发展统计公报》

3.新型基础设施投资建设的短期效应和长期效应

当前，我国提出加强新型基础设施建设，从经济高质量发展框架下来看，这一举措具有双重战略价值，即一方面可以在短期内熨平经济波动、稳定经济增长；另一方面可以在长期内促进结构性改革、推动经济高质量发展。

1）短期效应：刺激经济增长熨平经济波动

由于新冠肺炎疫情的暴发，对拉动经济增长的“三驾马车”均产生强力的冲击。在消费领域，冲击主要发生在第三产业中的批发零售、交通运输、文化旅游、住宿餐饮和影视娱乐等行业。在投资方面，基础设施建设、工业生产等固定成本较高的制造行业都将受到严重影响。国家统计局数据显示，2020年一季度国内生产总值同比下降6.8%，但其中信息传输、软件和信息技术服务业增加值反而增长13.2%，互联网和相关服务的营收增长10.1%。因此，此时加强新型基础设施建设，有助于熨平短期经济波动，稳定经济增长，降低经济运行风险。虽然在目前各地重大项目投资计划中，交通、能源等传统基础设施建设项目仍占据主要位置，但新型基础设施建设的比重正在大幅提升。从地方政府工作报告来看，目前已有25个省市的政府工作报告提及新型基础设施建设。从地方政府专项债来看，新型基础设施建设的比重已经显著上升。基础设施建设作为一项反周期的"准财政政策"，与财政政策、货币政策分工合作，共同构成具有中国特色的应对短期经济波动的宏观调控体系。基础设施投资在应对1998年亚洲金融危机和2008年全球金融危机中发挥了巨大的作用，即使引起一定争议的"四万亿"投资计划，目前的观点也普遍认同基础设施投资的确在短期内拉动了经济增长。

2）长期效应：新动能推动经济高质量发展

新冠肺炎疫情的暴发，一方面充分暴露了传统经济生产体系的脆弱性，依赖线下的生产经营模式难以应对市场需求和国际供应链的动态变化；另一方面，在抗击疫情期间，数字化程度越高的企业越能够更加迅速地进行动态调整，通过柔性生产、远程运维等方式将疫情的负面冲击降到最低。这深刻地揭示出，中国经济的生产方式与商业模式必须加快数字化、网络化、智能化转型，推动供给侧结构性深度改革，增强经济运行体系的稳健性，促进宏观经济的长期稳定增长，是经济高质量发展的应有之义，新型基础设施建设将在其中发挥至关重要的作用。

（1）新型基础设施建设带动传统基础设施的数字化、网络化、智能化改造升级，推动经济的长期包容性增长。传统基础设施投资支撑了中国改革开放以来三十多年的高速增长，但是从统计数据来看，2010—2018年，经济增长率从10.3%下降到6.3%，资本投资对经济增长的贡献率从

66.3%下降到32.4%，对经济增长的拉动作用从7.1%下降到2.2%，均表明随着传统基础设施投资规模的扩张，其对经济增长的边际贡献率逐渐递减。新型基础设施将通过增强对传统基础设施的数字化、网络化与智能化改造，拓展传统基础设施促进经济增长的作用范围并优化作用机制，提高传统基础设施的边际报酬或降低其边际报酬递减速度，从而推动经济的长期包容性增长。

（2）新型基础设施建设推动供给侧结构性深度改革。新型基础设施所涉及的各项技术目前已形成初具规模的行业部门，其对产业结构和经济增长的影响主要包括两方面：第一，对5G、数据中心、人工智能等行业部门基础设施投资的增加，将引起这些新兴行业与其他行业之间在增长率上的较大差异，从而直接引起产业结构的优化升级。第二，对这些新兴行业投资的增加，将推动这些行业部门生产率水平及其增长率的提升，从而吸引生产要素从低生产率或低生产率增长的部门向新兴行业部门的持续流动，由此带来的“结构红利”将会引致全行业生产率水平的提升，推动产业结构高级化与合理化，促进经济的持续增长。

（3）加快新型基础设施建设有利于充分发挥数字经济潜力。首先，新型基础设施具有显著的乘数效应。通过加强新型基础设施建设与投资，奠定数字经济的发展基础，降低中小企业应用数字技术的门槛，推动产业数字化转型与产业互联网发展。据腾讯研究院《数字中国指数报告（2019）》测算，“用云量”每增长1%，GDP大致增加230.9亿元。其次，新型基础设施具有强劲的产业关联效应。大数据、物联网、人工智能等新型基础设施所处的数字密集型行业几乎与其他所有行业均存在前向和后向关联关系，通过对产业链的横向整合和价值链的纵向集成，促进数字技术的产业间扩散。最后，还具有长期的创新与创造效应。加强新型基础设施建设，将进一步促使交通、医疗、金融、制造业等各领域各行业实现生产方式数字化、商业模式网络化、管理范式智能化的创新与变革，提高企业的技术创新能力与效率，创造新的就业岗位，带动就业规模的扩大，充分发挥并实现数字经济在促进经济高质量发展中的潜力。

（二）基础设施建设与国土空间开发优化

1.基础设施建设对国土空间优化的作用

国土空间是经济社会发展的载体，是一个国家进行各种政治、经济、文化活动的场所，是人们生存和发展的依托。国土空间开发是以一定的空间组织形式，通过人类的生产建设活动，获取人类生存和发展的物质资料的过程。基础设施是国土空间开发的重要因素，也是国土空间格局的重要体现。国土开发与基础设施建设是一个互动的过程。以交通基础设施为例，一方面，良好的交通运输条件会促进经济活动向该地区集聚，使人类经济活动空间发生改变，从而导致新建交通设施沿线土地的进一步开发，即交通导向的国土开发和经济发展。交通基础设施的建设与发展，能够有效地促进国民经济的增长，推动国土资源均衡开发，加快城市化进程。另一方面，国土开发的强化和经济活动在某一地理空间的集聚又会导致交通运输需求的增加，进而促进当地对交通基础设施的投资，加快交通运输业的发展。国土开发空间的拓展不但促进了全国范围交通运输网络的形成，而且促进了综合运输体系的发展。因此，国土开发空间拓展的过程也是交通设施空间延伸的过程，随着国土空间开发的深入，交通基础设施建设也日趋完善。

2.基础设施建设与城市群、都市圈发展

基础设施是城市群、都市圈发展的基础支撑，交通基础设施更是城市群、都市圈发展"先行官"，对城市群、都市圈的形成和一体化发展发挥了重要作用。从城市群形成视角看，目前我国"18+3"城市群与交通区位条件、交通物流基础设施网络密切相关，综合交通枢纽城市、国家物流枢纽承载城市基本上都在城市群范围内，城市群之间的通道连接基本上与"十纵十横"综合运输通道重叠。城市群一体化发展方面，何丹等（2017）基于长株潭城市群1990—2013年的数据，利用区域经济联系强度模型和

城市流强度模型测度城市群一体化水平，并将交通基础设施建设量化为交通投资水平和交通规模水平，运用计量方法研究城市群一体化水平与交通基础设施建设之间的动态关系。研究表明，1990年以来长株潭城市群一体化水平与交通投资水平、交通规模水平存在单向Granger因果关系，后者的提升会促进前者的发展，但交通投资水平对城市群一体化发展的冲击及贡献比交通规模水平大。

对都市圈而言，其形成和发展与交通基础设施布局、建设和发展的关系密切。都市圈是城市群内部以超大、特大城市或辐射带动功能强的大城市为中心、以1小时通勤圈为基本范围的城镇化空间形态。作为城市交通、都市圈交通之间重要联系纽带，以轨道交通、高速公路为骨架的多层次快速交通网在都市圈形成和发展中发挥着重要作用。《2020年新型城镇化建设和城乡融合发展重点任务》（发改规划〔2020〕532号）明确提出，要以轨道交通为重点健全都市圈交通基础设施，有序规划建设城际铁路和市域（郊）铁路，推进中心城市轨道交通向周边城镇合理延伸，实施“断头路”畅通工程和“瓶颈路”拓宽工程。

3.新型基础设施推动城镇化高质量发展

随着我国新型工业化进程的深化，我国新型城镇化进程不断推进。2014年3月，中共中央、国务院印发《国家新型城镇化规划（2014—2020年）》，明确指出紧紧围绕全面提高城镇化质量，走以人为本、四化同步、优化布局、生态文明、文化传承的中国特色新型城镇化道路。城镇发展需要大量的城市间和城市内的基础设施，城镇化高质量发展需要“四化同步”发展的基础设施建设。未来基础设施建设，不仅仅要满足新型工业化与信息化深度融合要求，还要满足城镇化与工业化良性互动、与农业现代化协调的要求。具体而言，未来基础设施建设不仅要充分体现智慧城市、绿色城市、森林城市、海绵城市、人文城市、宜居城市等现代化城市的要求，还要体现现代城市群、大都市圈建设和高质量城镇化战略目标的要求。事实上，新基建就是要建设符合现代化城市、城市群和都市圈要求的基础设施。要支撑城镇化高质量发展，新基建一方面布局全新的信息化、智能化、绿色化的城市基础设施，如新一代智能信息网络，包括F5G（千兆光纤宽带）、5G、物联网、云计算、边缘计算、新型互联网交换中心等；另一方面利用新一代信息技术和绿色技术与交通运输、能源水利、市政、环保、公共卫生等传统城市基础设施进行融合，对传统城市基础设施进行数字化、网络化、智能化、绿色化升级而建设形成的新基础设施。例如，通过信息技术与传统基础设施的深度融合，形成工业物联网、车联网、电力物联网、城市感知设施、智能化市政等。目前，我国经济发展的空间结构正在发生深刻变化，中心城市和城市群正在成为承载发展要素的主要空间形式。未来城市群和都市圈的基础设施建设需求量很大，这既包括城市群的城市和城市之间高速、便捷、绿色、智能的交通基础设施建设，还包括都市圈中城市和郊区、中心城市和卫星城市之间的交通、信息等基础设施以及各类公共设施。新基建在推动城市群高质量发展过程中也将发挥重要作用。

（三）基础设施建设与国家战略深入实施

1.基础设施是打赢脱贫攻坚战的先行官

研究表明，贫困地区经济增长和贫困人口脱贫致富与该地区的交通基础设施发展密切相关。交通基础设施投资建设既可以通过拉动贫困地区经济增长间接推动贫困人口脱贫致富，也可以通过提供就业机会和降低流通成本等，直接增加贫困人口收入和提高公共服务水平。交通基础设施投资建设直接拉动贫困地区经济增长，进而通过涓滴效应对农村减贫脱贫起到间接促进作用。改革开放40年来，我国7亿贫困人口摆脱贫困，交通基础设施大规模投资建设支撑经济持续高速增长功不可没。作为支撑引领贫困地区发展和改善贫困人口生产、生活的重要基础，交通基础设施是贫困地区扶贫开发和脱贫致富的基础性、先导性条件。习近平总书记指出，“交通基础设施建设具有很强的先导作用，特别是在一些贫困地区，改一条溜索、修一段公路就能给群众打开一扇脱贫致富的大门”。

2.基础设施建设是乡村振兴的强力支撑

党的十九大报告从经济社会发展全局的高度创造性地提出了乡村振兴战略，要求坚持农业、农村优先发展，按照“产业兴旺、生态宜居、乡风文明、治理有效、生活富裕”的总要求，建立健全城乡融合发展体制机制和政策体系，加快推进农业、农村现代化。从五大要求的实现路径来看，农业、农村基础设施建设是全面实现乡村振兴的关键所在，是实现农业强、农村美、农民富的重大抓手，将贯穿农业、农村现代化的全过程。长期以来，农业、农村基础设施建设和公共服务对农村经济社会发展产生了巨大的直接效应和间接效应，是推动农业、农村发展的动力引擎。第一，农业、农村基础设施建设和公共服务是产业兴旺的基本要素条件，是推动产业融合发展的重要基础。第二，农业、农村基础设施建设是美丽乡村建设的重要平台，建设生态宜居的美丽乡村，不是简单的村庄房屋建设，而是既需要加强硬件设施建设，也需要加强软件条件改善，既要美化农村生态环境，又要加强农村路水电气网等基础设施建设，更要提高公共服务供给水平。第三，农业、农村基础设施建设是乡风文明的阵地保障。乡风文明迫切需要大力发展农村公共事业，包括农村公用卫生、基本医疗、社会养老等基础设施建设。第四，农业、农村基础设施建设是生活富裕的动力来源。生活富裕本质上是增加农民收入，让农民富起来，这就需要为农民修好进村路、搭好创新平台，形成促进农民增收长效机制。

3.基础设施建设服务支撑区域协同发展

党的十九大报告指出，“加大力度支持革命老区、民族地区、边疆地区、贫困地区加快发展，强化举措推进西部大开发形成新格局，深化改革加快东北等老工业基地振兴，发挥优势推动中部地区崛起，创新引领率先实现东部地区优化发展，建立更加有效的区域协调发展新机制”。这是我国区域发展战略的进一步提升和完善，也是新时代实现我国区域协调发展，解决发展的不平衡不充分问题的重大战略举措。区域协调发展首先是基础设施和公共服务的均衡发展，这已经成为我国推进区域协调发展的共识。今后，要进一步在城乡基础设施互联互通、加大农村公共服务领域投入、降低农村居民使用基础设施和享受公共服务的成本等方面，加大政府扶持力度，并配合城乡生产要素的自由流动和农村剩余劳动力向城镇转移，加快实现城乡区域基础设施和公共服务均衡化发展。围绕京津冀协同发展、长三角区域一体化发展、粤港澳大湾区建设、长江经济带发展、黄河流域生态保护和高质量发展战略，强化交通、能源、信息等基础设施的服务支撑作用。

4.基础设施是支撑创新驱动的关键领域

党的十八大明确提出，“科技创新是提高社会生产力和综合国力的战略支撑，必须摆在国家发展全局的核心位置”，强调“要坚持走中国特色自主创新道路、实施创新驱动发展战略”。党的十九大报告进一步指出，“创新是引领发展的第一动力，是建设现代化经济体系的战略支撑”。基础设施是技术密集性产业，是支撑创新驱动的关键领域。一方面，交通、能源、水利等传统基础设施在规划、勘察、设计、建造、运营、管理等环节上对关键技术、前沿引领技术、现代工程技术的突破将推动全产业链创新发展，从而引发我国交通运输业、制造业、建筑业乃至国民经济全产业链技术变革，其价值体现在科技进步的孵化器和主推器。一些超大规模跨海通道、桥梁隧道、水电枢纽等超级工程建设，将促进我国基建新工艺、新装备、新材料等基础性、前沿性、源头核心技术的持续研发、应用、积累与更新。另一方面，以5G、物联网等为代表的通信网络基础设施，以人工智能、云计算、区块链等为代表的新技术基础设施以及以重大科技基础设施为代表的创新基础设施，在一定程度上代表国家科技水平、创新能力和综合实力，是世界科技强国的重要标志。今后相当长的一段时期里，重视新型基础设施的建设和发展，将是科技发展趋势中的主旋律。这当中的一个新特征是，国际竞争日益激烈，抢夺制高点，已成为各国基础设施发展的重要着眼点。在信息、能源、生命与健康、地球系统与环境、材料、工程技术等学科领域，抢占突破科学前沿和发展战略性高新技术的制高点，已成为发达国家基础设施创新发展的目标。

（四）基础设施建设与全面深度对外开放

1.基础设施互联互通推动“一带一路”建设

基础设施互联互通是“一带一路”建设的优先领域，也是提高贸易便利化水平、建设高标准自由贸易网络的重要依托。推进我国与“一带一路”沿线国家的基础设施投资合作和发展战略对接，有利于推动我国实施更深层次、更高水平的对外开放，有利于促进世界各国共同繁荣发展。自2013年“一带一路”倡议提出以来，沿线国家基础设施领域互联互通成绩显著，有力推动了全球健康发展。我国聚焦“六廊六路多国多港”主骨架，推动铁路、港口、航空、能源领域一批标志性项目取得实质性进展。以中巴经济走廊为例，截至2018年年底，走廊框架下已启动或建成项目19个，总投资近200亿美元；截至2019年6月底，中欧班列累计开行数量近1.7万列，国内开行城市达62个，境外到达16个国家的53个城市，回程班列已达99%，基本实现“去一回一”，综合重箱率达88%。事实证明，以“中国建造”为核心的基础设施建设，对“一带一路”的重要意义不言而喻，其不仅为互联互通打下了重要基础，还有力带动了沿线国家相关产业链的转型升级。

2.基础设施“走出去”有利于提升全球影响力

基础设施走出去既是落实“一带一路”倡议中设施联通的必要手段，也是加强国际产能合作和拓展域外市场、提升我国全球影响力的必然选择。据世界银行和经济合作与发展组织（OECD）估算，2030年前全球基础设施投资需求将高达55万亿美元，相当于每年要投入2.5%的全球

GDP。目前，不少发达国家正面临基础设施改造升级。欧盟于2015年正式启动总投资为3150亿欧元的欧洲投资计划，主要用于支持欧洲交通和能源网络建设；美国于2015年制订了"美国2050"计划，将高速铁路作为优化美国国土分布、提升全社会流通效率的重要发展领域；日本于2013年出台基础设施"长寿化"计划，主要用于应对桥梁、堤坝等设施老化问题。同时，非洲、拉美、东盟等地区基础设施水平落后，发展潜力巨大。对我国而言，实施以交通基础设施为重点的"走出去"战略，既有利于为我国过剩产能寻找更大市场空间和加快我国产业结构转型升级，又利于欠发达地区以较低成本、较快速度提升产业发展水平，同时工业化高端或后工业化阶段的发达国家也可以拓展国际市场，促进全球产业链的上中下游全面发展。

四、新时期基础设施在现代化经济体系中的地位作用

（一）基础设施在现代化经济体系建设中的战略定位

基础设施不仅是国民经济产业体系的组成部分，也是经济社会发展的重要前提和基础条件。一个国家或地区的基础设施产业体系的完整性以及产业规模和技术水平，决定其基础设施的质量、规模和水平，进而反映其竞争力，一个完备和高效率的基础设施体系必然有与之配套的产业体系。基础设施在国民经济产业体系中具有重要的战略性、基础性地位，交通、能源、水利、物流、市政等传统基础设施以及基于信息技术的宽带通信、工业互联网、物联网等新型基础设施，是经济社会发展的重要支撑，具有战略性、基础性和先导性作用。

（二）基础设施建设对构建现代化经济体系的主要作用

基础设施建设支撑现代化经济体系的作用主要体现在拉动国民经济增长、促进国土空间开发、服务支撑国家战略、促进全面改革开放等方面。拉动国民经济增长方面，基础设施投资作为国民经济的一项要素投入不仅

能引起总产出直接增加，还会通过乘数效应影响资本积累。改革开放以来我国基础设施固定资产投资占GDP的比例大幅提升，“铁公机”等传统基础设施建设投资显著拉动国民经济增长。同时，通过扩张性财政政策加大基础设施投资在应对重大突发事件中发挥重要作用。此外，从经济高质量发展框架下来看，当前加强新型基础设施投资建设具有双重战略价值，即一方面可以在短期内熨平经济波动、稳定经济增长；另一方面可以在长期内促进结构性改革、推动经济高质量发展。促进国土空间开发方面，基础设施是国土空间开发的重要因素，也是国土空间格局的重要体现，基础设施在培育形成和建设发展城市群、都市圈以及推进新型城镇化进程中发挥着重要作用。服务支撑国家战略方面，基础设施是打赢脱贫攻坚战的先行官，是支撑创新驱动的关键领域；基础设施建设是乡村振兴的强力支撑，有力促进了区域协同发展。促进全面改革开放方面，基础设施互联互通是“一带一路”建设的优先领域，基础设施“走出去”有利于提升我国全球影响力和竞争力。

五、从“十四五规划建议”看交通物流基础设施支撑现代化经济体系建设的内在逻辑

中国共产党第十九届五中全会通过的《中共中央关于制定国民经济和社会发展第十四个五年规划和二〇三五年远景目标的建议》(以下简称《建议》)中，有多处涉及交通、物流等领域基础设施建设发展的要求，着眼基础设施支撑现代化经济体系建设和服务融入构建新发展格局，笔者认为有以下重点构成了交通物流基础设施支撑现代化经济体系的基本内在逻辑，值得高度关注和深入落实。事实上，这些重要方面也是整个现代化基础设施体系如何更好支撑现代化经济体系的应有之义。

(一)夯基增能：拓展有效投资空间

拓展投资空间是扩大内需这个战略基点的重要组成。《建议》提出“发挥投资对优化供给结构的关键作用”“加快补齐基础设施领域短

板”“推进新型基础设施、交通等重大工程”“实施川藏铁路、西部陆海新通道、沿边沿江沿海交通等一批强基础、增功能、利长远的重大项目建设”。包括交通设施在内的重大基础设施发展对国家经济体系建设具有重要的基础支撑性和战略先导性，同时也是应对经济周期性变化实施宏观调控的重点领域。通过精准化补齐交通基础设施短板，有针对性地推动和实施一批重大交通工程项目建设，特别是应用新一代信息技术改造传统交通设施以形成新型基础设施，对于有效应对当前经济发展的周期性问题和夯实中长期现代化经济体系建设基础具有重要的现实意义。

（二）高效便捷：畅通经济循环流转

畅通经济循环流转是构建新发展格局的关键。《建议》提出“贯通生产、分配、流通、消费各环节”“提升供给体系对国内需求的适配性”“实现上下游、产供销有效衔接”“以国内大循环吸引全球资源要素”“构建现代物流体系”“降低企业流通成本”。包括物流在内的综合交通运输体系是连接生产和消费的纽带，是要素和资源流动的载体。通过精准对接国际国内供应链、产业链需求，加强设施联通覆盖，提升运输及物流专业化、多样化、高层次服务水平，提高便捷性、经济性、高效率供给能力，对于实现资源、生产、服务、消费的高效连接，畅通国民经济循环，创造和引领新需求都具有重要作用。

（三）融合发展：推动产业体系升级

加快发展现代产业体系是实现国民经济体系高水平、完整性的重要内容，关键之一在于推动技术创新和产业结构升级，实现产业关联畅通。《建议》提出“分行业做好供应链战略设计和精准施策，推动全产业链优化升级”“推动传统产业高端化、智能化、绿色化”“促进产业在国内有序转移，优化区域产业链布局”“培育新技术、新产品、新业态、新模式”“促进平台经济、共享经济健康发展”“推动生产性服务业向专业化和价值链高端延伸”“推动现代服务业同先进制造业、现代农业深度融合，加快推进服务业数字化”“推动生活性服务业向高品质和多样化升级”等。事实上，现代化经济体系所需要的产业布局及结构升级，已不能单纯依靠低成本要素吸引和驱动，而是更多地依靠技术创新驱动和产业间的关联畅通及融合，以运输链、物流链、信息链和供应链的时空组织优化来构造经济生态圈变得越来越重要。由此，交通运输的功能需要从被动满足经济活动的派生性需求向主动引导和优化经济要素的时空组织延伸拓展，在匹配适应经济社会发展的基础上进一步催生经济发展新动能。

基础设施是发展现代产业体系的重要支撑。《建议》提出“统筹推进基础设施建设”“构建系统完备、高效实用、智能绿色、安全可靠的现代化基础设施体系”“加快建设交通强国，完善综合运输大通道、综合交通枢纽和物流网络，加快城市群和都市圈轨道交通网络化，提高农村和边境地区交通通达深度”。其一方面体现了交通运输系统内部各种运输方式综合化、一体化发展的要求，另一方面也体现了交通基础设施与其他设施之间的统筹协调及融合发展要求。

（四）协同联动：支撑区域发展战略

实施区域重大发展战略，推动新型城镇化和城乡区域协调发展，是构建新发展格局的重大部署。《建议》提出“加快城市群和都市圈轨道交通网络化”“实施西部陆海新通道等重大项目建设”“完善乡村路、物流等基础设施”“逐步形成城市化地区、农产品主产区、生态功能区三大空间格局，优化重大基础设施布局”“统筹城市规划、建设、管理”“发挥中心城市和城市群带动作用，建设现代化都市圈”等。交通运输能够有效促进各类要素合理流动和高效集聚，优化区域经济布局。通过充分发挥各地区比较优势，持续提升中心城市、都市圈、城市群等优势发展区域交通运输高联通水平、高承载能力和高服务品质，加大城乡交通一体化发展力度，有利于加快各类生产要素自由流动并向优势地区集中，促进城乡区域经济循环，实现区域协同联动发展。

（五）健康持续：统筹安全发展关系

把安全发展贯穿国家发展各领域和全过程，防范和化解各种风险，是贯彻落实总体国家安全观、筑牢国家安全屏障的必然要求。《建议》提出“实现基础设施等关键领域安全可控”“维护交通等重要基础设施安全”“维护金融安全，守住不发生系统性风险底线”“确保生态安全”“有效遏制交通等重特大安全事故”等。交通基础设施自身的安全可控是国家经济安全的重要组成，交通运输在国防建设和安全应急方面发挥重要作用，但其建设和发展也会对金融、生态、人民生命安全等方面构成一定的风险和挑战。例如，交通运输领域存在相当规模的债务，财务可持续性并不乐观，交通运输是土地占用、能源消耗和碳排放较大的行业，其建设和运营对生态环境也会造成一定的负面影响。因此，交通运输行业应注重统筹安全发展关系，统筹平衡资源占用和价值创造关系，实现健康持续稳定发展。

（六）深化改革：优化行业治理体系

改革问题是构建新发展格局的本质问题。《建议》提出“深化国有企业混合所有制改革”“推进铁路等行业竞争性环节市场化改革”“依法平等保护民营企业产权和企业家权益”“健全公平竞争审查机制，加强反垄断和反不正当竞争执法司法”等。深化体制机制改革创新是实现交通运输行业治理体系现代化的根本路径。通过完善综合交通管理体制，深入推进交通运输领域“政企分开”、国有企业混合所有制改革，增强包括社会资本在内的各类市场主体的产权激励，提升运输市场综合监管能力，有助于激发运输市场主体活力、畅通交通资源要素流动、增强行业持续发展动力。

六、现代化经济体系视角下的中国高铁发展

发展高速铁路是符合我国国情的战略选择。高铁的发展不是游离于经

济体系之外的独善其身，高铁的负债也不是单纯由自身领域发展问题引发的个别现象，审视和解决高铁发展的不足，需要和国家整个经济增长的体制环境和动力机制联系起来，必须在全面深化中国特色社会主义市场经济体制改革进程中，进一步大力推动铁路行业的市场化改革，实现其支撑现代化经济体系建设的高质量发展。

（一）发展高速铁路的战略背景

20世纪80年代末，国内学术界开始了对高速铁路的研究。彼时，日本、法国等国的高速铁路已先后投运来支撑经济社会发展，而包括铁路在内的交通运输业仍是我国国民经济发展迫切需要解决的瓶颈制约。为了缓解巨大的供需矛盾、满足人民出行需要，自90年代初始，铁路部门一方面通过六次大提速来改善出行效率，另一方面在充分考虑既有铁路客运提速改造与挤占货运能力关系的基础上，加快高铁建设的前期研究和若干重要干线客运专线的规划建设。国土幅员辽阔、人口众多、人均资源占有率低是我国的基本国情，高速铁路作为一种大运量、高速度、安全可靠、节能环保的交通工具，能够较好地满足广大人民群众中长距离的快捷出行需要。因此，可以说发展高速铁路是符合我国国情的战略选择。

（二）高铁发展的重要作用

高速铁路对于经济社会发展具有重要支撑作用。

（1）作为交通运输工具，满足人民群众出行需要，优化综合交通运输结构。高速铁路较公路客运更加快速、安全、节能环保，较民航客运更为经济、可靠、运输量大，是对综合交通运输体系的重要补充，使之能够满足多层次差异化的客运需求。同时，在重要经济走廊实现的铁路客货分线，减少了客货运营组织的相互干扰和制约，释放了较大的货运能力，有力促进生产生活物资的运输。

（2）作为时空压缩技术，适应城镇化快速发展，重塑区域经济发展格局。改革开放以来，我国城镇化进程快速推进，如今已进入以人为本、以城市群为主体形态的新型城镇化发展阶段，高速铁路为这一时期大规模、广空间、高时效的人口流动和经济交流提供了重要支撑。而伴随高铁快速网络化发展进程，集中承载经济要素和活力的节点城市的相对区位优势也在发生重要变化，一方面促动资源和要素向交通区位优势更为显著的地区集聚极化发展，另一方面也推动区域经济由“圈状辐射”向“带状牵引”拓展，促进枢纽经济和通道经济的发展。尽管在这一过程中，不可避免地存在“虹吸效应”，但区域经济发展的整体效率和人民群众的整体获得感得到较大提升，毕竟经济发展本身不是且不应追求空间的绝对均质。

（3）作为投资牵引动力，带动相关产业发展，促进国民经济平稳增长。高铁发展直接带动机械、冶金、建筑、橡胶、合成材料、电力、信息、计算机、精密仪器、旅游等相关产业，也为宾馆酒店、道路交通、餐饮商贸、休闲娱乐、房地产等行业带来巨大商机，并创造大量就业岗位。而经过十多年来的引进、消化、吸收和再创新，我国高铁建设和装备制造技术，已快速跻身世界领先水平，并成为交通“走出去”的亮丽名片。此外，包括高铁在内的各种基础设施的投资建设，也在应对输入型经济危机的关键时刻较好地发挥了促投资、稳增长的重要作用。

（三）高铁发展的规模和结构

截至2018年年底，我国高铁运营里程达2.9万公里，占铁路运营总里程的22%，承担的客运量则超过50%。根据2016年发布的《中长期铁路网规划》，2025年高铁规模将达到3.8万公里，远期展望至4.5万公里。该规划提出的高铁网络规模目标，是立足快速增长的客运需求趋势和优化拓展区域发展空间的需要，在“四纵四横”网络基础上，以基本连接省会城市和其他50万人口以上大城市等为布局原则测算出来的，总体上是符合我国国情和发展需要的。当然，相对于高铁规模的总体合理适度，还需要关心整个路网的结构。其中，空间结构是与基于区域发展空间优化拓展的布局原则紧密相关的，进而也是与规模相匹配的。更值得关注的或许是基于时速标准的技术等级结构和基于建设时序的时间分布结构。上述规划对高速铁路主通道、区域铁路连接线以及城际铁路的新建项目技术标准进行了相对明确的区分规定，建设时序则主要由具体的建设规划来指导，影响因素相对比较多元复杂。从以往的建设过程来看，对于技术标准和建设时序的把控确实还有进一步完善的空间。此外，值得一提的是对于在通道内发展高速客运铁路与重载货运铁路的关系，还要辩证来看。一方面，由于通道资源有限，需要切实权衡客货运发展关系，避免大幅挤占货运能力和需求；另一方面，高铁与货运发展并非完全此消彼长的关系，虽然局部地区和部分时段还存在铁路货运能力紧张的情况，但总体来看，随着经济结构的转型升级和布局优化，大宗资源类产品的运输需求增速或整体放缓，铁路货运的线路能力已可基本满足，且高铁也在快递领域拓展货运功能。铁路货运服务市场绩效较低的主要原因在于其服务质量和水平还不适应市场需求，更多的是体制上的能力不足，而非技术上的能力不足。未来发展货运的重点主要聚焦在围绕通道线路能力优化匹配枢纽场站能力，以及围绕一体化运输链条和供应链需求整体提升铁路物流效率。当然，这些归根结底还取决于铁路行业的市场化改革以及综合交通运输体系的供给侧结构性改革。

（四）高铁债务的成因及影响

铁路在快速发展的同时，也积累了巨额的债务。但从这些债务的构成来看，首先主要是建设期形成的，其次是 高铁负债规模约占半数，且近些年由国铁部门承担的高铁债务占比在减少。从债务的主要成因来看，一是铁路大规模建设的大背景，为了尽快缓解国民经济发展瓶颈制约，铁路需要持续高强度的投资以扩充路网运输能力和提升路网整体效率；二是建设投资主体单一，铁路项目投资规模大、回收周期长、社会公益性强，社会资本投资体量和积极性不高，加之中央财政支持和国铁自有资金有限，地方出资能力不足，负债式发展不可避免；三是规划建设和投融资管理存在不足，比如盲目上马、片面追求高标准、人为推高建设成本等情况时有发生，基于全生命周期的投融资管理精细化程度不够，对社会资本的产权充分界定和有效保护不足等方面。此外，与英美等国铁路大规模建设时期相比，因运输市场结构、城镇化发展阶段、土地权属以及资本市场发展成熟度等因素综合形成的外部投资环境有非常大的区别，因此，我国借助以社会资本为主力的直接融资渠道搞建设在主客观两方面都有较大困难，好在负债式发展在一定时期有利于行业发展和经济增长。然而必须注意的是，尽管负债式发展有其必要性和合理性，但长期高负债的发展的确是存在风险的，这不仅会对铁路行业今后的建设发展形成障碍，如处置不当，还会对金融系统构成威胁。目前来看，对于铁路负债问题，虽风险总体可控，但也到了要积极应对、妥善处置的关键阶段。这符合中央强调坚决打好防范化解重大风险的攻坚战的要求，也是经济高质量发展阶段转变负债驱动模式的要求。当然，正如高铁的发展不是游离于经济体系之外的独善其身，高铁的负债也不是单纯由自身领域发展问题引发的个别现象，审视和解决高铁发展的不足，还需要和国家整个经济增长的体制环境和动力机制联系起来，必须在全面深化中国特色社会主义市场经济体制改革进程中，进一步大力推动铁路行业的市场化改革，来转变过去对高负债式发展的路径依赖，实现其支撑现代化经济体系建设的高质量发展。

参考文献

[1]习近平．决胜全面建成小康社会 夺取新时代中国特色社会主义伟大胜利——在中国共产党第十九次全国代表大会上的报告［M］．北京：人民出版社，2017.

[2]国家发展和改革委员会综合运输研究所．改革开放与中国交通运输发展［M］．北京：中国市场出版社，2019.

[3]国家发展和改革委员会综合运输研究所．中国交通运输发展报告（2020）［M］．北京：中国市场出版社，2020.

[4]吴文化，孙峻岭，向爱兵．中国交通基础设施产业升级战略研究［M］．北京：人民交通出版社，2018.

[5]宁吉喆．建设现代化经济体系［N］．人民日报，2017-12-5（7）．

[6]石建勋．深刻理解现代化经济体系的科学内涵［N］．经济日报，2018-3-23(11)．

[7]吴文化，向爱兵．双擎发力 同步推进"新基建"与"老基建"［J］．中国经贸导

刊，2020（9）.

[8]周绍朋．强国之路：建设现代化经济体系［J］．国家行政学院学报，2018（5）.

[9]何丹，殷清眉，杨牡丹．交通基础设施建设与城市群一体化发展——以长株潭“3+5”城市群为例［J］．人文地理，2017（6）.

[10]赫希曼．经济发展战略［M］．曹征海，潘照东，译．北京：经济科学出版社，1991.

[11]李平，王春晖，于国才．基础设施与经济发展的文献综述［J］．世界经济，2011（5）：94–95.

[12]向爱兵．脱贫攻坚背景下的交通发展问题及对策研究［R］．国家发展和改革委员会综合运输研究所，2016.

[13]王杨堃，张广厚，秦山．“十四五”时期交通运输支撑引领现代化经济体系建设的思路［J］．中国经贸导刊，2021（6）：27–30.

[14]王杨堃．高铁发展再审视［J］．中国投资，2019（7）：32–34.

第三章 “十四五”基础设施发展面临的形势与要求

“十四五”时期，我国基础设施发展面临的形势有如下特点：一是围绕设施联通新技术和规则的国际竞争日趋激烈；二是我国进入加快构建新发展格局的关键时期，国内国际设施联通创新发展有了新方向和新要求；三是我国经济社会生产力处在再次大提升的重要关口，信息化和智能化等新技术对基础设施发展越来越重要；四是基础设施发展的资源和环境约束加大，高效绿色低碳发展是大势所趋。众多矛盾、机遇和挑战交织，需要加强国内国际基础设施联通布局建设，加快布局建设新型基础设施，突出网络化布局与重点区域先行引领相结合，运用好政府和市场力量健全多元供给体系，坚持规划引领和做好系统谋划工作。

一、国际宏观形势分析

（一）党的十九大以来关于国际形势的重要论述

1.习近平总书记的论述

中国共产党第十九届中央委员会第五次全体会议，于2020年10月26日至29日在北京举行，习近平总书记就《中共中央关于制定国民经济和社会发展第十四个五年规划和二〇三五年远景目标的建议》起草的有关情况向全会作说明时指出，“当今世界正经历百年未有之大变局，我国发展的外部环境日趋复杂。防范化解各类风险隐患，积极应对外部环境变化带来的冲击挑战，关键在于办好自己的事，提高发展质量，提高国际竞争力，增强国家综合实力和抵御风险能力，有效维护国家安全，实现经济行稳致远、社会和谐安定。经济、社会、文化、生态等各领域都要体现高质量发展的要求”。同时指出，“近几年，随着全球政治经济环境变化，逆全球化趋势加剧，有的国家大搞单边主义、保护主义，传统国际循环明显弱化”。

2020年9月22日，习近平总书记在第七十五届联合国大会一般性辩论上的讲话指出，“新冠肺炎疫情全球大流行和世界百年未有之大变局相互影响，但和平与发展的时代主题没有变，各国人民和平发展合作共赢的期待更加强烈”。

2020年9月21日，习近平总书记在联合国成立75周年纪念峰会上发表重要讲话时指出，“当今世界正经历百年未有之大变局，突如其来的新冠肺炎疫情对全世界是一次严峻考验。人类已经进入互联互通的新时代，各国利益休戚相关、命运紧密相连”。同时指出，“世界正站在一个新的历史起点上”。

2020年9月4日，习近平总书记在2020年中国国际服务贸易交易会全球服务贸易峰会上致辞，“当今世界正在经历百年未有之大变局。新冠肺炎疫情全球大流行使这个大变局加速变化，经济全球化遭遇逆流，保护主义、单边主义上升，世界经济低迷，国际贸易和投资大幅萎缩，给人类生产生活带来前所未有的挑战和考验。同时，我们也要看到，近年来，新一轮科技革命和产业变革孕育兴起，带动了数字技术强势崛起，促进了产业深度融合，引领了服务经济蓬勃发展”。

2020年8月24日，习近平总书记在经济社会领域专家座谈会上的讲话指出，“党的十九大以来，我多次讲，当今世界正经历百年未有之大变局。当前，新冠肺炎疫情全球大流行使这个大变局加速变化，保护主义、单边主义上升，世界经济低迷，全球产业链供应链因非经济因素而面临冲击，国际经济、科技、文化、安全、政治等格局都在发生深刻调整，世界进入动荡变革期。今后一个时期，我们将面对更多逆风逆水的外部环境，必须做好应对一系列新的风险挑战的准备”。

2020年7月21日，习近平总书记在企业家座谈会上的讲话中指出，"当今世界正经历百年未有之大变局，新一轮科技革命和产业变革蓬勃兴起"。同时指出，"从长远看，经济全球化仍是历史潮流，各国分工合作、互利共赢是长期趋势"。

2020年5月23日，习近平总书记在看望参加政协会议的经济界委员时强调，"我们还要面对世界经济深度衰退、国际贸易和投资大幅萎缩、国际金融市场动荡、国际交往受限、经济全球化遭遇逆流、一些国家保护主义和单边主义盛行、地缘政治风险上升等不利局面，必须在一个更加不稳定不确定的世界中谋求我国发展"。

2017年10月18日，习近平总书记在党的十九大报告中指出，"世界正处于大发展大变革大调整时期，和平与发展仍然是时代主题。世界多极化、经济全球化、社会信息化、文化多样化深入发展，全球治理体系和国际秩序变革加速推进，各国相互联系和依存日益加深，国际力量对比更趋平衡，和平发展大势不可逆转。同时，世界面临的不稳定性不确定性突出，世界经济增长动能不足，贫富分化日益严重，地区热点问题此起彼伏，恐怖主义、网络安全、重大传染性疾病、气候变化等非传统安全威胁持续蔓延，人类面临许多共同挑战"。

2.政府工作报告的论述

2020年5月22日，李克强总理在2020年政府工作报告中指出，"世界经济增长低迷，国际经贸摩擦加剧"。同时指出，"受全球疫情冲击，世界经济严重衰退，产业链供应链循环受阻，国际贸易投资萎缩，大宗商品市场动荡"。还指出，"我们没有提出全年经济增速具体目标，主要因为全球疫情和经贸形势不确定性很大，我国发展面临一些难以预料的影响因素"。

2019年3月5日，李克强总理在2019年政府工作报告中指出，"经济全球化遭遇波折，多边主义受到冲击，国际金融市场震荡，特别是中美经贸摩擦给一些企业生产经营、市场预期带来不利影响"。同时指出，"世界经济增速放缓，保护主义、单边主义加剧，国际大宗商品价格大幅波动，不稳定不确定因素明显增加，外部输入性风险上升”。

2018年3月5日，李克强总理在2018年政府工作报告中指出，“这些年，世界经济复苏乏力，国际金融市场跌宕起伏，保护主义明显抬头”。同时指出，“世界经济有望继续复苏，但不稳定不确定因素很多，主要经济体政策调整及其外溢效应带来变数，保护主义加剧，地缘政治风险上升”。

3.中央经济工作会议的论述

2020年7月30日，中共中央政治局召开会议分析研究当前经济形势时，指出，“‘十四五’时期是我国全面建成小康社会、实现第一个百年奋斗目标之后，乘势而上开启全面建设社会主义现代化国家新征程、向第二个百年奋斗目标进军的第一个五年。当前和今后一个时期，我国发展仍然处于战略机遇期，但机遇和挑战都有新的发展变化。当今世界正经历百年未有之大变局，和平与发展仍然是时代主题，同时国际环境日趋复杂，不稳定性不确定性明显增强”。

2019年12月10日至12日，中央经济工作会议在北京举行。会议认为，“当前世界经济增长持续放缓，仍处在国际金融危机后的深度调整期，世界大变局加速演变的特征更趋明显，全球动荡源和风险点显著增多”。

2018年12月19日至21日，中央经济工作会议在北京举行。会议指出，“我国发展仍处于并将长期处于重要战略机遇期。世界面临百年未有之大变局，变局中危和机同生并存，这给中华民族伟大复兴带来重大机遇”。

2017年12月18日至20日，中央经济工作会议在北京举行。会议认为，“中国特色社会主义进入了新时代，我国经济发展也进入了新时代，基本特征就是我国经济已由高速增长阶段转向高质量发展阶段。2018年是贯彻党的十九大精神的开局之年，是改革开放40周年，是决胜全面建成小康社会、实施‘十三五’规划承上启下的关键一年”。

4.部分重要政策文件的论述

2020年6月1日，中共中央、国务院印发的《海南自由贸易港建设总体方案》指出，"当今世界正在经历新一轮大发展大变革大调整，保护主义、单边主义抬头，经济全球化遭遇更大的逆风和回头浪"。

2019年12月1日，中共中央、国务院印发的《长江三角洲区域一体化发展规划纲要》指出，"当今世界面临百年未有之大变局，全球治理体系和国际秩序变革加速推进，世界新一轮科技革命和产业变革同我国经济优化升级交汇融合"。同时指出，"国际上保护主义、单边主义抬头，经济全球化趋势放缓，世界经济增长不确定性较大"。

2019年2月18日，中共中央、国务院印发的《粤港澳大湾区发展规划纲要》指出，"当前，世界多极化、经济全球化、社会信息化、文化多样化深入发展，全球治理体系和国际秩序变革加速推进，各国相互联系和依存日益加深，和平发展大势不可逆转，新一轮科技革命和产业变革蓄势待发，'一带一路'建设深入推进，为提升粤港澳大湾区国际竞争力、更高水平参与国际合作和竞争拓展了新空间"。

2019年11月7日，国务院印发《关于进一步做好利用外资工作的意见》指出，"当前，国际投资格局深刻调整，我国利用外资工作面临新形势、新特点、新挑战"。

（二）世界力量格局加速调整，大国战略竞争加剧

1.世界经济力量天平正在向亚洲、新兴市场和发展中国家倾斜

世界正经历百年未有之大变局，经济力量格局变化是变局产生的总根源，突出表现为世界经济力量的天平向亚洲、新兴市场和发展中国家等倾斜。一方面，亚洲经济加速崛起。以中国、印度、东盟为代表的亚洲新兴经济体日益成为推动世界经济发展、维护世界经济稳定的重要力量。2020年，世界中等收入群体将超过32亿人，2030年将增加至49亿人左右，其中近85%的增长将来自亚洲，预计2/3的中等收入人口集中在亚洲国家和地区。另一方面，新兴市场国家和发展中国家群体性崛起，新兴市场国家和发展中国家的经济总量占世界的比例接近40%。国际货币基金组织2019年预计，2024年发达经济体GDP占全球比例将降至56.2%，新

兴市场和发展中国家GDP占全球比例将升至43.8%[1]。

2.世界大国之间的战略竞争加剧，科技和规则等成为竞争焦点

一直以来，大国之间既有合作也有竞争，战略层面的竞争从未停歇。世界经济力量格局调整进入新阶段，美国全球霸权地位面临实质性削弱，正试图调整战略布局维持其唯一超级大国地位，大国在经贸、科技、安全、规则与秩序、地区与多边外交领域的博弈日趋激烈。如表3-1所示，中美战略竞争在特朗普执政后得到了充分体现，在经济、政治、科技、外交、人文交流以及国际秩序等领域快速展开，其涉及面之广、力度之大前所未见。

表3-1 小布什、奥巴马和特朗普执政时期中美关系特点

美国执政者	中美关系特点
小布什	美方从强调竞争到淡化竞争（尽管在军事领域一直高度关注来自中国的竞争），中方则否认中美竞争关系的存在，更多地强调合作及管控分歧
奥巴马	美方从强调合作转为关注竞争，中方则承认竞争的存在，双方都关心如何管理竞争，希望开展良性竞争，处理好竞争与合作的关系
特朗普	特朗普政府明确将中国定位为挑战美国力量、利益和影响力的最主要的战略竞争者，宣告美国自“冷战”结束以来奉行的对华接触政策已经失败，宣称要与中国开展全面战略竞争，重新塑造对华关系

（三）世界经济增长动力不足，不确定性因素增多

1.世界仍处在国际金融危机后深度调整期，技术革命是关键

2008年美国次贷危机引发的国际金融危机的消极影响还没有完全消除（图3-1），世界经济仍处在经济增长新旧动力的转换阶段，经济增长新动力的培育尚没有大规格产业技术更新的支持，新兴经济体普遍存在传统比较优势衰减，要素驱动型增长模式面临创新转型的问题。从长周期角度看，驱动世界经济周期增长的技术力量还没有完全成熟，还没有出现支持世界经济持续增长的技术群。创新驱动的新兴产业成为推动全球经济复

[1] 数据来源：杨长湧、张一婷，《世界经济版图的中长期变化特征》，2020年3月13日。

苏和增长的主要动力，引发国际分工和国际贸易格局重构，国家间技术创新竞争越发激烈。

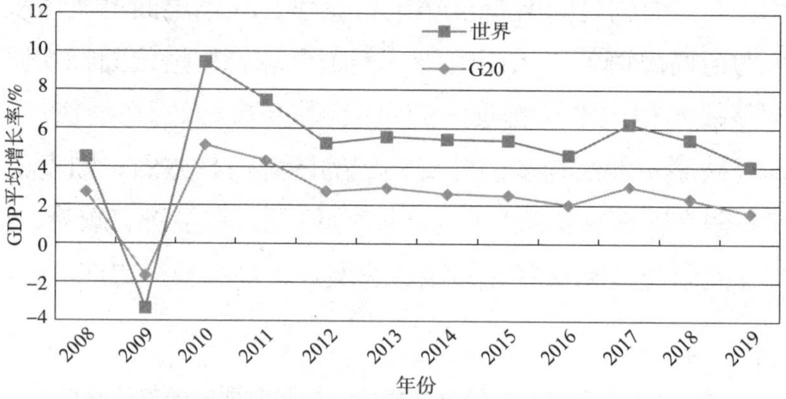

图 3-1　2008 年以来世界和 G20 国家 GDP 平均增长率变化趋势

资料来源：中华人民共和国银行数据，G20 数据不包括欧盟

2.贸易摩擦和新冠肺炎疫情使全球经济下行风险和压力增大

一方面，由于不平衡的经济全球化带来了世界不同经济体的利益分化，逆全球化的浪潮出现，以美国为首的一些国家出现了贸易保护主义和民粹主义，严重扰乱世界贸易格局，破坏世界贸易规则，动摇了世界经济发展的信心。另一方面，新冠肺炎疫情对全球经济增长构成重大冲击。全球经济首次面临隔离和停摆等极限挑战，主要经济体面临严峻考验，市场需求大幅萎缩，全球经济深度下行且持续发展压力加大，主要国际经济组织分别下调了2020年全球经济增速预期。国际货币基金组织预测全球经济将下降3%，世界贸易组织预测全球经济在乐观情况下萎缩2.5%、悲观情况下萎缩8.8%，联合国发布报告指出世界经济将萎缩3.2%。再者，部分国家现存的债务危机、财政赤字和金融风险等可能放大疫情冲击（图3-2），而逆经济全球化加剧了外部风险。此外，过去10年，主要中央银行放松货币政策导致全球流动性增加，许多国家公共和企业债务比全球金融危机时要高。为了应对疫情冲击，国际流动性加速泛滥，各国政府的债务大幅度增长，国际经济和金融市场存在重大动荡隐患。

3.预计“十四五”全球经济将呈“U”形恢复态势

世界银行、IMF、OECD、牛津经济研究院、联合国和惠誉等机构预测2021年世界经济逐步走向恢复之路，全球经济增长率为4%~5.5%[1]。惠誉预测，美国经济要到2021年年底才能恢复到新冠危机前的水平，欧洲和俄罗斯则要到2022年年底才能恢复到危机前的水平。

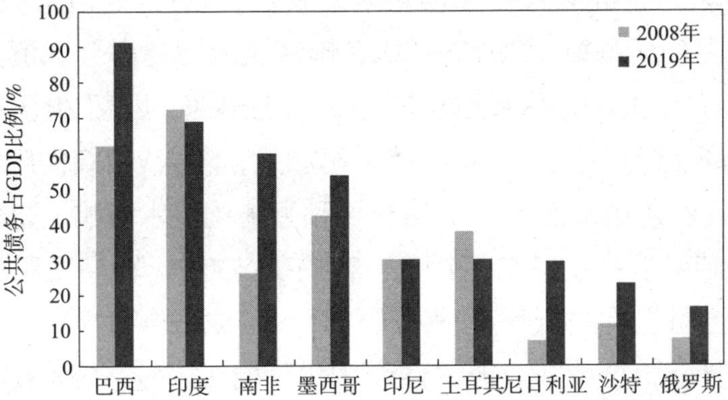

图 3–2 2008 年、2019 年部分国家公共债务占 GDP 比例

资料来源：国家商务部网站《世界经济形势与展望》

（四）多重因素交织叠加使全球产业链震荡式发展

1.全球产业链式分工趋势没有变

全球产业链链状连接发展的根本动力是全球产业分工深化和生产力提高，基础保障是全球运输、信息、管理和交易等全球经济合作成本的下降，基本前提是全球经济要素资源禀赋的巨大差异，这些因素后的市场经济逻辑并未发生根本性变化。20世纪90年代以来，受益于不断减少的贸易成本、不断加快的运输效率和总体安全的国际秩序，许多产品的生产不再像以前那样主要在一国或一个经济区内部完成，而是将生产的各个环节，如研发设计、零部件生产、组装和营销等进行全球布局追求最大化经

[1] 世界银行预计2021年全球经济将恢复增长4.2%，IMF预计全球经济有望在2021年增长5.4%，OECD预计2021年全球经济恢复至5.0%，牛津经济研究院预测2021年世界经济增速为5.4%。联合国的报告预测，发达经济体2021年的经济增幅为3.4%，发展中国家为5.3%。惠誉预测到2021年，全球增长将达到5.2%。

济效益，全球投资和贸易由产业间分工向产业内分工、进而向产品内分工不断深化，供应链体系变得越来越复杂和全球化，这种高度分工、全球密切联系的模式取得了很好的效果。

2. 全球产业链调整机遇与挑战并存

全球产业链调整步伐从未停歇，受政治、经济和安全等多方面力量交织叠加，全球产业链进入快速调整期。其一，全球产业链区域一体化加速。据麦肯锡公司测算，2013—2017年区域内贸易占全球贸易的比例提高了2.7%，其中亚洲地区和欧盟的增长尤为迅速，欧盟28国和亚太地区超过半数的商品贸易在区域内进行[1]。再加上，随着WTO作用弱化，区域内经贸合作正在加强。其二，受信息化和智能化技术影响，全球产业链更加智能。上游供应商、下游经销商（客户）、物流运输商及服务商、零售商以及相关金融机构进行垂直一体化整合，构成一个可视化、透明化的供应链网络。其三，全球产业链"逆全球化"抬头。发达国家积极推动制造业回流，并纷纷表达推动掌控"经济主权"的决心。其四，全球产业链安全受到重视，多元化发展分散布局提速。已有部分国家和外资企业重新评估供应链安全，提出产地多样化、减少供应链过度集中的想法并付诸行动。

二、国内宏观形势分析

（一）党的十九大以来关于国内形势的重要论述

1. 习近平总书记的论述

中国共产党第十九届中央委员会第五次全体会议，于2020年10月26日至29日在北京举行，习近平总书记就《中共中央关于制定国民经济和社会发展第十四个五年规划和二〇三五年远景目标的建议》起草的有关情况向全会作说明时指出，"'十四五'时期是我国在全面建成小康社会、实现第一个百年奋斗目标之后，乘势而上开启全面建设社会主义现代化国家新征程、向第二个百年奋斗目标进军的第一个五年""大家认为，我国发展仍然处于重要战略机遇期，但面临的国内外环境正在发生深刻复杂

[1] 数据来源：麦肯锡全球研究院，《变革中的全球化：贸易与价值链的未来图景》，2019年。

变化。我国有独特的政治优势、制度优势、发展优势和机遇优势，经济社会发展依然有诸多有利条件，我们完全有信心、有底气、有能力谱写‘两大奇迹’新篇章”“我国仍处于并将长期处于社会主义初级阶段，我国仍然是世界上最大的发展中国家，发展仍然是我们党执政兴国的第一要务”“当前和今后一个时期是我国各类矛盾和风险易发期，各种可以预见和难以预见的风险因素明显增多”。

2020年9月17日，习近平总书记在长沙主持召开基层代表座谈会时强调，“当前和今后一个时期，我国发展仍然处于重要战略机遇期，但机遇和挑战都有新的发展变化”。

2020年9月11日，习近平总书记在科学家座谈会上的讲话指出，“当今世界正经历百年未有之大变局，我国发展面临的国内外环境发生深刻复杂变化，我国‘十四五’时期以及更长时期的发展对加快科技创新提出了更为迫切的要求”。同时指出，“现在，我国经济社会发展和民生改善比过去任何时候都更加需要科学技术解决方案，都更加需要增强创新这个第一动力。同时，在激烈的国际竞争面前，在单边主义、保护主义上升的大背景下，我们必须走出适合国情的创新路子，特别是要把原始创新能力提升摆在更加突出的位置，努力实现更多‘从0到1’的突破”。

2020年8月24日，习近平总书记在经济社会领域专家座谈会上的讲话指出，“国内发展环境也经历着深刻变化。我国已进入高质量发展阶段，社会主要矛盾已经转化为人民日益增长的美好生活需要和不平衡不充分的发展之间的矛盾，人均国内生产总值达到1万美元，城镇化率超过60%，中等收入群体超过4亿人，人民对美好生活的要求不断提高”。

2020年7月21日，习近平总书记在企业家座谈会上的讲话中指出，“近几年，经济全球化遭遇逆流，经贸摩擦加剧。一些企业基于要素成本和贸易环境等方面的考虑，调整了产业布局和全球资源配置。这是正常的生产经营调整。同时，我们应该看到，中国是全球最有潜力的大市场，具有最完备的产业配套条件”。同时指出，“在当前保护主义上升、世界经济低迷、全球市场萎缩的外部环境下，我们必须充分发挥国内超大规模市场优势，通过繁荣国内经济、畅通国内大循环为我国经济发展增添动力，带动世界经济复苏"。

2020年5月23日，习近平总书记在看望参加政协会议的经济界委员时强调，"我国经济正处在转变发展方式、优化经济结构、转换增长动力的攻关期，经济发展前景向好，但也面临着结构性、体制性、周期性问题相互交织所带来的困难和挑战，加上新冠肺炎疫情冲击，目前我国经济运行面临较大压力"。同时强调，"我国经济潜力足、韧性强、回旋空间大、政策工具多的基本特点没有变"。

2017年10月18日，习近平总书记在党的十九大报告中指出，"经过长期努力，中国特色社会主义进入了新时代，这是我国发展新的历史方位"。同时指出，"中国特色社会主义进入新时代，我国社会主要矛盾已经转化为人民日益增长的美好生活需要和不平衡不充分的发展之间的矛盾"。还指出，"我国经济已由高速增长阶段转向高质量发展阶段，正处在转变发展方式、优化经济结构、转换增长动力的攻关期，建设现代化经济体系是跨越关口的迫切要求和我国发展的战略目标"。

2.政府工作报告的论述

2020年5月22日，李克强总理在2020年政府工作报告中指出，"国内经济下行压力加大"。同时指出，"国内消费、投资、出口下滑，就业压力显著加大，企业特别是民营企业、中小微企业困难凸显，金融等领域风险有所积聚，基层财政收支矛盾加剧"。还指出，"当前和今后一个时期，我国发展面临风险挑战前所未有，但我们有独特政治和制度优势、雄厚经济基础、巨大市场潜力，亿万人民勤劳智慧"。

2019年3月5日，李克强总理在2019年政府工作报告中指出，"我们面对的是经济转型阵痛凸显的严峻挑战。新老矛盾交织，周期性、结构性问题叠加，经济运行稳中有变、变中有忧"。同时指出，"我国发展仍处于重要战略机遇期，拥有足够的韧性、巨大的潜力和不断迸发的创新活力，人民群众追求美好生活的愿望十分强烈。我们有战胜各种困难挑战的坚定意志和能力，经济长期向好趋势没有也不会改变"。

2018年3月5日，李克强总理在2018年政府工作报告中指出，“我国经济发展中结构性问题和深层次矛盾凸显，经济下行压力持续加大，遇到不少两难多难抉择”。同时指出，“我国经济正处在转变发展方式、优化经济结构、转换增长动力的攻关期，还有很多坡要爬、坎要过，需要应对可以预料和难以预料的风险挑战”。

3.中央经济工作会议的论述

2020年7月30日，中共中央政治局召开会议分析研究当前经济形势时，指出，“我国已进入高质量发展阶段，发展具有多方面优势和条件，同时发展不平衡不充分问题仍然突出”。同时指出，“当前经济形势仍然复杂严峻，不稳定性、不确定性较大，我们遇到的很多问题是中长期的，必须从持久战的角度加以认识，加快形成以国内大循环为主体、国内国际双循环相互促进的新发展格局，建立疫情防控和经济社会发展工作中长期协调机制，坚持结构调整的战略方向，更多依靠科技创新，完善宏观调控跨周期设计和调节，实现稳增长和防风险长期均衡”。

2019年12月10日至12日，中央经济工作会议在北京举行。会议认为，“我国正处在转变发展方式、优化经济结构、转换增长动力的攻关期，结构性、体制性、周期性问题相互交织，‘三期叠加’影响持续深化，经济下行压力加大”。同时还认为，“我国经济稳中向好、长期向好的基本趋势没有改变”。

2018年12月19日至21日，中央经济工作会议在北京举行。会议认为，“在充分肯定成绩的同时，要看到经济运行稳中有变、变中有忧，外部环境复杂严峻，经济面临下行压力。这些问题是前进中的问题，既有短期的也有长期的，既有周期性的也有结构性的”。

2017年12月18日至20日，中央经济工作会议在北京举行。会议认为，“中国特色社会主义进入了新时代，我国经济发展也进入了新时代，基本特征就是我国经济已由高速增长阶段转向高质量发展阶段”。

4.重要政策文件的论述

2020年6月30日，中央全面深化改革委员会第十四次会议审议通过

《关于深化新一代信息技术与制造业融合发展的指导意见》，会议指出，"加快推进新一代信息技术和制造业融合发展，要顺应新一轮科技革命和产业变革趋势，以供给侧结构性改革为主线，以智能制造为主攻方向，加快工业互联网创新发展，加快制造业生产方式和企业形态根本性变革，夯实融合发展的基础支撑，健全法律法规，提升制造业数字化、网络化、智能化发展水平"。

2020年5月17日，中共中央、国务院印发的《关于新时代推进西部大开发形成新格局的指导意见》指出，"中国特色社会主义进入新时代、区域协调发展进入新阶段"。

2019年12月1日，中共中央、国务院印发的《长江三角洲区域一体化发展规划纲要》指出，"中国特色社会主义进入新时代，我国经济转向高质量发展阶段"。

2019年8月8日，国务院办公厅印发的《关于促进平台经济规范健康发展的指导意见》指出，"互联网平台经济是生产力新的组织方式，是经济发展新动能，对优化资源配置、促进跨界融通发展和大众创业万众创新、推动产业升级、拓展消费市场尤其是增加就业，都有重要作用"。

2019年2月18日，中共中央、国务院印发的《粤港澳大湾区发展规划纲要》指出，"区域发展空间面临瓶颈制约，资源能源约束趋紧，生态环境压力日益增大，人口红利逐步减退"。

（二）技术革新加快，产业升级和经济社会组织变革面临新机遇

1.产业升级面临新机遇

当前，新一轮科技革命和产业变革呈现多领域、跨学科、群体性突破新态势，新技术、新产品、新业态、新模式不断涌现，产业升级面临新机遇。其一，信息革命进程持续快速演进，物联网、云计算、大数据、人工智能等技术广泛渗透于经济社会各个领域。其二，增材制造（3D打印）、

机器人与智能制造、超材料与纳米材料等领域技术不断取得重大突破，推动传统工业体系分化变革，将重塑制造业国际分工格局。其三，基因组学及其关联技术迅猛发展，生物新经济有望引领人类生产生活迈入新天地。其四，清洁生产技术应用规模持续拓展，新能源革命正在改变现有国际资源能源版图。

2.经济社会组织方式发生重大变化

随着新一代信息技术广泛运用，以智能制造为主导的第四次工业革命已经开始，经济社会各个领域正在被动员起来构建一个高效互联的庞大网络。在生产领域，互联网将商品生产、服务供给与消费者有机连接，编织形成一个将需求信息、原料采购、智能制造、物流网配送、消费体验融为一体的网络化组织。网上购物、学习、交流和娱乐等成为大众的普遍选择，人们的生活服务、体验和信息等被快速地纳入这个高度互联的网络平台。人们对时间和空间的认识正在发生变化，消费观念和需求也在不断变化，线上与线下融合发展步伐加快，网络化、平台化和生态化组织模式渗透至经济社会各个领域。

（三）劳动力素质成为关键因素，人口空间布局呈现圈群化特征

1.我国人口规模和结构变化进入新阶段

从我国人口规模和结构来看，全国人口数将在2030年左右达到峰值14.5亿人，60岁及以上老年人口平稳增长，2021—2030年增长速度将明显加快，到2030年占比将达到25%左右[1]，人口老龄化已经成为一个不可逆转而且还在加速发展的现实。2012年，我国劳动年龄人口的总量已经达到峰值9.22亿人，随后呈下降趋势，预计到2035年劳动年龄人口数量仍将保持在8亿人左右。人口受教育程度呈现升高态势，在未来这一指标将持续提高，劳动力人口的素质的持续提升将带来“人才红利”，正在成为经济社会持续健康发展的坚强后盾。

[1] 数据来源：《国家人口发展规划（2016—2030年）》，2017年。

2.我国城镇空间格局调整步伐加快

在市场作用下，人口流动将使得区域经济份额与人口份额比值逐渐趋近工业发展需要集聚，人口大规模从乡村向城市集聚。在一定时期内我国城镇化仍保持一个相对较快的增长速度，"十四五"时期我国城镇化年均增长可以维持在0.9%左右，到2030年我国城镇化率将超过70%，并将在2035年前后趋于成熟，达到75%以上，是世界最大规模的城市社会。服务业发展比工业更需要集聚，所以在城市化中后期，人口主要向一二线大城市、大都市圈和区域中心城市集聚，城市群、都市圈逐渐成为城镇化发展的主体形态。

（四）我国经济长期向好基本趋势没有变，用好内需动能是关键

1.我国经济长期向好的基本趋势没有变

我国作为世界第二大经济体，是世界经济增长的主要稳定器和动力源，生产率持续提高、产业体系完整、高水平创新创业创造、孕育世界级都市圈和城市群、在全球范围配置资源等五大优势加速释放，再加上近几年供给侧结构性改革所创造的有利政策空间，我国经济长期向好的基本趋势没有变。

2.内需成为经济增长的新基石

中等收入群体持续扩大，消费升级推动产业结构优化调整。当前，在将近14亿人口中，中等收入群体接近4亿人。2019年，我国消费市场规模已经接近美国，2020年有望超过美国。"十四五"时期，我国迈入高等收入国家行列，成为全球最大消费市场，内需成为经济增长最强支撑力，个性化、体验式等新型消费模式快速兴起，信息消费、数字消费等新的消费需求快速释放，建立起以内需为主导的新格局。

2018年，我国消费贡献率已经达到76.2%，但是消费率仅为53.6%，远低于发达国家80%以上的水平。消费贡献率保持高位，意味着消费对经济增量的贡献巨大，消费的增长动力强劲。而消费率较低，意味着消费在整个经济中的占比仍有上升的空间，消费量远未见顶，消费的高增长

还将继续保持。过去10年，我国消费率每年提高0.4%，如果以发达国家80%的消费率作为一个高点，我国消费贡献率保持在65%以上运行，可以持续50年时间才能使消费率见顶。这意味着未来消费对经济增长的带动作用还有很大的拓展空间。

（五）我国发展的国内外环境更加复杂，多重矛盾交织增加风险

1.国内外风险和挑战严峻复杂

我国面临的国际国内环境发生深刻变化，国家公共安全面临的风险和挑战严峻复杂，政治、国土和军事等传统安全与经济、文化、社会、科技、信息、生态、资源、核和生态等非传统安全风险高度聚集、相互交织，维护国家安全和社会稳定的任务十分艰巨，需要树立底线思维方法，毫不松懈防范化解重点领域风险。

2.我国经济发展的国际市场竞争压力加大

从全球经济发展格局看，我国经济正处于增长速度换挡的关键时期。我国劳动、土地和资源等传统比较优势快速消退，人才、技术和系统等新优势并未稳固。同时，国际市场竞争压力空前，新优势体系建设相当紧迫。美国等发达国家对中国发展中高端产业形成的“高压”效应在变大，中低收入国家在中低端制造形成的低成本比较优势对中国市场形成的替代压力，以及对中国产生的“挤出”效应在不断加大。

3.经济下行压力仍然较大

我国正处于转变发展方式、优化经济结构、转换增长动力的攻关期，结构性、体制性、周期性问题相互交织，“三期叠加”影响持续深化，新旧动能转换还需要时间沉淀和积累。突如其来的新冠肺炎疫情对我国经济发展带来前所未有的冲击，多重经济下行压力叠加，做好“六稳”工作、落实“六保”任务需要加大宏观政策对冲力度。

4.资源环境约束更趋紧张

我国已经具有大国经济规模优势，绝大部分产业、传统资产和设施、一般性经济要素均从规模扩大向集约高效发展转变，决定我国在全球经济

竞争格局地位的因素主要是质量和品质，资源环境大量投入和消耗不再作为创造优势的条件。相反，我国经济社会发展的资源环境约束力越来越大，特别是经济下行压力条件下要素使用成本增加，需要集约节约利用土地和资金等资源，绿色低碳成为发展主基调。

三、"十四五"基础设施发展形势

通过梳理党的十九大以来关于国内外形势的重要论述，以及结合对重点领域和关键环节的分析，聚焦"十四五"时期，我国基础设施发展形势有如下特点。

（一）围绕全球设施联通新技术和规则的国际竞争日趋激烈

信息技术已经成为新一轮科技革命和产业变革的核心引擎，经济社会各个领域、世界每个角落正在被动员起来构建一个高效互联的庞大网络，建立全球大联通系统是大势所趋。当前，为了权衡全球化各种利害关系，平衡联通效率和安全之间的矛盾，区域板块化深度联通系统率先崛起，北美、欧盟、亚洲三大区域化供应链、产业链、价值链联盟更趋强化。在全球自由贸易方面，美国推行"三零"（零关税、零壁垒、零补贴）原则，试图构建由美国主导的新型全球贸易体系。尽管美国的方式、方法和策略以及意图为大多数国家所质疑，普遍趋于接受基于多边主义的新全球贸易体系，但"三零"原则正在加速影响全球贸易体系和格局，全球自由贸易在曲折中前进。与新贸易和治理体系变革相对应，全球联通系统发生剧烈变化，围绕产业链、价值链、供应链的布局重构加快，设施联通调整随之加速。事实上，国家间的竞争本质是围绕全球供应链、能源市场、工业生产以及金融、技术、知识和人才流动的拔河博弈。为了更有效地利用全球资源，就必须跨越国境构筑更加紧密的供应链伙伴关系，而加强设施联通就是为了实现资源、生产、服务、消费的连接。由此，各国间特别是主要经济大国之间围绕全球设施联通的竞争尤其是在技术和规则领域的竞争日趋激烈。

（二）加快构建新发展格局对国内国际设施联通创新发展提出新要求

在消费端，面临内需主导、内外需有机结合的多元开放市场。内需在终端消费市场的主导地位不断增强，我国内需市场是高度开放的市场，外需与内需有机结合将构筑一个更加开放多元的大市场。随着我国开放的大门越打越开，超大规模内需市场成为全球资本和企业重点争夺对象，内需国际化步伐加快，内需与外需加速融合，设施联通的布局和重点内外兼顾。在生产环节，构建以大空间尺度协作为核心的自主组织网络。我国产业转型升级加快，补齐中高端领域发展短板，价值控制和获取能力不断增强，改变以往“被组织”的生产模式，逐渐转变为“主动组织”和全球生产体系的主导者。依托超大规模内需市场，凭借不断增强的供给实力，我国将构建更加高效自主的产业组织网络，在大空间尺度范围内建设经济增长极和增长带，京津冀协同发展、长江经济带、粤港澳大湾区和长三角一体化等区域战略深入推进，城市群、都市圈和中心城市等发展重要性不断提升。同时，我国原材料等初级产品进口规模巨大，部分资源进口规模增速和外采率呈双高趋势，未来部分初级产品大规模进口难以避免。在打造大空间尺度经济增长极和增长带过程中，跨区域基础设施建设需求增多，以都市圈和城市群为主要空间载体的设施网络呈现板块化特征。对外设施联通方面，在“一带一路”框架下稳步推进“六廊六路”，构建多元化通道格局。

（三）先进技术应用推动基础设施联动融合发展

科技进步是经济和社会发展的根本力量，而每次关键技术群体性突破和运用都带来了经济社会生产力跃升。第一次工业革命蒸汽机的发明带来了机械化，开启了工业生产时代；第二次工业革命电力应用催生了大规模生产方式，推动了钢铁、机械等工业的崛起；第三次工业革命计算机技术促进生产自动化，使生产力得到了进一步提高。当前，人类正迎来第四次工业革命，大数据、物联网、移动互联网、工业互联网、云计算等新一代信息技术快速发展，广泛渗透于经济社会各个领域，与人类的生产生活深度融合，成为引领创新和驱动转型的先导力量。我国抓住了第四次工业革命发展机遇，与其他发达国家处于同一起跑线上。2017年，我国数字经济规模约为3.5万亿美元，位居全球第二位。此外，我国有超大规模市场优势和日渐凸显的人才红利，以及稳步推进创新驱动发展战略，有望实现赶超。重大基础设施作为国家重要的战略性资产，是前三次工业革命新技术应用和创新发展的关键领域，第四次工业革命同样如此，由此可见，新一代信息技术基础设施应受重视。近年来，我国以发展数字经济为导向，逐步加强新型基础设施规划建设，支撑引领包括传统基础设施在内的各类产业转型升级，并通过由此形成的巨大国内市场需求，抢占全球技术竞争高地。此外，随着新一代信息技术广泛应用，新业态、新模式发展迅速，各类基础设施之间以及基础设施与其他产业之间的联动融合发展趋势明显，这有助于形成新的经济发展动能，并改善基础设施的投资效率和整体效益。为此，需要把握数字经济发展趋势，深化综合协同体制机制创新，深入推动基础设施联动融合发展。

（四）基础设施发展的资源和环境约束加大

整体来看，技术和产业变革走向全社会生产力的变革还需要一段时间，全球流动性过剩和主权国家债务高企蕴含金融风险，再加上国际贸易和政治格局处于大调整阶段，逆全球化、贸易保护主义和民粹主义等都将影响经济增长，以及突如其来的新冠肺炎疫情使全球经济雪上加霜。"十四五"时期，国内和国际经济下行压力仍然较大。在国内，近些年我国财政增长势头明显放缓，政府财政支出压力加大，可用于基础设施建设的资金规模不如从前，在基础设施领域不得不面临过"紧日子"的局面。同时，随着"绿水青山就是金山银山"的发展理念深入人心，土地和生态等资源管控已经逐步走向规范化和精细化，基础设施发展面临的资源和环境约束力明显增强。特别是，当前我国基础设施已经具有规模优势，传统基础设施从规模扩张转向效率提升发展阶段，新型基础设施成为引领经济高质量发展的战略性资源。总之，我国基础设施领域也处在转型发展期，高效利用资源和坚持绿色低碳发展是大势所趋。需要特别指出的是，我国2030年将达到碳排放峰值，2060年实现“碳中和”，这意味着，从2020年到2060年的40年间，我国的碳排放要从每年的160亿吨降低到几乎不排放。显然，这对包括能源基础设施发展在内的整个能源行业发展以及整个经济体系的绿色可持续发展提出重大挑战。在这种形势下，风、光、核能等新能源基础设施建设需要进一步超常规模的发展，各领域节能减排力度将进一步加大，比如交通行业需加快发展新能源车、蓄电池、充电桩等设施装备，加大节能技术和节能装备的应用。目前，《中共中央关于制定国民经济和社会发展第十四个五年规划和二〇三五年远景目标的建议》明确提出，“十四五”时期将推动能源清洁低碳安全高效利用，同时，降低碳排放强度，支持有条件的地方率先达到碳排放峰值，制定2030年前碳排放达峰行动方案。综上所述，我国基础设施领域处在转型发展期，高效利用资源和坚持绿色发展是大势所趋。

四、“十四五”基础设施发展要求

“十四五”时期，我国进入加快构建新发展格局的关键时期，经济社会生产力处在再次大提升的重要关口，基础设施发展形势复杂多变，众多矛盾、机遇和挑战交织叠加，国内和国际发展形势相互影响，具体在基础设施发展领域有如下要求。

（一）加强国内国际基础设施联通布局建设

各国共处一个世界，是人类命运共同体，国际合作加深意味着未来跨国经贸和文化等联系将更加紧密。在“一带一路”倡议框架下，我国要继续加强国内国际基础设施联通布局建设，重视沿边设施薄弱地区基础设施发展，特别是增强与东亚和东南亚等周边地区的联通，顺应区域板块化联通深化的趋势，构建更为紧密和顺畅的跨国基础设施联通网络。同时，全球化基础设施联通网络化运营和管理等方面的竞争将更加激烈，我国要提升在国际设施技术规则和标准等方面的话语权，加快培育世界一流的设施运营企业。

（二）抓住技术变革机遇加快布局建设新型基础设施

一直以来，基础设施是技术创新和运用的热点和重点领域，新一轮科技革命和产业变革机遇如何转化为国家产业和创新竞争力，加快布局新型基础设施布局是重要抓手。一方面，新一代信息、3D打印、区块链和清洁能源等新技术向各个领域加速渗透，围绕新技术运用的产业融合联运加快，新型基础设施布局支撑引领产业升级。另一方面，新型基础设施领域是全球技术争夺战的核心领域之一，赢得此轮竞争需要国内强大的新型基础设施市场需求作为支撑，加强信息化和智能化技术在设施联通领域的运用，在推动传统基础设施智能化转型升级的同时，加快布局建设新型基础设施。

（三）网络化布局与重点区域先行引领相结合

信息技术的广泛运用和线上线下融合发展使基础设施网络化布局的价值进一步放大，而基本公共服务均等化也要求基础设施扩大覆盖范围，特别是薄弱领域和区域的补短板工作。与此同时，我国人口主要向一二线大城市、大都市圈和区域中心城市集聚是城镇化后期的普遍规律，城市群和都市圈成为现代经济的主要空间载体，也是基础设施枢纽和组织平台的承载者，是新技术、新理念和新模式等运用场景的主要发源地，需要发挥好先行引领作用，推动打造大空间尺度经济增长极和增长带。

（四）运用好政府和市场力量健全多元供给体系

当前，国内外经济下行压力加大，政府财政收入增长空间受限，再加上为了防范金融风险，地方政府融资渠道更加透明化，宏观杠杆率进入合理区间来之不易，政府部门难以独立承担本轮基础设施更新任务，创新供给模式着力吸引社会资本是解决资金问题的重要路径。同时，本轮基础设施更新和新型基础设施布局有深厚的产业变革基础，也能够吸引市场力量和产业资本积极参与，并且企业主体的参与可以提高供给质量和使用效率。

（五）坚持综合规划引领和做好系统谋划工作

重大基础设施是国家重要的战略性资产，关乎国家长期竞争力和发展优势，需要站在国家利益和安全高度进行系统谋划，突出中央政府统筹、协商和引领作用，积极发挥各级地方政府的积极性。我国作为超大经济体，拥有了超大规模基础设施存量的优势，需要统筹协调好存量优化和增量创新的关系。随着技术融合、模式创新和组织方式变革加快，各类基础设施加速跨界融合发展，线位共享、集成布局和平台共享等需求迫切，综合规划引领发展必不可少。

参考文献

[1] 习近平．决胜全面建成小康社会夺取新时代中国特色社会主义伟大胜利——在中国共产党第十九次全国代表大会上的报告［M］．北京：人民出版社，2017.

[2] 马晓河．十四五中国经济发展思路［J］．经济，2020（5）.

[3] 李燕．推动形成国内国际双循环发展新格局［J/OL］．人民网，2020-06-22，http：//theory.people.com.cn/n1/2020/0622/c40531-31755350.html.

[4] 金灿荣．第四次工业革命是中国巨大的历史机遇［N］．北京日报，2019-08-19.

[5] 樊纲．疫情下对“十四五”发展规划的几点思考［J］．中国经贸导刊，2020(10）.

[6] 中国社会科学院工业经济研究所课题组．“十四五”时期中国工业发展战略研究［J］．中国工业经济，2020（2）.

[7] 郭克莎．中国产业结构调整升级趋势与“十四五”时期政策思路［J］．中国工业经济，2019（7）.

[8] 黄汉权．寻找新平衡：全球化反思与供应链重构［N］．金融时报，2020-05-18.

[9] 李建平，等．世界创新竞争力发展报告（2011—2017）［M］．北京：社会科学文献出版社，2018.

[10] 黄奇帆．新时代国际贸易新格局、新趋势与中国的应对［N］．第一财经，2019-10-12.

［11］李兰冰，刘秉镰．"十四五"时期中国区域经济发展的重大问题展望［J］. 管理世界，2020（5）.
［12］王巧荣．中美竞争加深将如何影响世界政治经济格局［J］. 人民论坛，2020（16）.
［13］裴长洪．后危机时代经济全球化趋势及其新特点、新态势［J］. 国际经济评论，2010（4）.
［14］贺俊．从效率到安全：疫情冲击下的全球供应链调整及应对［J］. 学习与探索，2020（5）.
［15］中国社会科学院经济研究所课题组．"五年规划"的历史经验与"十四五"规划的指导思想研究［J］. 经济学动态，2020（4）.
［16］李名良，李连成．高度联通型社会需要交通运输创新发展［J］. 综合运输，2019（20）.
［17］赵萍．为潜力巨大的消费市场培育强大新动能——做好扩大消费需求的事［N］. 经济日报，2019-08-06.
［18］人力资源和社会保障部党组．如何看待我国就业形势［J］. 求是，2020（1）.
［19］范毅．我国城镇化发展趋势和新特征［J］. 中国发展观察，2020（Z5）.
［20］李名良，马艺菲，徐鹏．二季度交通运输行业稳步恢复 下半年需要关注两个不确定性、三大风险［J］. 综合运输，2020（40）.
［21］杨长湧，张一婷．世界经济版图的中长期变化特征［R］. 国宏高端智库，2020.
［22］帕拉格·康纳．超级版图：全球供应链、超级城市与新商业文前的崛起［M］. 北京：中信中出版社，2016.

第四章　发达国家基础设施规划经验借鉴

基础设施对经济社会发展起到重要的支撑和保障作用，在当前国家大力推动新基建、注重生态文明建设和抗击新冠肺炎疫情背景下，基础设施的规划和建设更加追求高质量、韧性和绿色发展。本章分析了发达国家或地区基础设施规划的案例，包括绿色基础设施规划、新型基础设施的部署等，以期对国内基础设施规划有所启发和借鉴。

一、英国绿色基础设施规划

1935年，环伦敦都市绿带政策将绿色基础设施纳入到国家法案之中，这是英国最早的有关绿色基础设施的规划。1988年，英国政府颁布《绿带规划政策导则》，对绿带的建设进行了详细的要求和指导。2009年，英国自然环境组织撰写了《绿色基础设施导则》，用于指导英国绿色基础设施建设与实施。目前，英国的绿色基础设施发展，主要践行了欧盟绿色基础设施从规划到实施的完整体系，旨在通过绿色基础设施的规划，实现保护和恢复生物多样性、恢复生态系统的良好运行、减轻和适应气候变化、充分利用有限的土地资源等自然和社会方面的目标。英国绿色基础设施规划涵盖了“欧盟—国家—区域—地方或城镇”4个尺度，有着一套比较完整的流程步骤，并提出许多相关政策与策略来增强各个尺度之间的联系，进一步保障规划的实施。国内学者剧楚凝、周佳怡和姚朋以南泰恩赛德绿色基础设施规划为例，系统总结了英国绿色基础设施规划在政策法规、实施计划和策略方面的有益经验，阐述了英国的绿色基础设施规划的流程和方法。

南泰恩赛德位于英格兰东北部，是泰恩－威尔郡（Tyne and Wear）纽卡斯尔市的自治市之一，占地面积约为110km^2，约有15.6万人口，不仅城市化程度高，还拥有良好的环境资源、多种多样的野生动物栖息地。

（一）规划背景及目标愿景

南泰恩赛德地区面临海平面上升、干旱、热浪、洪水等极端天气的威胁。此外，该地区同样存在连通障碍，人们希望通过改善连通路线、提升连通性来减少对汽车的依赖，从而提高步行、骑行和公共交通等环保出行的比例。为应对自然灾害和改善生活环境，编制绿色基础设施规划时，对处理地上和地下水、拦截降雨减少径流、管理河岸洪泛、提高滨河走廊视觉舒适度等都进行了考量。

国家政策层面，2018年，《国家规划政策框架》（National Landscape Architecture 2018/10 78 Planning Policy Framework，简称NPPF）草案第140条规定"规划当局应制定符合各地规划的战略方针，并积极规划生物多样性及绿色基础设施网络的创建、保护、加强与管理"。该文件不仅反映了其国家规划政策的最新变化，还为绿色基础设施网络中的开放空间和场地的确定提供了标准。地方政策层面，南泰恩赛德地区政府对土地进行战略评估并颁布适当的绿色基础设施策略补充文件《SPD3：Green Infrastructure Strategy》，为南泰恩赛德地区绿色基础设施规划建设提供最新依据（图4-1）。南泰恩赛德的绿色基础设施建设旨在确保满足居民和企业的正常需求而不损害子孙后代的利益，实现行政区的更新，其将发展集中在南希尔兹（South Shields）和贾罗（Jarrow）的中心区以激发滨河活力，创造可选择的、可持续居住社区，从而提升南泰恩赛德地区的美誉度，促进当地经济、社会、生活及文化的发展。

（二）构建方法

1.审计评估

南泰恩赛德城市政府首先对现行政策及计划进行审查，并依据国家标

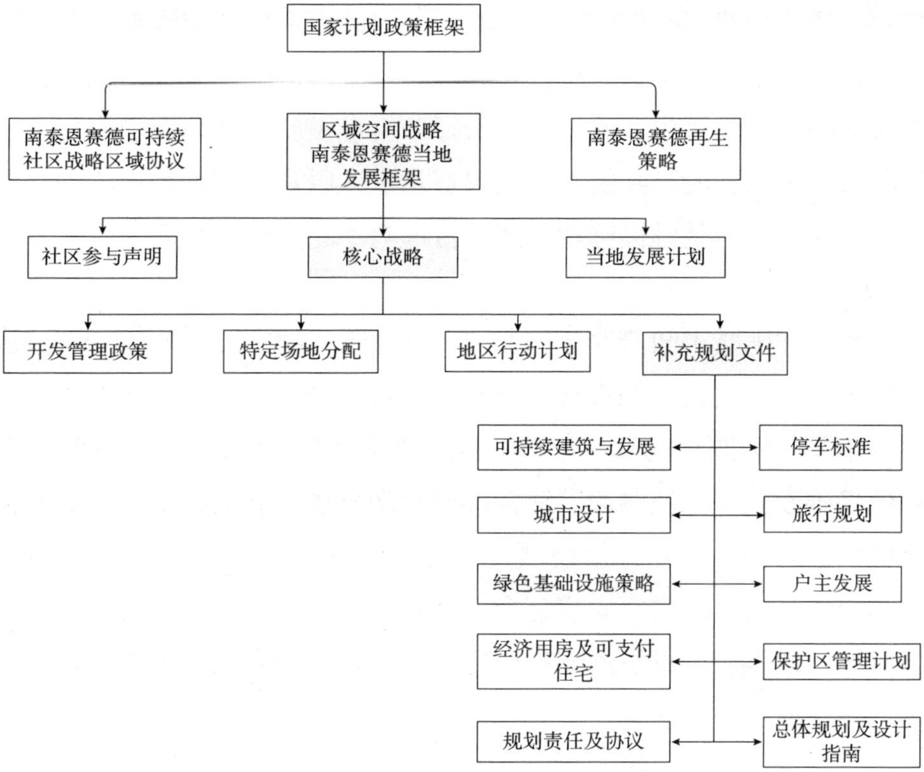

图 4-1　南泰恩赛德地区开发框架

准制定地方标准，对不同类型的绿色开放空间进行等级评估，以寻找绿色基础设施网络的潜在开发点，完善城市的绿色生态网络；然后从数量、质量及可达性等方面对开放空间、运动和娱乐设施进行全面的定性、定量审计，并将其整理形成数字地图以指导未来绿色基础设施规划和管理。此外，规划者还将栖息地的管理、可持续性、生物多样性价值、多重剥夺指数等多种评估方式纳入开发框架，从生态环境、城市景观和居民需求等方面多层次、多角度对区域绿色开放空间资源现状进行分析评估，为绿色基础设施的开发建设提供有力指导。

2. 实施计划

地方城市政府在国家政策指导框架的基础上，制定了南泰恩赛德发展框架，出台了绿色基础设施专项规划指导文件及其相关的补充规划文件，进而制定具有地方特色的指导政策，为绿色基础设施的空间分布、实施优先次序、资金配置等提供依据。同时，地方政府积极寻求跨越行政边界区域合作，制定了相应保护机制以增强绿色基础网络的完整性，减少城市绿色斑块的破碎化与丢失。此外，由于绿色基础设施能使地块增值，地方政府还积极鼓励当地的公共组织、社会资本进入以及制定项目建议书，多渠道融资以促进绿色基础设施规划建设合理有序的开展。

3.规划策略

南泰恩赛德城市政府制定了基于气候变化与水质、可达性及联系性、运动与健康、生物及景观多样性等5个战略主题中有关绿色基础设施规划建设中不同关键要素的具体策略（表4-1），网络建设内容包括多种类型的绿色基础设施、绿色廊道。绿色廊道是南泰恩河畔的重要生态资源，占该区域面积的1/3，约2408公顷（1公顷=0.01平方千米）。该廊道将多种类型的绿色开放空间进行串接整合，构建了具有极高生态价值的绿色基础设施网络，增强了南泰恩河畔农业用地、林地、野生动物走廊和其他自然保护地等区域的发展潜力。

表4-1 基于南泰恩赛德主题战略的绿色基础设施建设策略

战略	划分优先级别的绿色基础设施策略
气候变化水质	增加可持续城市排水系统（Sustainable Urban Drainage System）的数量，提高规划舒适性和生物多样性
	促进洪水和水管理法案实现可持续性
	制定系统性规划方案，鼓励雨水管理、冷却效益和屋顶绿化促进可持续发展
	实施海滩沙丘管理计划，增加天然林地的面积，为当地野生动物提供半天然的海岸防御区和栖息地
	将港口、海滨长廊和海堤重新组织以减少洪水和侵蚀，并改善海岸防御
可达性及连接性	补充本地交通计划，提升公共权利计划（The Public Rights of Way Improvement Plan）
	创建新路径、提升旧路径以改善循环网络
	鼓励优质基础设施建设，倡导非机动化交通路线，减少私家车出行
	增强循环网络的连接性，确保新开发及再生区域的可持续性
	与合作伙伴协作改善休闲观光路线，建立并改善沿海长途、步行路线

续表

战略	划分优先级别的绿色基础设施策略
观光游览	充分利用绿色基础设施的旅游潜力，推广休闲循环路线，促进循环旅游的发展
	充分利用泰恩河再生区域并提高其可达性，保持河流沿岸的开放空间以应对洪水风险
	改善与相邻政府的联系，包括沿着泰恩河到盖茨海德和其他地区的路线
	识别区域内绿色基础设施资源，投资改善该地区的环境
运动与健康	改进绿色基础设施分配条款，改善现有设施并在行政区内寻求新的潜力点
	制定不同类型开放空间标准以保证其功能质量
	确保运动场地和开放的空间的供应符合社区需要，提供正式户外运动设施
生物多样性	管理、变更土地类型，保护当地的野生动物及其走廊以改善生物多样性
	保护名木古树，提高街道植物质量
	增加地方自然保护区，以满足英国开放空间的可达性标准（Accessible Natural Greenspace Standard）对地方自然保护区的要求

二、美国韧性导向的基础设施规划

2001年，美国马里兰州推行了“绿图计划”（Maryland's GreenPrint Program），并形成了相应的绿色基础设施评价体系，这是美国首次推行绿色基础设施规划。2006年，华盛顿大学风景园林系与绿色未来研究室共同合作完成了“21世纪西雅图的绿色基础设施展望”，提出绿色基础设施规划的五大网络，作为西雅图城市规划建设的指南。随后，纽约、洛杉矶、华盛顿、费城等城市陆续推出了以低影响开发为理论支撑的绿色基础设施规划。从美国早期的绿色基础设施规划主体内容来看，是以绿道为主，近年来逐渐转为整个城市基础设施的范畴。

随着城市韧性思想的崛起，为应对外部环境的不确定性，城市韧性思想逐渐崛起，美国绿色基础设施规划也呈现出与韧性思想结合的趋势。韧性规划思想强调以“灵活适应”策略应对不确定的扰动影响，绿色基础设施是实现城市韧性的关键手段。国内学者赵娟、许芗斌、唐明以诺福克城规划为例，以风险响应机制为主线，对美国韧性导向的绿色基础设施规划方法进行了详细的研究。

（一）规划背景

诺福克城（Norfolk）位于美国弗吉尼亚州，毗邻伊丽莎白河（Elizabeth River）和切萨皮克湾（Chesapeake Bay），是美国东海岸重要的港口城市。诺福克城自1682年建城以来，经历了多次革命内战、城市边界扩张、人口结构变化等挑战，也时常面临着洪水与飓风的自然威胁。近年来，诺福克城又面临新的挑战，根据美国国家海洋和大气局（NOAA：National Oceanic and Atmospheric Administration）的数据，诺福克城成为美国第二大受海平面上升威胁的地区；与此同时，全球经济转型也对仅依赖少数主要行业的诺福克城带来了挑战。诺福克城试图将挑战转化为机遇，于2013年作为首批韧性城市加入了“洛克菲勒100个韧性城市计划”（100RC：100 Resilient Cities），并制定了《诺福克城韧性城市规划（2015）》，努力利用韧性策略应对海平面上升、洪水风暴、清洁雨水径流等生态环境问题，同时实现经济转型并建立健康社区。2018年，诺福克城市政府发布《诺福克城绿色基础设施规划（2018）》，基于打造韧性城市的发展目标，以建设面向未来的韧性沿海社区为重点，提出利用城市的自然资源改善环境和社区健康，强调实施“保护—恢复缓解”的适应性核心策略，该策略注重解决绿色基础设施规划设计中的不确定性，并促进绿色基础设施综合生态系统服务水平的提升。

（二）韧性基础设施规划框架的提出

1.核心主线

与早期马里兰绿道、西雅图基础设施规划等相比，诺福克城基础设施规划体现了韧性规划的典型特征，增强了应对不确定性环境挑战的意识。其在回顾既有城市发展目标、战略方向的基础上，针对当前城市条件和未来海平面上升所带来的预期变化，制定了由城市土地向周边水环境延伸的两条主线，即“土地主线”和“水环境主线”，以土地的综合整治和水环境改善统筹整个城市的绿色发展。其中，“土地主线”基于传统基础设施建设，强调保护、连接和重新建立绿地景观，为人类和野生动物提供通道，处理雨水并减少洪水，提升城市景观品质。“水环境主线”强调恢复海岸线栖息地，以支持水生生物生存，建立抵御风暴潮的缓冲区，开展水生态环境保护，进而适应未来气候变化，并引导城市居民在水域附近进行科普与休闲活动，促进人与自然和谐发展。

2. 目标策略

诺福克城基础设施规划分别制定了3项土地目标与2项水环境目标（表4-2）。其中，“土地目标1”，强调自然空间网络的增强与维护，主要策略包括提升绿量、提高蓄水能力、保护城市栖息地斑块并重新建立连接、修复城市溪流、为社区提供自然设施等；“土地目标2”，针对城市建成区域绿色空间数量较少的情况，提出了利用公园与学校等公共空间来建立低影响的基础设施示范点、增加屋顶绿化蓄水设施、改良城市地面与土壤的渗入能力以及通过植物、沙土的综合作用使雨水得到净化，并使之逐渐渗入土壤以涵养地下水等措施，其实质是强调从城市灰色基础设施向基于雨洪管理的绿色基础设施的转化；“水环境目标1”，针对海平面上升与洪涝威胁，提出恢复和扩大滨海湿地以保护海岸线，恢复城市湖泊、池塘、水库、湿地和海岸线周围的植被缓冲地带，进而保护水质免受风暴潮侵蚀的措施，同时也对核心区基础设施起到保护和缓冲作用；“土地目标3”和“水环境目标2”均围绕城市居民与社区活动展开，旨在为居民提供绿色开放空间，并强化人与自然环境的有效联系。

表4-2　诺福克城基础设施规划的主要目标及内容

目标	主要内容	分类备注
土地目标1	维护和增加自然绿色基础设施（城市森林、灌木和草地栖息地等），以支持野生动物生存，渗透和清洁水源，改善空气质量，降低高温并提供美景	绿色
土地目标2	安装和维护已建成的绿色基础设施，以阻挡和保留雨水，对绿色基础设施做法不太适宜的地区予以改善	含灰色基础设施向绿色基础设施转变
土地目标3	为居民和游客提供足够的开放空间，确保城市健康	人地互动关系

续表

目标	主要内容	分类备注
水环境目标 1	保护和恢复自然海岸线，支持健康的水生生物生存、风暴缓冲和水过滤	蓝色基础设施
水环境目标 2	提升水域可达性，便于船只、钓鱼者、观鸟者和行人亲近水域	人地互动关系

3.主要步骤

诺福克城基础设施规划的制定分为六个步骤：确立韧性目标、环境数据收集、自然资产评估、绿色基础设施系统建构、重点要素管理与综合实施计划（表4-3）。由表4-2中的总结可见，关于土地（绿）与水环境（蓝）修复利用的两条核心主线贯穿规划过程始终，诺福克城基础设施规划实际上是“绿蓝规划”的组合。同时，诺福克城基础设施规划中所体现出的对人与自然环境相互依存的关注，注重提供多元化的文化与休闲机会，为城市居民缔造健康有趣的生活方式等内容，也表明其作为一种“韧性规划”，注重社区和人群发展的特点。

表4-3　诺福克城基础设施规划主要步骤与内容

<table>
<tr><th>规划步骤</th><th colspan="2">主要内容</th></tr>
<tr><td>确立韧性目标</td><td>3 项土地目标</td><td>2 项水环境目标</td></tr>
<tr><td>环境数据收集</td><td rowspan="2">要素包括绿地植被、城市排水、自然休闲、交通路线、文化资产、教育设施</td><td rowspan="2">要素包括湿地、沼泽、水域、海岸线</td></tr>
<tr><td>自然资产评估</td></tr>
<tr><td>绿色基础设施系统建构</td><td colspan="2">强调韧性、人地互动、复合利用的城市绿色空间网络、框架与重点</td></tr>
<tr><td>重点要素管理</td><td colspan="2">绿地与树冠绩效，雨洪管理，海岸线修复，适宜步行性</td></tr>
<tr><td>综合实施计划</td><td>土地策略与实施计划</td><td>水环境策略与实施计划</td></tr>
</table>

（三）韧性基础设施网络建构程序与方法

1.采集与识别——环境数据收集

韧性导向的基础设施规划强调对不确定环境因素的积极响应，而不同识别技术和分析手段对环境数据采集的完整性与精确性影响很大，这就决定了这类规划对数据采集的要求更高。诺福克城基础设施规划将美国农业部国家航空图像项目（NAIP：National Aricultural Imagery Program）的图像转换为像素，利用红外波段识别技术分析数据，对树木、灌木、草、裸露的土壤和不透水表面的光谱反射特征进行数据对比，进而将其转译成GIS数据，最终绘制成描述城市自然绿色资产的土地覆盖分类图。这种土地覆盖分类图可以被用来确定城市中不同位置树冠的特征，区分透水和不透水表面，并确定建筑、道路、地下设施、公园、学校等地面特征。

2.风险与响应——自然资产评估

诺福克城基础设施规划对自然资产因子的选择与评估体现出最大化、适应性与人地互动等三项原则。最大化原则是指，最大化城市的基础设施资产，该类型资产既包含水域、湿地、沼泽、林地、公园等自然资源，也包含城市建成区中能转化为绿色基础设施的灰色（人工）基础设施。适应性原则是指，应对不确定环境威胁的能力，提高应对能力的资产主要指海岸线、溪流、湖泊等城市水环境资产及其周围湿地、植物缓冲带等。人的参与和互动是绿色基础设施的一个重要支撑，人地互动原则主要是强调绿色基础设施连接社区、加强社区建设的能力。诺福克城基础设施规划中与该原则相关的资产包括自然休闲设施、历史文化资产、文化教育设施与适宜步行空间等。

诺福克城是受海平面上升威胁的典型城市，其市域面积中20%左右为水域，水域沿线形成了211英里（约340km）长的海岸线，但城市平均海拔为10.3 英尺（约3.14 m），一些地势较低的地区更容易受到海洋飓风与季节大潮等因素的影响，“与水共存”成为该城市韧性战略的关键主题。因此，在涉及水环境资产的评估方面，规划首先对上述水域地带的风暴潮影响及洪涝灾害的发生机率进行了评估，明确各类受影响区域的分布与风险等级。此外，对于城市而言，水域与湿地沼泽既是受不确定环境因素影响最大的区域，也是对城市绿色基础设施系统具有重大价值的区域。因此，规划中也特别提出，通过恢复城市内部溪流、内陆湖泊及其周围湿地，可以吸收与过滤城市雨水，防暑降温，提升城市景观品质；在潮汐水道的水陆过渡区域，可以进行海岸线修复，恢复植被缓冲带和野生动物、鱼类贝类的生境。

3.连接与开放——基础设施系统框架建构

城市的自然绿色基础设施主要包括城市森林、成片完整的林冠、湿地和沼泽、公园等绿地。这些绿色资产有助于净化空气，为城市遮荫，提供美景，抵御风暴，吸收雨水，并支持以自然为基础的散步、划船和钓鱼等休闲活动以及文化资源的设置。诺福克城绿色基础设施系统在维护和增强现有自然资产的基础上，通过绿道、步行道、自行车道等连接方式，增强了公园、绿地与其他自然文化资产的连接性，进而形成支持健康生活方式的绿色基础设施系统框架（图4-2）。自行车与步行复合游步道濒水而设，用地内部绿地斑块通过步道连接外围绿地通廊，大大提高了社区宜居性，提升了人们步行和骑自行车穿过绿地并亲近水域的兴趣。

图4-2 诺福克城韧性导向的基础设施规划图（据绿色基础设施中心绘制的地图）

三、美国基础设施发展评估和新型基础设施建设部署

（一）基础设施现状评估

根据2017年美国土木工程师协会出具的关于美国基础设施的评估报告，美国的基础设施整体状况为“D+”级，即“基础设施条件处在较差和尚可之间，大多情况下低于标准水平，很多设施已接近使用寿命。相当一部分设施出现明显损坏。基础设施的条件和服务能力非常令人担忧，有出现故障和毁坏的巨大风险”。在该报告中，得分最高的是铁路系统，得了“B”。报告指出，美国货运铁路的情况尚可，但客运铁路存在较严重的设施老化、缺少投资等问题。得分最低的是城市公交，得了“D−”。公路、码头、内河水道、饮用水、水坝、航空等领域的得分也较低，都是“D”。

该报告称，美国境内共有61多万座桥梁，平均使用了43年，其中39%已经使用超过50年　而绝大多数美国桥梁的设计使用年限仅为50年。目前，美国全境有5.6万座桥梁已出现“结构缺陷”，车辆每天在这些有问题的桥梁下穿行约1.88亿次。公路的情况也不容乐观。2014年，美国超过40%的市区州际公路存在拥堵情况，平均每位驾驶员全年在路上被耽误42小时，造成总经济损失高达1600亿美元。2015年，有21%的高速公路路面年久失修，有安全问题，给机动车驾驶员造成1205亿美元的额外经济损失。

该报告称，当前美国急需8360亿美元用于公路和桥梁的维修和养护，其中4200亿美元用于公路养护，1230亿美元用于桥梁养护，余下的用于升级必要的配套系统和设施。

（二）基础设施重建计划

由于美国基础设施整体状况老旧，特朗普政府于2018年2月发布了

《美国重建基础设施立法纲要》（以下简称《纲要》），预期在未来十年投入2000亿美元联邦基金，撬动至少1.5万亿美元的地方政府及私营部门投资，后期将该融资目标增至2万亿美元，以实现经济、社会、环境等一系列发展目标。

为解决以上问题，实现世界级的基础设施系统，美国重建基础设施计划被提出。按照资金情况，整个计划可分为两个层次，第一个层次涉及2000亿美元联邦基金的使用，该基金被分配给5个子计划使用，分别是基础设施刺激计划（1000亿美元）、农村基础设施计划（500亿美元）、转型项目计划（200亿美元）、基础设施融资计划（200亿美元）和联邦资本周转基金（100亿美元），目的在于激励私营资本进入基础设施领域，撬动2万亿美元基础设施投资并分担风险。第二个层次涉及2万亿美元私营投资的使用，包括重建道路桥梁、城市街道振兴、恢复供水和下水系统、扩建公共交通、重大项目、下一代能源基础设施等十六大领域（图4-3）。

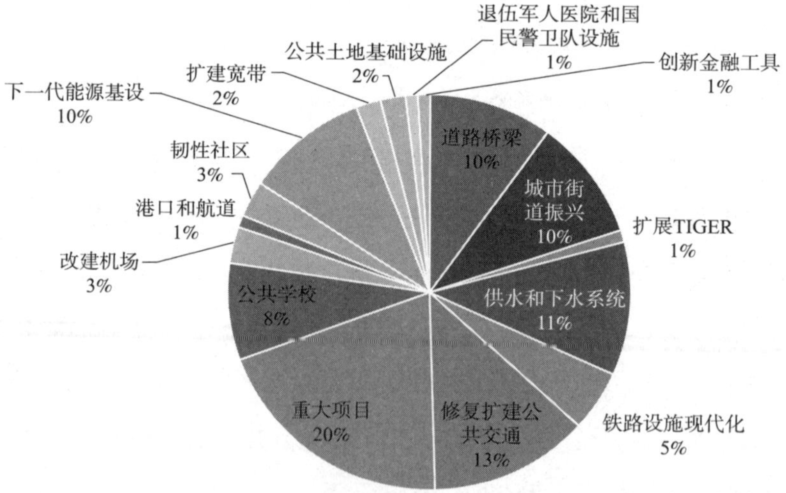

图4-3　美国重建基础设施计划资金分配（2021—2030年）

联邦政府为促成重建计划的顺利实施，从“扩展融资渠道”“重塑与各级政府、私营部门关系”“简化审批程序”入手，尝试突破传统基础设施融资与利益分配的障碍。在融资渠道上，联邦政府扩大并新增了多种补助金和基金来补贴、激励参与计划的地方政府与各类机构。这些补助金或者基金普遍具有明确的资助条件、公开的申请程序与严格的第三方审核评估，尽可能避免暗箱操作与资金滥用。

（三）新型基础发展方向

从出台时间来看，《纲要》与我国新基建战略部署时间较为接近，面临着相似的国际背景和外部环境，建设领域上存在一定相似性。《纲要》更加偏重于融资，传统基础设施占比较大，科技领域的基础设施建设更多以其他的专项计划来部署。在技术领域上，《纲要》重点投资现代交通、新能源、5G通讯基站、智能电网、宽带网络、大数据等领域，注重对成熟技术的应用和推广。相比而言，根据国家发展改革委对“新基建”范围的界定，我国新基建包括信息基础设施、融合基础设施、创新基础设施，技术领域涉及5G、物联网、工业互联网、卫星互联网、人工智能、云计算、区块链等新兴技术，特别重视对重大科技基础设施、科教基础设施、产业技术创新基础设施等创新基础设施的投资（表4-4）。

表4-4　《美国重建基础设施立法纲要》主要内容

主要领域	细分领域	计划和目标	我国新基建对应领域
交通	道路、桥梁和运输	修复道路和桥梁	智能交通基础设施
	机场	改造和更新机场	
	铁路	改善城际客运铁路和高速铁路，升级桥梁、隧道和轨道	
	港口和内陆航道	疏浚、维护船闸、水坝和港口以及其他沿海和内河航运水道	
水资源、给水排水系统	—	大型水利基础设施，清洁水和饮用水管理系统	融合基础设施
下一代能源基础设施	—	输电和配电设备升级，可再生能源设施，下一代能源基础设施	智慧能源基础设施

续表

主要领域	细分领域	计划和目标	我国新基建对应领域
高速互联网	—	中程有线、远程有线和原有宽带网络升级	以5G、互联网、工业互联网、卫星互联网为代表的通信网络基础设施
城镇基础设施	主要街道振兴	社区街道，智能交通，韧性基础设施，慢行交通体系	融合基础设施
	多模式交通投资带动经济复苏投资计划	改善城市安全，缓解城镇拥堵	
	公共交通	公共交通设施维修，公交车、铁路、地铁、轻轨、有轨电车和公共汽车	
	公共教育	学区教学设施、校舍	
	韧性城镇建设	关键基础设施、灾害预防设施	
农村基础设施	—	改善农村基础设施，增加收入，农村区域互联互通，公共土地基础设施	融合基础设施
缓解社会问题的基础设施投资	公共土地和印第安部落地区重要基础设施	公共土地、公园管理、林务管理、医疗设施、学校等建设	—
	退伍军人和国民警卫队服务设施现代化	退伍军人护理，医院诊所维护	
基础设施创新转型项目	自动驾驶技术和车辆	自动驾驶的基础设施设计、维护和操作，道路维护	以人工智能、云计算、区块链等为代表的新技术基础设施，融合基础设施
	新轨道运输技术	个人车辆和公共交通	
	无人机	无人机运输	
	模块化基础设施技术	隧道挖掘，道路、桥梁修建	
刺激基础设施投资的融资创新	创新融资工具	融资	—
	州基础设施银行	贷款和信贷援助	

（四）推动新型基础设施建设的主要举措

美国不断加强在新型基础设施建设领域的战略部署，主要包括五个方面的重要举措。

1.加强对新基建的研发投入

《纲要》提出设立200亿元的创新转型项目计划，发展自动驾驶技术和车辆、新型轨道运输技术、无人机、模块化基础设施技术等。在2019-2021财年特朗普政府美国工业发展领域研发优先事项中，人工智能、量子信息、通信网络、自动驾驶、智能制造、工业机器人等技术领域成为优先布局事项。

2.开展基础研究和关键核心技术研发

基础研究是美国推进基础设施建设的重要内容。在新能源领域，美国建立了能源创新中心和能源前沿研究中心等研究机构，通过改革措施整合跨学科能源创新研究，开展研发与示范阶段的跨边界工作。同时，美国注重研发关键核心技术，以此抢占科技战略制高点。《纲要》提出要加大对高速真空管道、地下高速电动滑轨技术、个人磁悬浮应用、无人机运输技术、高速互联网技术、下一代能源基础设施等领域的研发和应用，抢占未来科技战略制高点。仿照国防部高级计划署，新设立美国能源先进研究计划署，旨在促进和资助先进能源技术研发，自主能源基础设施建设和部署。

3.强化关键基础设施技术的自主可控

对关系国家战略安全、影响国家竞争优势的基础设施领域，美国支持本国企业主导建设全过程，强化技术自主可控。美国颁布了《增强联邦政府网络与关键型基础设施网络安全》的行政指令，从联邦政府、关键基础设施和国家三个方面，要求采取一系列措施确保联邦政府及关键基础设施的技术安全。对于国外企业投资美国关键基础设施项目，尤其对高度敏感的国家安全项目，要接受美国外国投资委员会、美国国会美中经济和安全审查委员会、美国联邦能源监管委员会等机构的层层监管，确保技术安全可控。

4.发挥杠杆效应支持引导企业参与

在新型基础设施建设中，美国十分重视发挥民营企业的作用。在《纲要》中，除政府拨款的2000亿美元外，其余2万亿美元的基础设施建设资金大部分来源于私营企业投资和债券，基础设施具体建设也由私人企业承担，该计划以融资为主，广泛吸收私营企业和个人的资金。采取公开招标方式，鼓励民营企业采用新技术，通过基础设施建设推进制造业回流，促进新兴产业发展和培育。

5.加强科研基础设施建设

美国高度重视科研基础设施（包括大科学装置）建设。近年来，美国能源部提出实施"前路计划"，设立"百亿亿次计算项目"，部署百亿亿次超级计算机，解决并行性、内存和存储问题，为推进基础设施建设提供运算支撑；在南达科他洲开工建设长基线中微子设施，开展地下深层中微子试验场所。为提高国家生物安全，美国开始新建5家生物安全四级实验室，包括美国国家过敏和传染病研究所、加尔维斯顿国家实验室、美国国家生物卫生分析与对策中心等。在人工智能领域，美国发布《国家人工智能研发战略规划》，提出要开发人工智能共享数据集和测试环境平台，开发开源软件库和工具集等。

四、日本国土空间规划与新干线建设的相互关系

（一）日本新干线发展历程

新干线是日本的高速铁路系统，也是全世界第一个投入商业营运的高速铁路系统。第一条路线是连结东京与大阪之间的东海道新干线，于东京奥运开幕前的1964年10月1日通车营运。此后，东北新干线、上越新干线、北陆新干线、九州新干线陆续建成。经过多年扩展，目前有9条路线，其中包含2条路线等级较低的迷你新干线。新干线组成的交通网将日本大多数的工业和商业地带以及中间的城市有机的串联了起来，在大大改

善区域交通条件和促进人员、信息和物资相互流通的同时，更极大地带动了新干线沿线服务行业的发展。

目前，日本新干线处于运营中的9条线路总里程逾3200km，纵贯日本岛主要区域。另外，除已开通的新干线外，仍有4条新干线在建或预建，如图4-4所示。

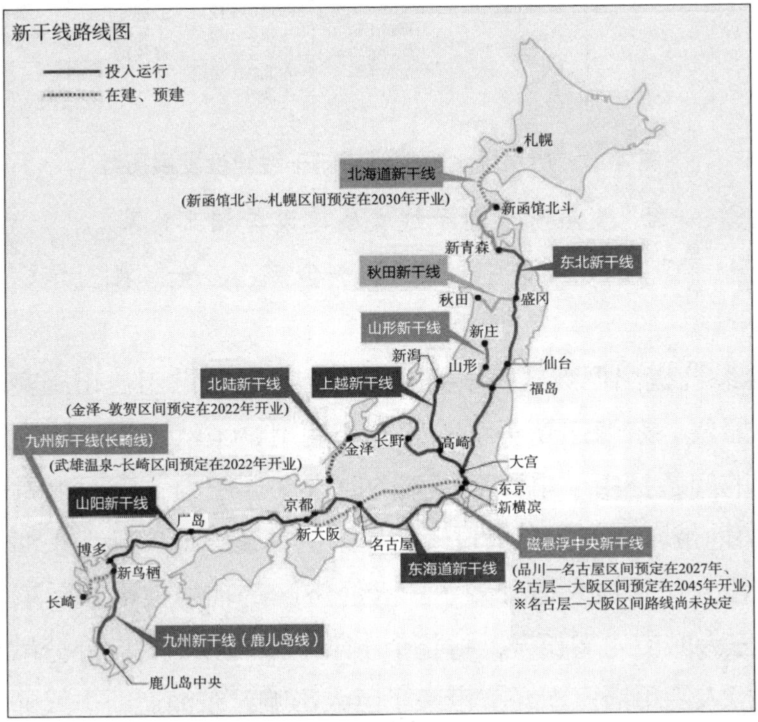

图4-4　日本新干线线路示意图

（二）日本国土空间规划与新干线的互动

日本新干线的建设伴随着国土空间规划的不断调整和变化。国内学者施益军、翟国方根据国土空间规划的政策导向及结构导向，将日本国土空间规划划分为三个发展阶段：“一极一轴”发展阶段、“多轴分散”发展阶段和“广域均衡”发展阶段，如图4-5所示。不同国土空间规划发展阶段的政策导向和发展重点均不相同，因而在新干线的建设上也呈现不同的特征。通过对不同国土空间规划发展阶段新干线的建设情况和发展格局进行整理，有助于研究两者间的关系。

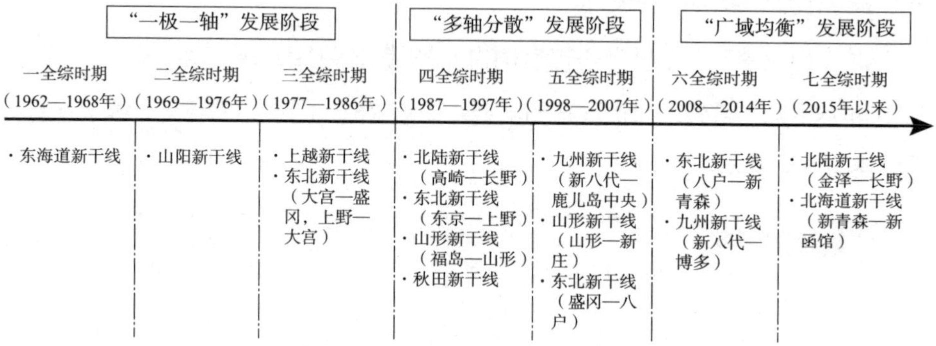

图 4-5　历次国土规划时期新干线建设发展历程

1．"一极一轴"发展阶段新干线发展建设与相互关系

"一极一轴"发展阶段主要包括了一全综、二全综和三全综三次国土规划。

"一全综"提出据点式开发方式，希望通过分散工业布局实现经济均衡增长的愿景，东海道新干线的建成和使用，虽然主要是解决当时面对的最紧迫的问题是由于申奥而带来的巨大交通压力，表面上看似违背了"避免沿海地带城市工业布局过于集中"的初衷，而实际上东海道新干线的开通和投入运营极大地分散了三大经济圈的辐射重量，以东京、名古屋、大阪三大城市为增长极，将整个中部地区的吸引力向外分散。新干线的建成和投入使用给日本经济带来了巨大影响。东海道新干线通车后，日本民众实现了东京和大阪两大城市间的当日往返，极大地改变了日本人传统的休闲方式与商业习惯，对后续高铁的修建起到了巨大的推动作用。由于东海道新干线可在4小时之内将东京、横滨、静冈、滨松、名古屋、京都、大阪等城市有机地连接起来，人员和物资流通环境大幅度改善，因而大大促进了新干线沿线地带新产业的形成，加快了沿线地块的开发。日本政府1966—1970年的统计计算结果表明，当时的东京到大阪的新干线对日本全产业经济效果的贡献率为0.23%。由于新干线因素，1970年度的全产业增加额为2238亿日元，这个数字约相当于国民生产总值的0.3%（1970年日本国民生产总值为751520亿日元），至1996年其效益总额约为30兆日元，对经济增长有显著的带动作用。尽管“一全综”对抑制人口和工业布局过度向大城市集聚起到了一定的缓解作用，但由于大城市绝对的发展优势，人口、资源、工业布局仍继续向大都市及其周边集中。据统计，1964至1969年日本新增城市人口总量中的74%集中在东京、名古屋和大阪为主的大城市，另外工业的不断发展在创造经济效益的同时，其带来的环境问题也日益突出，各类环境问题的出现使得环境保护逐渐受到重视。1969年到1976年期间实施的“二全综”通过“大规模项目发展模式”推进各类工业基地的建设，尤其是以高速公路、高速铁路为主的现代化交通体系建设，将工业地区与地方圈通过高速铁路交通线连接。新建成通车的山阳新干线将整个高速铁路网络向南部延伸，结合东海道新干线，两者涵盖了日本整个中部地带，横跨了日本的主要大城市和现有的经济圈，依托南向新干线交通轴有助于将东京、大阪等地区的人口和工业向南部地区疏散。1977年到1986年实施的“三全综”时期提出“定居构想”理念，通过样板定居圈建设和技术城市的打造，抑制大城市的无序扩张和过度集聚，在促进城乡统筹发展的同时，调整和优化工业布局，提高资源的利用率，最终达到提高国民生活环境质量的目的。“三全综”时期技术聚集城市较为均衡地分布在日本的整个国土，而同时期新增的上越新干线和东北新干线两条新干线，结合之前已开通的东海道新干线和山阳新干线，有效地形成一个较为完整的网络将四岛中的最大岛屿本州进行了较为完整的覆盖，形成了依托新干线的南北两大方向的新干线发展轴。高效的高速铁路，在对产业分布进行了有效分散的同时，更极大地方便普通民众的出行，使“定居”的构想成为可能，人口和产业向大城市的大量集中也得到了有效的控制。

从国土空间规划的施策方向上看，前3次全国国土综合开发规划依然是重点发展以原有东京、大阪、名古屋等工业基地为中心的太平洋沿岸地区，国土空间结构仍以东京圈为中心的一极和太平洋沿岸一轴的“一极一轴”为主，因而这一时期的新干线最主要的目的也是加强太平洋工业带三大经济圈的联系，促进沿线城市发展的同时，也在一定程度上突破了

"一极一轴"的发展格局，依托这一时期新干线的建设和开通实现了发展轴和覆盖范围的北向拓展、南向延伸和东亚方向的开拓，拓展国土空间发展框架，也为下一阶段"多轴型"国土空间发展模式奠定了基础。

2."多轴分散"发展阶段新干线发展建设及相互关系

"多轴分散"发展阶段主要包括了"四全综"和"五全综"两次国土规划，1987年到1997年实施的"四全综"提出"交通网络构想"的开发方式，通过构建多极分散型国土空间结构将整个国土空间连成一体，以改变之前"一极一轴"的空间发展格局，受到国土规划政策导向性的影响，以及国铁民营化的改革，这一时期相继修建开通的北陆新干线（高崎－长野）、东北新干线（东京－上野）、山形新干线（福岛－山形）、秋田新干线共四条新干线都是以丰富和完善本州的新干线网络为主。

"五全综"在"四全综"基础上，进一步提出多轴型国土空间格局的构想，通过促进不同地区的自立发展与建设。经过"五全综"的实施，日本国土空间的基础格架已经形成。这意味着日本大规模的国土开发已经结束，今后的国土开发将以小规模、局部和补充性的开发为主，通过参与与协作，构建多轴型的国土空间格局。"五全综"期间的新干线建设生要以完善本州现有网络系统为主，同时开始建设新干线连接本州与九州、北海道等地区，修建通车的九州新干线接上山阳新干线和博多南线，将九州和本州连接起来，同时对四国和北海道的新干线建设也将成为下一步新干线规划建设的重点和主要目标。

总结起来，"多轴分散"发展阶段的国土规划提出的国土格局目标在新干线的建设上得到了较好的体现和落实，围绕着原来本州新干线网络的完善，较好地突破了"一极一轴"的发展模式，尤其是依托新干线的建设，较好地实现了北向发展轴沿线的发展，也促进了新干线沿线土地的开发。据日本政府统计，以1982年开通的东北新干线为例，自开通以后沿线城市的企业增加了45%，人口增加了30%，大大超过了日本其他地区（其他地区增加为企业15%，人口10%）。同时每年约有2亿人次利用了新干线，并由此产了餐饮、旅游、零售等每年约5兆日元的消费及带来了约50万人的就业。在国土规划对新干线建设起到引导作用的同时，新干线的建设也在不断地使规划成为可能，同时推进规划的制定和国家的发展。新干线作为国土规划的发展载体，在落实国土规划目标的同时，也引导国土规划政策的调整，这一阶段新干线的建设也加强了本州与九州地区、环太平洋沿海与环日本海沿岸的联系，这也为“六全综”时期提出广域均衡发展和加强与东亚交流合作政策的提出奠定了基础。

3.“广域均衡”发展阶段新干线发展建设及相互关系

“广域均衡”发展阶段主要包括了“六全综”和“七全综”两次国土规划。2008年至2014年实施的“六全综”提出广域独立综合体的构想，通过广域地区独立发展并相互连带，依照地区人口规模、经济水平和环境承载能力等，日本将整个国家分为10个广域经济圈（分别是冲绳圈、九州圈、中国圈、近畿圈、首都圈、北陆圈、中部圈、关东圈、东北圈和北海道圈），形成“广域地区独立发展并相互连带”的国土结构，实现了由“国土综合开发”向国土形成的转变。在广域地区保持独立发展的同时，保持不同地域间的沟通交流仍旧十分必要，新干线在其中扮演着不可或缺的作用。六全综期间进一步完善了九州新干线（新八代－博多）和东北新干线（八户－新青森），使整个本州地区和九州地区有机地连为一体。在规划和在建的新干线中，覆盖了金泽和北海道地区，可以说基本将广域生活圈的范围都覆盖在内，这一点在“七全综”时期也得到了证实。同时，这种近乎完美的网络覆盖，也推进了广域生活圈的形成，更将对未来的规划提供一定的支撑和引导作用。

在“六全综”的基础上，2015年开始实施的“七全综”提出“对流促进型国土”的规划理念。通过各个地域间多样性的相互合作，促进地域间人流、物流、资金流和信息流的双向流动，从而活化各地域的独特个性，实现名副其实的国土均衡发展。同时，面对日本人口减少的事实，“对流促进型国土”提出打造多层次、韧性的“紧凑＋网络”空间结构。通过地域个性的活化实现医疗、福利、商业等功能紧凑集约布局，形成交通、信息通信、能源的充实网络，以期解决东京一极集中的问题，实现都市和乡村的互利共生。在新干线的建设上，"七全综"时期开通了北海道新干线（新青森－新函馆），实现了与东北新干线的接轨，大大拉近了北海道地区与本州的沟通和交流。同时，进一步建设北陆新干线（金泽－长野），实现了北陆新干线与上越新干线的无缝对接，进一步缩短了北陆圈地区和东京地区的联系。新干线交通网覆盖了除四国以外日本岛各个区域，极大地缩短了各个地区间的出行时间，依托网络化的新干线，形成了不同区域间的交通流和信息流，促进了都市和乡村地区的统筹发展。随着"七全综"的进一步实施，新干线将进一步促进日本国土的均衡发展。

广域均衡发展阶段国土空间规划的目标是促进不同地域的自立和活力的焕发，从而实现真正意义上的国土均衡发展。这要求新干线的建设要实现全国的覆盖，因此，在新干线的建设上，除了对原有新干线网络进一步完善之外，更将新干线建设延伸到了九州岛和北海道，可以说依托新干线建设为载体，在一定意义上实现了全域覆盖和发展的国土空间目标。同时，由于新干线建设带来的不同地域间的沟通和交流，也极大地促进了不同地域间的统筹发展，尤其是主要经济圈地区和乡村地区的统筹协调发展。这也引导着国土规划将进一步围绕着国土均衡发展的方向进行深化和调整，对当下国内的国土空间规划编制具有一定的参考意义。

五、对我国基础设施规划的启示

基础设施规划在国外的实践发展，无论是绿色基础设施的规划和新型基础设施的建设部署已形成了各具特色的工作方法和思路，对于快速城镇化进程中的我国开展基础设施的规划建设工作，以及在当前国内疫情背景下建设具有韧性发展的城市，均有一定的借鉴和参考价值。

（一）强化顶层设计，促进传统基础设施与"新基建"协同发展

针对美国基础设施大多情况下低于标准水平的现状，特朗普自执政以来多次提出要彻底重建美国的基础设施（道路、桥梁、航道、码头、机场等），受政治体制影响，美国在基础设施建设部署上存在较大的不稳定性，

但是对新型基础设施建设的投资却一直被作为推动经济增长的重要手段，相关战略部署立足长远、积极推进。2018年2月发布《美国重建基础设施立法纲要》中明确了重点投资现代交通、新能源、5G通信基站、智能电网、宽带网络、大数据等领域，注重对成熟技术的应用和推广。总结美国近年来在推进基础设施建设方面的经验和做法，当前在我国需要重视传统基础设施建设与新基建的协同发展。

目前，我国对交通、物流、能源、水利、通信等传统基础设施建设领域都编制了中长期网络布局规划或行业发展规划，并建立了成熟的规划评估和动态调整机制。但对于新基建，其发展态势、建设思路和发展重点尚处于研究探索阶段，缺乏必要的战略考虑。当前，应着力加强新基建的顶层设计，尽快启动新基建空间布局、目标思路、发展重点等重大专项规划研究工作。同时，做好对新基建与传统基建的规划引导，以加快推进基础设施高质量发展为目标，加强新基建与传统基建顶层设计的统筹衔接。

（二）评估投资经济效益，促进绿色基础设施价值提升

国外的绿色基础设施规划往往注重经济分析，通过评估绿色基础设施未来的直接和间接回报以及与灰色基础设施进行比较所显示的优越性，使得民众和各利益相关者认同规划并参与到绿色基础设施的规划与实施中来。而国内城市中的绿地往往十分“难产”。当面临选择时，开发商和政府往往牺牲绿地来发展其他用地。实质上，绿地和其他公共开放空间的潜在价值并未得到充分认识——绿地的正外部性往往会使得周边整个地块升值。因此，在我国今后的绿色基础设施规划实践中要注重绿色基础设施带来的经济分析，这样既能受到政府、开发商和民众的支持，也使得政府的财政投入变得更为经济和有效。

（三）提升基本公共服务体系，增强城市发展的韧性

有韧性的城市就是使城市或城市系统能够化解和抵御外界的冲击。美国诺福克城基础设施规划体现了韧性规划的典型特征，增加了应对不确定

环境挑战的意识。当各种灾害发生的时候，能承受冲击，快速应对，及时恢复，使城市功能正常运转，体现城市发展的"温度"，让城市像"弹簧"一样张弛有度，从容应对各种问题。尤其是当下的新冠肺炎疫情对城市的韧性发展提出了巨大的挑战，如何在各种重大的自然灾害下，保障城市的正常运转，提高城市发展中抵抗各种灾害的能力，显得日益重要。在今后的在城市规划和建设中，需要构建更富韧性的城市公共服务体系，通过科学规划、合理布局降低风险，建立安全、可靠的应急处理体系，提升基本公共服务体系，特别是公共卫生服务的可靠性和包容性，以应对各类突发事件。

（四）提高基础设施规划编制和实施过程中的公众参与程度

国外的基础设施规划在前期准备和后期实施过程中都十分注重公众参与，若是缺少前期充分的咨询和讨论，后期的实施将遇到很大的问题。英国的基础设施规划中，不少基础设施在建成之后都交由社区来进行后续的维护和管理，使社区和民众加入到规划项目实施的过程中来，成为绿色基础设施管理的主体。

我国的基础设施编制过程往往先天不足，不少规划的编制具有很强的短期目的并注重"可批性"，既不能很好地体现市民的需求，也增加了今后实施的难度。与基础设施相关的交通系统规划、生态和能源网络等规划一般都是由单一部门主导编制的，难免对于某些问题的考虑会不周全，不利于未来规划方案的实施。

（五）发挥轨道交通基础设施对城市发展空间的支撑和引导作用

日本通过国土规划，缩小了城乡差距，统筹利用了土地等资源，优化了产业布局，实现了不同区域的均衡发展。日本国土规划对整个国家的社会、经济等各方面起着导向作用，其中包括了以新干线为代表的交通系统网，新干线不仅成为日本经济高速增长的动力，也改变了日本的交通网络体系和空间发展布局。日本的经验表明，在国土规划对高铁建设起到引导作用的同时，高铁的建设也在不断地使规划成为可能，并且推进规划的制定和国家的发展，高铁作为国土规划的发展载体，在落实国土规划指标的同时，也引导着国土规划政策的调整，需要强化高速铁路对国土空间塑造的引导和支撑作用。

参考文献

[1] 剧楚凝，周佳怡，姚朋．英国绿色基础设施规划及对中国城乡生态网络构建的启示［J］. 风景园林，2018.10.

[2] 段里仁，毛力增．从交通文化角度看新加坡精细化交通的启示［J］. 综合运输，2011.11.

[3] 赵娟，许芗斌，唐明．韧性导向的美国诺福克城绿色基础设施规划研究［J］. 国际城市规划，2020.1.

[4] 张明斗，冯晓青．韧性城市：城市可持续发展的新模式［J］. 郑州大学学报（哲学社会科学版），2018.3.

[5] 施益军，翟国方．日本国土空间规划与新干线建设相互关系探究及其启示［EB/OL］.（2018-11-24）［2019-02-18］. http：//cre.org.cn/list2/gtjj/14591.html.

[6] 周艳妮，尹海伟．国外绿色基础设施规划的理论与实践［J］. 城市可持续发展，2010，8.

[7] 任志宽，韩莉娜，李妍．美国近年来推进新基建的布局及启示［J］. 广东科技，2020，(9)，29-32.

第五章 “十四五”交通基础设施发展重大任务及重大工程研究

我国交通基础设施建设达到新的高度，网络规模世界领先，国土覆盖水平显著提升，设施服务能力、服务质量不断提升，与经济社会融合发展更加紧密，但在结构、质量、支撑等方面的短板仍然存在。围绕“十四五”我国经济社会发展新形势，尤其是基于我国交通现代化建设征途中承前启后的重要历史阶段的发展形势判断，以补充空间短板、结构短板、支撑短板为抓手，提出国际互联、国内干线、城市群、都市圈以及城市、农村等领域交通基础设施建设重点任务，并提出体制机制等方面的保障措施。

一、交通基础设施发展现状与问题

（一）交通基础设施发展成就举世瞩目

1.网络规模达到新高度

经过多年大规模投资与建设，我国交通基础设施网络规模再创新高。截至2019年年底，高速铁路营业里程、高速公路通车里程、城市轨道交通运营里程、沿海港口万吨级及以上泊位数量均位居世界第一，天然气管网加快发展，交通运输基础设施网络形态格局基本形成（表5-1）。

表5-1 我国主要交通基础设施网络规模

指 标	2015年	2019年	指标增长率
铁路营业里程	12.1万千米	13.9万千米	14.9%
高速铁路营业里程	1.9万千米	3.5万千米	84.2%
铁路复线率	52.9%	59.0%	11.5%
铁路电气化率	60.8%	71.9%	18.3%
公路通车里程	457.73万千米	501.25万千米	9.4%
高速公路通车里程	12.4万千米	15.0万千米	21.1%
二级及以上等级公路通车里程比重	12.6%	13.4%	6.3%
乡镇通沥青（水泥）路率	98.6%	99.6%	1.1%
建制村通沥青（水泥）路率	94.5%	99.5%	5.3%
等级航道	6.6万千米	6.7万千米	0.6%
三级及以上等级航道	17.4%	20.7%	19.0%
油气管网里程	11.2万千米	13.9万千米	24.1%
城市轨道交通运营里程	3195.4千米	6172.2千米	93.2%
港口万吨级及以上泊位数	2221个	2520个	13.5%
民用运输机场数	206个	237个	15.0%

注：乡镇通沥青（水泥）路率、建制村通沥青（水泥）路率为2018年数据。

2.网络覆盖实现更充分

交通基础设施大规模增长显著提升了其覆盖水平。截至2019年年底，全国铁路路网密度145.5千米/万平方千米，比2015年增加19.5千米/万平方千米；公路密度52.21千米/百平方千米，比2015年增加4.53千米/百平方千米。乡镇、建制村沥青（水泥）路率均已超过99%，交通基础设施对国土空间的覆盖程度进一步提高。

3.设施质量达到新水平

在交通基础设施规模不断增长的同时，交通基础设施质量也在稳步提升，通行能力更大、运输速度更快的交通基础设施比例不断提高。截至2019年年底，高速铁路营业里程、高速公路通车里程、城市轨道交通运营里程分别比2015年提升84.2%、21.0%、93.2%，高等级公路里程、高等级航道里程占比稳步提升，铁路复线率、铁路电气化率不断提高，交通基础设施发展质量迈上新台阶。

4.支撑发展实现更精准

交通基础设施网络对经济社会发展的支撑更加精准。西部地区交通短板显著改善，东北地区进出关通道运输能力进一步提升，中部地区贯通南北、连接东西通道能力进一步提升；东部地区交通基础设施网络结构进一步优化。与"一带一路"沿线国家交通基础设施互联互通进一步增强，京津冀地区交通基础设施网络格局基本形成，长江经济带综合立体交通走廊加快建设，长三角地区更高质量交通网络加快形成，粤港澳大湾区交通互联互通取得积极进展，成渝双城经济圈综合立体交通网络持续推进。

（二）交通基础设施发展短板仍然存在

1.空间覆盖仍不充分

一是京津冀、长三角、粤港澳、长江经济带、黄河流域、海南、成渝双城经济圈等国家重大发展战略区域的交通基础设施网络对外通达性及一体化通畅性有待进一步提升。二是城市群、都市圈等国家城镇化地区，人口资源要素高度集聚，交通基础设施供给不足，缺口明显。三是东北及中西部等经济欠发达地区特别是"老少边穷"地区以及进疆入藏通道、边境地区等的设施覆盖范围和服务可靠性仍待提升。

规模适度、结构合理、技术先进适用、服务安全高效的城际交通运输系统是城市群发展的重要基础。近年来，我国交通发展取得长足进步，大城市群之间的主干运输通道已经基本贯通，但对城际交通关注相对不足，导致当前城市群交通系统难以充分支撑和引领城市群发展。

城市群交通基础设施存在主要问题如下。

（1）大部分城市群城际公路网络尚不完善。公路是支撑城市群内客货流动的基础性交通网络，其"门到门"服务功能无可取代。长期以来，我国公路网络建设以畅通区域间干线为主，城际公路不通不畅问题仍大量存在：一是跨省、跨市高速公路断头路现象较多；二是部分国省道路段已演变为城市道路；三是部分高速公路进出城路段等级较低；四是部分中西部城市群城际公路等级较低。上述问题对处于雏形发育阶段的中西部城市群影响尚不明显，但对处于快速发育阶段和趋于成熟阶段的城市群发展已经形成较大制约。

（2）趋于成熟阶段城市群城际铁路建设总体滞后。作为先导性、基础性、战略性和服务性行业，适度超前是交通运输发展的基本要求之一。当前，我国趋于成熟阶段的城市群城际交通运输体系建设滞后现象较为突出，在一定程度上减缓了发展速度，主要体现在城际铁路通道方面。以珠三角城市群为例，跨珠江口通道能力不足一直是制约东西两岸经济社会交流的显著短板，2019年南沙大桥开通运营前，承担主要客货运输需求的虎门大桥处于常态化拥堵状态；南沙大桥开通后，虽然拥堵情况短期内有所缓解，但公路为主导的运输结构并不可持续，亟待通过健全铁路通道以优化运输结构、提高运输效率和品质。同样的情形也存在于长三角城市群，由于铁路通道建设滞后，城际运输仍以公路为主，南京长江二桥、江阴大桥、苏通大桥等公路通道拥堵严重。

（3）快速发育阶段城市群城际铁路存在重复建设现象。“城际铁路”属于功能分类范畴，无论高速铁路、快速铁路还是普速铁路，均可通过开行城际列车的方式承担城际运输功能。近年来，为加速一体化进程，我国城市群内以“城际铁路”的名义规划建设了大量高快速铁路。由于未能充分统筹考虑既有运输网络，部分快速发育阶段城际铁路线路开通后客流严重不足、运营亏损严重。以武咸城际铁路、长株潭城际铁路为例，由于线路走向与京广高铁一致，且在发车频次和车票价格上并不占优势，开通之初即由于已有高铁列车的激烈竞争而客流严重不足，个别站点日均发送量甚至不足10人，列车开行对数一减再减，陷入发车越少、吸引力越低的恶性循环。

（4）综合客运枢纽间分工与联动不足。世界级城市群需要世界级交通体系支撑，打造分工科学、联动发展的客运枢纽体系至关重要。当前城市群客运枢纽体系在分工与联动方面仍存在明显不足。其中，分工方面主要体现在机场主导型枢纽，如首都机场、大兴机场、天津机场、石家庄机场等主要机场由于统筹协调不足，同质化竞争现象较为突出。联动方面主要体现在机场主导型枢纽与铁路主导型枢纽之间，首先空铁联运是充分发挥两种长距离运输方式组合效率、提升城市群枢纽体系能级的重要方式，由于基础设施连通和运输服务对接等方面的不足，当前我国城市群内普遍的空铁联运格局尚未形成；其次铁路枢纽之间直接连通能实现不同方向干线客流快速到达城市群不同区域，从而大大提升出行便利度，如当前京津冀城市群内，特别是北京市主要铁路主导客运枢纽之间仍缺乏直接联系通道。

都市圈交通基础设施存在的主要问题如下。

（1）对都市圈空间格局形态的引导不足。相对于中心城市紧凑、集聚的空间发展模式，都市圈需要在更大的空间范围布局产业和城市功能，更多是点轴状的空间形态，需要交通网络与产业空间和人口空间更精准的匹配，尤其是要交通先行发展，交通网络超前布设。但从目前我国发展成熟度较高的北京、上海、深圳等都市圈来看，中心城区蔓延式增长，"摊大饼"的发展问题十分突出，未能形成"中心城区+外围组团"的相对合理的空间形态。虽然外围组团发展需要依赖交通以外的教育、医疗等公共资源，但中心城区与外围组团之间的快捷通勤交通网络，尤其是轨道交通网络是外围组团发展的必要条件。

（2）都市圈交通网络布局不够合理，对市郊铁路重视不够。目前，虽然各级政府已经认识到发展都市圈交通的重要性，尤其是轨道交通的重要性。但是，一方面既有干线铁路的富余能力不足，且站点周边开发方面并不充分，实际服务人口不足；另一方面，部分城市规划建设新的城市快轨承担市郊铁路功能，但大部分线路停留在中心城区外围，需要与外围地铁站点进行换乘，缺乏贯通中心城区的线路。

（3）集约化的公路运输服务潜能未被有效挖掘。公路网络布局灵活，直接联通中心城区与外围组团，为小汽车出行提供了优越的条件，这也是目前都市圈中心城区与外围组团主要依赖小汽车出行的主要原因。而集约化的公路客运服务，对于一些发展起步的都市圈或者发展程度较高的都市圈的部分廊道，能够有效解决通勤出行问题，同样是一种集约绿色的公共交通出行方式。目前存在的问题是，一方面受制于行政体制、法律政策等因素，一些中心城区公交线路难以向外围组团有效延伸，道路客运提供公交服务也存在较大制约；另一方面，集约化客运服务的优势不够，专用道网络等优先通行措施不够完善。

2.设施质量仍需提高

一是高等级交通基础设施比例有待提升，高快速铁路、高等级公路、高等级航道以及城市轨道交通等大运量、高速度、高效率的交通基础设施比例仍需提高。二是交通基础设施网络衔接水平亟须提升，“断头路”“瓶颈路”等问题仍较突出，一些长大干线线路技术等级差距明显，一些城市群、都市圈跨行政区交通网络互联互通短板较多。三是设施网络层次不清晰，功能结构待完善，比如区际、城际、市域（郊）、城市等层次的轨道交通缺乏功能的清晰界定和有效衔接，普通国道和国家高速公路之间的衔接协调不够，枢纽、干线、支线、通用航空等层次的民航机场功能结构待完善。

3.支撑经济仍待加强

交通基础设施网络与产业分布、城镇空间功能布局的衔接互动仍较弱。一是对重要产业布局的支撑不够，一些重要园区、重点企业缺乏更加便捷高效的交通网络，对产业运输特征需求把握不够，交通网络难以提供精致的运输服务。二是对特色产业发展的支撑不足，对生态旅游、现代农业等具备特色且对乡村振兴等具备突出作用的产业支撑不够，旅游路、产业路建设仍待加强。三是与区域城镇体系匹配度有待提高，对城镇化发展背景下的空间格局支撑不够。

二、交通基础设施发展思路与重点

（一）发展趋势

总体来看，"十四五"综合交通发展正处于我国交通现代化建设征途中承前启后的重要历史阶段。

1.交通现代化建设筑底期

建设社会主义现代化强国，交通需率先实现现代化。在我国交通运输业已形成超大规模优势基础上，"十四五"时期，抓住全球新一轮科技革命和产业变革的发展机遇，筑牢现代化综合交通运输体系的基底，深入推进交通基础设施和运输装备现代化、加快运输服务提质升级、推进交通治理体系现代化，为实现交通现代化、进入世界交通强国行列夯实基础、积蓄力量。

2.交通基础设施高质量发展关键期

"十四五"时期，在供给基本适应需求的情况下，交通发展将进入精准匹配供需，实现精细化供给的高质量发展新阶段，以精准供给为主题，重点推动交通基础设施网络精准补短板，补充空间短板、结构短板、支撑短板。

城市群、都市圈发展趋势判断如下。

（1）当前多数城市群已进入快速发育阶段。城市群概念自1957年由法国地理学家戈特曼首次提出后，国内外学者围绕其发展规律进行了大量探讨，较为一致的是划分为四个阶段：雏形发育阶段：中心城市集聚作用占绝对优势，对周边城市的发展带动不足，城市间内在联系较弱；快速发育阶段，中心城市都市圈的范围快速扩展，部分产业和非核心功能开始向周边小城市扩散，城市间联系开始增多；趋于成熟阶段，中心城市都市圈发展逐渐成熟，积聚与扩散作用均较强，城市群分工体系初步形成，城市间联系显著增强；成熟发展阶段，都市圈发展基本成熟，中心城市扩散作用略显优势，城市间产业分工基本明确。按照上述标准，目前我国城市群均未达到成熟发展阶段，但大部分已经度过雏形发育阶段，总体上进入了城市群发展的关键时期。城市群、都市圈发展趋势判断：京津冀、长三角、珠三角城市群经济发展水平较高，产业升级态势明显，对周边城市的带动作用初步显现，已经进入趋于成熟阶段；成渝、长江中游、海峡西岸等10个城市群人口和经济总量快速增长，中心城市都市圈规模迅速扩大，城市间联系也逐渐增强，可归入快速发育阶段；黔中、呼包鄂榆、滇中等6个城市群中心城市集聚作用仍占绝对优势，城市间联系较弱，尚处于雏形发育阶段。

（2）都市圈发展进入差异化阶段。从整体来看，都市圈是未来集聚人口、产业等发展要素的主要区域，即使在我国城镇化进入相对低速的时期，都市圈仍将是全国城镇化进程最快的区域。从自身来看，都市圈表现出较强的差异性。第一，发展阶段的差异，以超大城市为核心的都市圈表现出一定的扩张需要，尤其是在自身大城市病比较突出的情况下，谋求更大范围、更高质量的发展；其他都市圈更多处于培育阶段，中心城市表现出对周边地区较强的吸附作用，部分功能向外溢出。第二，发展速度的差异，强者恒强的趋势更加明显，能级越高的都市圈，吸引国内国际要素资源的能力越强，增长规模与速度要高于低能级都市圈。第三，定位上的差异，取决于都市圈中心城市的定位与产业特点，都市圈在功能定位方面的差异性越来越明显。

（二）发展思路

以供给侧结构性改革为主线，以高质量精准供给为统领，以全链条畅通、全方位融合、全周期协同为导向，以补充空间短板、结构短板、支撑短板为抓手，畅通交通与国内国际、经济社会、生态环境发展大循环，精准提升交通基础设施网络品质和效率，加快构建面向全球、强大可靠、覆盖全面、衔接顺畅、立体高效的综合交通运输网络，更好支撑引领国土空间开发、人口与产业布局和全方位开发开放，更好服务国家现代化建设和国家战略大局。

1.聚焦空间短板，继续扩大交通基础设施网络规模

继续提升特殊薄弱地区交通基础设施保障能力和交通网络通达通畅水平，加快进疆入藏新通道建设，提升边境地区交通保障水平；支撑国家重大区域发展战略，以城市群、都市圈为重点，统筹强化多层次轨道交通网，适度加密地方高速公路网，支撑区域发展新增长极建设；结合全国城镇体系布局，依托大中城市，加快高品质城市交通建设，推进一批国际枢纽机场、国家物流枢纽基地、大型综合客运枢纽。

城市群、都市圈发展思路如下。

（1）城市群交通应基于城市群发展阶段分类施策。"十四五"是我国经济转型升级的关键时期，也是奠定城市群产业分工格局的关键时期，因地制宜建设符合发展阶段的城际交通体系，对于更好支撑和引领城市群发展意义重大。其中，趋于成熟阶段城市群以倡导集约化发展，提高运输效率、质量和服务水平为主要方向，加快建设轨道上的城市群，同时依托机场群强化国际门户地位。快速发育阶段城市群以适度推动能力总量增长，提高城镇可达性，强化对经济社会空间组织的优化作用为主，适度超前构建轨道交通主干廊道，引领城市群内部形成绿色集约化交通模式。雏形发育阶段城市群交通运输应坚持规模适度发展，以服务民生和国土开发为中心，重点保障快捷性和可靠性，构建能力适度的城际交通网络。

（2）适度超前建设都市圈交通基础设施。都市圈相对于其他空间，在人口、产业等资源要素方面具有比较明确且相对较强的集聚性；在需求方面，增长的确定性比较强。因此，在都市圈交通基础设施建设和服务供给方面，应适度超前于其他空间或领域。积极发展轨道交通，充分利用既有铁路富裕能力看似短时间内提供了都市圈通勤轨道交通服务，但干线铁路

无论在线路布局还是服务模式等方面均具有明显的不足，在服务能力、服务质量等方面具有短时间难以突破的短板，难以从根本上有效解决都市圈通勤出行问题，更不能起到引导都市圈空间布局的作用。应站在都市圈发展的整体视角，在统筹各类轨道交通线网的基础上，加快推进新建市郊铁路发展，利用公共交通运营模式，积极推进TOD（以公共交通为导向的开发）发展，既能有效引导都市圈空间拓展，又可提供更加高效的通勤出行服务。把握好内外发展时序的关系，对于以超大城市为核心、表现出一定溢出效应的都市圈，应从都市圈的视角考虑交通发展问题，引导、顺应城市功能外溢趋势，优先建设通达周边组团的市郊铁路系统，同步配合教育、医疗等公共资源倾斜，加快引导促进外围组团发展，承接中心城区溢出。在发展外围组团的同时，疏解中心城区压力，同步解决了中心城区交通拥堵等大城市病问题，实现“内病外治”。充分挖掘道路客运潜力，当前，我国大多数都市圈仍处于培育阶段，即使以超大城市为核心的都市圈也不是每条廊道都具备建设轨道交通的条件。因此，充分利用都市圈公路网络相对完善的有利条件，排除公共交通线路延伸以及道路客运公家化的体制机制障碍，以出行需求为导向，建立适应有都市圈通勤出行的道路客运运营模式，强化优先通行举措，提高吸引力，培养绿色出行习惯。

2.聚焦结构短板，全面提升交通基础设施网络质量

适应中高端运输服务需求，加快推进高品质交通网建设，以高速铁路、高速公路、民用航空等为主体，加快提升高速铁路、高速公路、民航运输机场覆盖水平，建设服务品质高、运行速度快的高品质交通快速网；统筹要素资源集约利用，推动各类设施衔接协调、功能互补、共建共用，提升各种基础设施网络的整体运行效率和服务水平。

3.聚焦支撑短板，精准对接经济社会发展需求

推进交通与关联产业融合发展，遵循现代产业组织特征，推进基础设

施空间组织优化，形成精准匹配的供应链服务，有效嵌入农业、制造业、服务业等相关产业；加强重大交通技术进步应用，积极推广应用更高时速的高铁、中低速磁悬浮、高原机场、跨海通道等新技术、新设备，促进相关产业创新发展。

三、交通基础设施发展重点任务

（一）全面提升交通网络国际互联互通水平

1.加强区域市场统筹协调，推进沿海港口发展

新冠肺炎疫情暴发以来，国际航运市场供需矛盾突出，海运价格大幅上涨。但从长期来看，虽然远洋大宗货物和集装箱运输需求仍有增长空间，但预计增长速度相比之前有明显下降，港口服务质量的提升将比服务能力的提升更为重要。近年来，我国沿海港口产能过剩、价格竞争问题较为突出，不仅给当地财政带来压力，也不利于港口服务质量的提高。当前我国正处于经济结构转型升级的关键时期，同时也是全国远洋运输需求增长相对缓慢、沿海港口间业务竞争以存量为主的窗口期，应以此为契机，综合运用行政和市场手段，加快推动区域港口整合，实现统筹协同、高质量发展。

2.打通陆路国际运输通道，促进跨境经济合作

随着"一带一路"建设的深入推进，我国国际货物运输逐步从单纯依赖远洋水运向海陆并举发展。在经济结构转型升级的大背景下，我国同东南亚、欧洲之间的贸易往来将愈加密切，应充分发挥陆地相连的区位优势，加快完善陆路运输通道，打造高效、畅达、可靠的陆上供应链。以六大经济走廊为重点方向，结合国外海外战略支点布局，陆海空"三位一体"统筹谋划，有序推进国际通道互联互通，加强国际通道与国内通道有机衔接。与此同时，可依托口岸城市，通过打造跨境经济合作区等形式，进一步加强与周边国家产能合作。

3.完善国际枢纽机场体系，大力发展临空经济

近年来，随着国际产能合作规模和居民消费能力的不断提升，我国国际航空运输需求快速增长。据国际航协（IATA）统计，2011—2018年东南亚航线占我国国际航线的比重从24%提升到41%，客运量年均增速高达22%，其次欧美航线年均增速约10%，同我国国际贸易发展走势基本一致。为充分发挥交通运输对我国全球产业分工角色转变的支撑和引领作用，未来应继续以东南亚和欧美等发达国家为重点，进一步加快国际枢纽机场体系、完善国际航线网络。同时，着力推动航空运输枢纽向综合运输枢纽和产业发展平台转变，通过航空产业园、临空示范区建设，打造特色产业集群，充分发挥民航机场作为经济高质量发展动力源的作用，带动当地产业结构转型升级。

（二）持续强化干线交通基础设施网络

1.优化综合运输通道布局

以“十纵十横”综合运输通道为基础，适应未来交通运输需求总体格局，构建与国土空间开发格局高度契合的“纵横联通、轴幅放射、沿边环绕”综合运输通道体系。强化由陆桥、沿江、沪昆等横向运输通道以及沿海、京哈-京港澳、包防等纵向运输通道构成的“三纵三横”综合运输通道功能，构筑连接东中西、贯通南北方的一级国土开发轴线系统，均衡国土空间开发，高效连接全国各大城市群。建立以京津冀、长三角、粤港澳、成渝和长江中游等五大国家级城市群为核心，全面辐射和覆盖所有区域性城市群的放射性运输通道，构建“七纵七横”二级国土开发轴线系统，形成围绕重点城市群的“轴辐式”通道格局，推动形成多中心、网格型的国土开发格局。构建环绕陆路边境线的沿边运输通道，为维护国家安全稳定、促进经济社会发展、保障和改善民生提供有力支撑。强化国土空间主干通道能力，有序推进主干通道第二通道工程、重点通道连通延伸工程和部分既有通道功能提升工程，提升主要经

济区域联通水平。

2.加快提升交通基础设施网络质量

发挥国土空间规划的指导和约束作用，以多中心、网络化为主形态，完善多层次网络布局，优化存量资源配置，扩大优质增量供给，实现立体互联，增强系统弹性。强化西部地区补短板，推进东北地区提质改造，推动中部地区大通道大枢纽建设，加速东部地区优化升级，形成区域交通协调发展新格局。根据既有能力容量利用状况，有序实施既有铁路复线和电气化改造，视运输繁忙程度差异化推进质量较差、建设年代较早的高速公路以及繁忙路段扩容改造，加快普通国省道提质改造、全面消除无铺装路面。加快推进贫困地区、革命老区、少数民族地区、边疆地区等欠发达、后发展地区交通基础设施建设，提升老少边穷地区以及进出疆、出入藏对外通道能力。

3.持续提升设施衔接水平

实施枢纽质量提升工程，以既有枢纽节点为重点，落实客运零距离换乘、货运无缝衔接要求，完善枢纽周边集疏运设施网络，加快推进枢纽铁水、空铁、公铁、公水、公空等联运设施联通，引入城市轨道、铁路等大容量快速集疏运方式，系统规划布局无障碍设施。推进部分客运、货运枢纽改造升级，加快推进一批铁路物流基地、港口物流枢纽、航空转运中心、快递物流园区等设施改造。强化交通基础设施网末端服务能力，解决旅客出行和物流服务“最后一公里”，优化港口后方集疏运体系，加快实施铁路进港工程，推动铁路进园区、进工厂。实施干线公路与城市道路顺畅衔接工程。

4.推动交通更好服务国防和军队现代化建设

坚持总体国家安全发展观，立足我国安全形势变化，完善有效服务国防需要的铁路、公路、港口、机场等设施覆盖，提升既有设施功能，推动向前沿延伸，增强投送能力。

（三）因地制宜推进城市群城际交通发展

1.持续推进高品质城市群交通基础设施建设

以综合运输大通道为主骨架，加快推进城际铁路建设，完善国家高速公路网，适度建设地方高速公路，强化国省干线公路，建设以城际铁路、高速公路为骨干的城市群城际交通网络，打造主要城市群核心城市间、核心城市与周边城市间、相邻城市间力争1小时通达的交通圈。提升东部地区城市群综合交通运输一体化水平，建成以城际铁路、高速公路为主体的快速客运和大能力货运网络。推进中西部地区城市群内主要城市之间的快速铁路、高速公路建设，逐步形成城市群内快速交通运输网络。

2.因地制宜、重点突出完善城际公路网络

加快构建便捷高效、能力适度、安全可靠的城际公路网络是大城市群的共同任务，但不同城市群由于现实基础差别较大，在发展重点上也有所不同。趋于成熟阶段城市群既有高等级公路网络已较为完善，重点在于加快打通跨省、跨市的断头路，以充分发挥中心城市辐射带动作用；快速发育阶段城市群城际高等级公路网络已基本建成，主要任务在于提升瓶颈路段通行能力，包括进出城路段拓宽、城市内路段绕出等；雏形发育阶段城市群的当务之急是提高城际公路网等级，以提升其通行效率和韧性，增强对基本生产、生活物资运输的支撑和保障力度。

3.循序渐进、审慎有序推进城际轨道交通建设

我国城市群发展是相对缓慢、渐进的，全国城际铁路建设也是长期、渐进的。尤其在我国大部分城市群发展尚不成熟、需求仍不旺盛的情况下，应循序渐进、审慎有序推动城际铁路建设。对于趋于成熟阶段城市群，当前建设进度已经滞后于发展阶段，应在已发布的交通一体化规划框架下，加快前期工作进度、推动城际铁路迅速成网，以支撑城市群更高水平一体化发展；对于快速发育阶段城市群，应加快编制交通一体化规划，统筹考虑国家干线铁路网，在主要城际公路通道谋划形成公铁复合廊道，

引导城际客货运输需求向更加集约化的铁路转移；对于雏形发育阶段城市群，考虑到当前城际联系较弱、未来发展潜力也不大，可主要依托高等级公路网支撑客货运输需求，部分骨干通道可利用铁路线路，通过场站、线路适度改造，开行城际列车。

4.以枢纽为抓手推动城市群交通更高质量一体化

综合交通枢纽作为城际客货运输组织中心，是充分发挥综合运输体系组合效率的关键所在，"十四五"时期应继续将枢纽作为推动城市群交通一体化的关键抓手。一是协同推进京津冀、长三角、粤港澳世界级机场群建设，做好机场间国际、国内、区域合理分工，加快推进国际枢纽机场高铁连通，增强其对整个城市群的辐射带动能力、提升国际竞争力。二是加强铁路枢纽合理分工和协调运行，在核心城市主要火车站全面完善城际服务设施、系统布局城际列车线路，并通过建设枢纽环线为各方向城际列车的跨线直通创造条件。三是加快完善枢纽协调运行体制机制，充分应用物联网、云计算、区块链等新技术，进一步提升不同运输方式衔接效率，推动实现旅客出行"一票制"、货物运输"一单制"。

（四）加快建设都市圈交通一体化网络

以增强都市圈基础设施连接性、贯通性为重点，以推动一体化规划建设管护为抓手，织密网络、优化方式、畅通机制，完善公共交通主导的交通网络体系，加快布局建设市域（郊）铁路，鼓励发展多层次、多模式、多制式的轨道交通系统，推动基础设施联通和公共服务共享，打造便捷、舒适、高效的1小时通勤圈。

1.制定都市圈差异化发展策略

"十四五"时期，是北京、上海、广州、深圳、重庆、杭州、南京、成都、武汉等都市圈形成的关键期，其他大部分都市圈尚处于发展的初期。都市圈交通需要适度超前建设，以引导都市圈科学合理发展，但也应该与都市圈发展阶段基本相匹配，交通模式的构建总体采用渐进式推进路径。对于发展相对比较成熟的都市圈，重点推进以市域(郊)铁路为代表的轨道交通建设；对于尚处于发展初期的都市圈，重点应通过城际公交(快速公交)解决，个别通道视情况考虑轨道交通建设。为强化对都市圈交通基础设施发展指导性，可探索编制部分跨市域都市圈交通基础设施发展规划，强化都市圈规划与城市群规划、城市规划的有机衔接，确保协调配合、同向发力。国家有关部门要加强对都市圈规划编制的统筹指导，研究制定支持都市圈建设的政策措施。

2.加快推进公路城市道路化、道路客运公交化

道路及其客运是基础。随着都市圈发展，连接中心城区与外围组团的干线公路甚至高速公路越来越多地承担城市交通功能，逐步转变成城市快速路。这既需要两种道路在技术标准方面的对接，还需要推进资产方面的置换与购买，以及管理运营主体的改变。加强主要城市和重点城镇的交通连接，打通节点城市间公路联系，改善公路通行条件，完善安全设施，构建形成以高速公路为骨架、国省干线公路为基础、县乡和农村公路为补充的外通内畅、快速高效、便捷安全的公路网络。与基础设施相近，原有城市间道路客运、农村客运，也需要改变原有必须进站的道路客运模式，逐步发展成城际公交、城乡公交。在相关高、快速路上设置公交专用道，开通BRT线路是市域(郊)铁路建设前的有效方式。道路客运公交化需要解决票价及补贴、公交车在高速公路上通行和跨区审批等一系列问题。

3.以适宜的技术标准推进市域(郊)铁路建设

“十四五”期间，重点推进北京、上海、广州、深圳、重庆、杭州、南京、成都、武汉等都市圈市域(郊)铁路建设。选择合适的技术标准，既要防止简单将城市轨道延伸出去，同时又要防止技术标准过高，演变成为城际铁路。虽然都市圈是通勤圈，但要强调外围组团的独立性，强化城市间产业分工协作。在市域(郊)铁路建设过程中，要加强推进TOD理念的落实，提升外围组团的产业发展环境、基本公共服务水平，形成具有主导产业、职住相对均衡的新城，从而引导都市圈健康发展。

（五）着力打造高品质城市交通基础设施

1.持续优化城市交通基础设施网络

加快推进特大城市地铁成网，着力提升轨道交通可达性，优先加密中心城区轨道交通网络。视产业布局发展情况，通过既有铁路补强、局部线路改扩建、站房站台改造等方式，充分利用既有铁路开行市郊列车，适时推进市域（郊）铁路建设。系统优化综合客运枢纽功能布局，推动城市群轨道交通“四网融合”。大力推广“小街区密路网”城市开发模式，加强次支路建设，打通断头路，开放内部道路。切实保障地面公交路权优先，包括提升公交专用道连续性和拥堵路段覆盖率，实行交叉口信号优先等，以提高出行速度与准时性。重点关注对外客运枢纽与城市交通顺畅衔接问题，优化枢纽设施布局、接驳运力配置、缩短换乘时间、改善换乘环境。

2.加快补齐静态交通短板

以居住区基本停车位为重点，按照“还清旧账、不欠新账”的思路，通过产业化手段加快推动城市停车设施建设，同步推动新能源车充电设施、路侧自动收费设施发展，并考虑预留未来自动驾驶功能接口。城区人口数超过100万的大城市，建设重点集中在用地稀缺的中心城区，应重点考虑地上、地下立体化停车设施。中小城市用地开发强度相对较低，可主要通过挖掘居住区及周边用地潜力、规划路侧车位加快补足缺口，实现规范停车。加快完善物流车辆静态交通体系，在批发市场、大型商场等重点区域建立货运车辆专用停车区，在物流快递需求集中区域划定配送车辆专用停车区，提升高速公路服务区等城市外围场所的货车停放容量和后勤保障能力。结合公共交通和非机动交通发展规划，加快完善公共交通车辆、非机动车辆停放设施。

3.大力改善慢行交通环境

大力发展慢行交通系统，引导居民从依赖私家车出行向公共交通转移，从而形成“步行+公交”“自行车+公交”为主导的城市交通模式。完善非机动车道、步行道网络，提升其连续性、独立性、景观性，增设自行车停车设施。对非机动交通过街设施、非机动交通与机动交通冲突点进行系统梳理和优化设计，提升非机动交通安全性。以城市空间可持续发展和建设宜居城市为目标，统筹考虑城市功能布局，通过地下过街通道建设、轨道站点及客运枢纽周边建筑开发步行通道连通等手段，提升慢行交通与公共交通、建筑之间的协调性。

4.加快智能交通设施建设

加快建设先进感知监测系统，形成动态感知、全面覆盖、泛在互联的城市交通运行监控网络。加快建设智能路侧设施，为驾驶人提供网络接入、行驶引导和安全警告等服务。推动自动驾驶与车路协同技术研发，分阶段、分区域推进道路基础设施的智能化改造。加快基于大数据、云计算、人工智能等新技术的城市交通智能控制平台建设。

（六）提升农村交通支撑保障能力

1.全面提升农村公路网质量

加快实施通村组硬化路建设，除少数不具备条件的乡镇、建制村，全面完成通硬化路任务。加强已建成县乡村公路提质升级，对年代较久或拥堵瓶颈路段实施路面升级或改扩建工程。完善安全防护措施，保障农村地区基本出行条件。加快完善农村地区公共交通设施，实现具备条件的建制村全部通客车。

2.建立规范化可持续管护机制

明确乡村交通基础设施的公共产品定位，构建事权清晰、权责一致、中央支持、省级统筹、市县负责的城乡交通基础设施一体化建设机制，健全分级分类投入机制。对城乡道路和普通公路等公益性设施管护和运行投入，一般公共财政预算按规定予以支持。明确乡村交通基础设施产权归属，由产权所有者建立管护制度，落实管护责任。

3.强化对乡村振兴战略的支撑力度

推进、促进交通基础设施建设与农村地区资源开发、产业发展有机融合，加强特色农产品优势区与旅游资源富集区交通建设。持续改善特色小镇、农村旅游景点景区、产业园区和特色农业基地的交通基础设施条件。鼓励采用多元化市场融资方式拓宽融资渠道，积极引导社会资本参与乡村交通基础设施建设。

4.发挥交通对巩固脱贫攻坚的基础支撑作用

大力推进革命老区、民族地区、边疆地区、贫困地区、垦区林区等脱贫地区交通基础设施建设，交通建设项目尽量向进村入户等更基层倾斜，实现以交通便利持续改善脱贫地区生产生活便利条件，增强内生发展动力。推动资源丰富和人口相对密集脱贫地区开发性铁路建设，在有条件的地区推进具备旅游、农业作业、应急救援等功能的通用机场建设，加强农村邮政等基础设施建设。

四、保障措施

（一）进一步优化区域一体化规划体系

为彻底解决不同行政区规划对接中频繁出现的分歧和偏差，日本首先以法律的形式将东京都市圈国土空间设定为统一的规划区域，随后又相继出台街道、绿地、工业等补充性专项法律，较好地理顺了都市圈规划体系。目前，我国作为用地控制和开发最终依据的国土空间规划由各城市分别编制，不同行政区之间缺乏有效衔接。虽然中央层面先后编制了京津冀、长三角、粤港澳等区域性协同发展纲要及交通专项规划，但由于与国土空间规划分属两个体系，各城市在轨道交通线点区位选择和用地控制时很难做到统一，不仅降低了轨道交通与城市功能布局的协同效果，还提高了建设用地成本，有时甚至无地可建。建议通过修订现行《中华人民共和国城乡规划法》，将京津冀、长三角、粤港澳等主要城市群设为统一规划区域，并尽快着手编制城市群、都市圈国土空间规划，以提升用地功能布局与轨道交通系统协调性。

（二）建立健全跨行政区协调体制机制

健全的跨行政区协调机制是实现区域交通基础设施高质量规划和发展的必要条件。从东京都市圈跨行政区协调机制的演变过程看，高效的协调机制应具备三方面特性：一是权威性，体现在从建设省直属改为总理府直属；二是全面性，体现在从仅包含东京都政府到囊括周边县政府；三是专业性，体现在包含学术界代表。目前，我国跨行政区协调机制均尚未完全具备上述三类要素，如京津冀地区虽然建立了由国务院副总理为组长的领导小组，具备了足够权威性，但并未包含都市圈周边区县政府（虽然三地相应成立了省级领导小组，但相互独立，且省级领导小组更适合协调城市群问题，在协调区县问题时由于层级过多而效率较低）和学术界代表，全面性和专业性不足。为更好推进我国跨区域交通发展，应在重点城市群、都市圈健全权威、全面、专业三性俱全的跨行政区协调机制，并尽快探索出一套科学合理的成本分担和利益补偿机制。

（三）加快完善客运枢纽设计标准规范

综合客运枢纽对外运输方式、设施均有独立标准，如公路有行业标准《交通客运站建筑设计规范》（JGJ/T 60—2012），铁路有行业标准《铁路旅客车站设计规范》（TB 10100—2018），民航更是有行业标准《民用机场工程项目建设标准》（建标105—2008）等30项之多，相互之间缺乏衔接与融合，导致枢纽设施存在共用不足、重复建设，规模贪大求阔、步行不便，接口标准难以统一等诸多问题。为解决统一综合客运枢纽的设计标准，体现集约和一体化要求，北京市于2020年4月1日起实施了地方性标准《城市综合客运交通枢纽设计规范》（DB 11/1666—2019），但该标准并未实现对铁路和民航相关标准的融合，且非强制性标准，仍难以有效改善现有问题。

（四）组建用地与用地联合开发主体

东京都市圈由轨道交通建设运营企业联合沿线土地所有者组建轨道交通开发委员会，主要起到三方面作用：一是最大限度避免了站点周边土地增值收益流失，降低了轨道交通建设补贴压力；二是实现了轨道交通与尽可能多周边用地的统一规划、建设或改造，提升了轨道交通与城市空间的融合程度；三是实现了轨道运营与周边物业的利益捆绑，轨道运营主体提供的公共服务越好，周边物业的收益也会相应提高，由此激发了其持续提升客运服务水平的主观意愿。轨道交通综合开发的理念在我国也已倡导多年，但由于缺乏相应体制机制设计，目前多数停留在枢纽内开商店阶段，不仅未能充分带动周边开发，反而扰乱了轨道交通服务环境，市郊铁路客流培育缓慢、建设运营补贴高昂等问题仍悬而未决。建议参照东京都市圈社会资本参与轨道交通建设运营的成功范式，组建由国铁集团、地方轨道交通建设运营企业、房地产开发企业、相关用地和物业业主共同参与的联合开发主体，推动都市圈轨道交通与周边用地的协调、可持续和高质量发展。政府要重点发挥好规划引导作用，保证站点周边用地的职住平衡，尽量均衡朝夕客流、避免"睡城"出现。

（五）重点突破关键性用地政策限制

我国要实现交通与用地融合，除加强体制机制设计外，还需重点突破部分用地政策限制，主要包括用地性质变更、容积率提升、用地分层管理三个方面。用地性质变更方面，东京都市圈站点周边的用地混合开发是促进新城发展、提升轨道客流的关键性举措，目前我国轨道交通站点周边用地多为划拨的交通用地，原则上不允许改变用地性质进行混合开发，建议尽快研究出台相关用地性质变更的实施办法。容积率提升方面，根据现有城市规划的相关规范，轨道交通枢纽周边用地容积率一般低于3.0，远低于东京都市圈10.0的平均水平，使得综合开发价值大打折扣，建议借鉴“特定整备区”经验，根据轨道枢纽客流集散能力合理提升容积率高限标准。用地分层管理方面，目前我国尚未出台同一地块地面、地下、空中空间分层开发和转让的相关规定，导致站点周边综合立体开发推进困难，建议借鉴日本“空中开发权置换政策”，尽快出台用地产权和开发权分层转让政策。

参考文献

[1]董治，吴兵，王艳丽，等.中国城市群交通系统发展特征研究[J].中国公路学报，2011，24(002)：83–88.

[2]吴文化，单连龙，刘斌，等.城市群客运交通发展的基本特征及系统框架研究[J].宏观经济研究，2010，000(004)：3–22.

[3]郭华，马艳.基于我国城市群交通结构特征的城市铁路发展策略[J].交通运输研究，2005，000(002)：85–88.

[4]陈必壮，杨立峰，王忠强，等.中国城市群综合交通系统规划研究[J].城市交通，2010(01)：13–19.

[5]李冬梅，李文权，范东涛.快速城市化地区城市群交通发展研究[J].交通信息与安全，2013，031(005)：25–29，35.

[6]刘金江.城市群交通规划研究[D].西安：长安大学，2004.

[7]舒慧琴，石小法.东京都市圈轨道交通系统对城市空间结构发展的影响[J].国际城市规划，2008，023(003)：105–109.

[8]周鹤龙.美国大都市区交通规划及其启示[J].国际城市规划，2002(5)：50–52.

[9]姚士谋，朱振国，官卫华.大都市圈域交通走廊建设的新思维[J].城市，2003(05)：9–12.

[10]李少星.大都市区综合交通体系的构建[D].长春：东北师范大学，2006.

[11]朱佳翔.都市圈交通物流优化研究[M].南京：南京大学出版社，2011.

[12]黄荣，毛保华，刘智丽，等.整合市郊铁路参与都市圈轨道交通的企业组织模式分析[J].物流技术，2010，29(7)：32–36.

[13]杨朗，石京，陆化普.日本东京都市圈的交通发展战略[J].综合运输，2005

(10)：75–78.

[14]田梦．综合运输通道客运交通结构优化方法研究［D］．北京：北京交通大学，2009.

[15]谢静．区域综合运输通道各种交通方式特性分析［J］．交通企业管理，2011，26(001)：57–59.

[16]胡新明．综合运输通道内运输方式的配置研究［C］// 中国科协年会：综合交通与物流发展研讨会．2013.

[17]张晓利．关于我国铁路全面融入综合运输体系发展若干问题研究［J］．交通技术，2014，003(004)：88–95.

[18]段进．国家大型基础设施建设与城市空间发展应对——以高铁与城际综合交通枢纽为例［J］．城市规划学刊，2009，000(001)：33–37.

[19]郭峰．城市综合交通枢纽的衔接换乘研究［D］．武汉：华中科技大学，2004.

[20]侯明明．高铁影响下的综合交通枢纽建设与地区发展研究［D］．上海：同济大学，2008.

[21]陈春生，吴群琪．基于城乡经济"一体化"的农村交通运输发展研究［J］．西安财经学院学报，2010.

[22]许云飞，金小平，曹更永，等．关于实现农村交通现代化的思考［J］．科学与现代化，2012，3：38–45.

[23]罗佩．西部农村交通基础设施有效供给问题研究［D］．西安：长安大学，2015.

[24]赵婉茹．农村交通运输基础设施供给机制问题研究及政策建议［D］．大连：东北财经大学，2012.

第六章 “十四五”传统基础设施智能化发展研究

加快传统基础设施智能化发展，推进5G、物联网、云计算、人工智能、大数据、区块链等新一代信息技术赋能传统基础设施，推动传统基础设施和网络信息新型基础设施协同发展，是实现传统基础设施高质量发展的必然路径，有助于形成适应智能经济和智能社会需要的基础设施体系，有利于培育数字经济新动能，可以推动经济社会现代化发展。

一、我国基础设施智能化发展现状

（一）传统基础设施智能化发展的和内涵和外延

我国经济已由高速增长阶段转向高质量发展阶段，正处在转变发展方式、优化经济结构、转换增长动力的攻关期，智能化发展对当今世界经济发展、社会进步、国际政治经济格局等方面产生重大而深远的影响。基础设施发展也面临着转型优化升级的关键时期。而传统基础设施的智能化发展代表了基础设施未来演进发展的重要方向。

传统基础设施智能化是指利用移动通信网络、物联网、人工智能等新一代信息技术对交通、物流、能源、水利、市政等传统基础设施进行数字化、网络化、智能化升级。传统基础设施智能化的过程是“云—网—端”信息基础设施与传统“硬件”设施融合的过程，数据是基本要素，连接是基础，算力是核心，融合是关键。

传统基础设施智能化发展是基础设施领域的重大变革，是提升基础设施全要素生产率的重要抓手，是基础设施高质量发展的重要支撑。传统基础设施智能化将进一步挖掘传统基础设施服务能力，实现服务智慧化和管理网络化，拓展传统基础设施服务空间范围，提高传统基础设施的运行效率、管理效率、服务能力，重构服务供给与治理体系。

传统基础设施智能化发展主要包括基础设施要素数字化、设施网联化、分析决策智能化。要素数字化是将传统基础设施部分部件按需进行数字化改造，根据管理需求设置智能感知设施，全面实现基础设施状态可观测、可检测。设施网联化是将所有信息化设施和智能感知设施联网，实现数据采集汇聚、智能设施间交互等。分析决策智能化是依托云计算、边缘计算、人工智能、大数据等设施和技术，对基础设施数据进行智能分析、处理，并进行智能研判决策。

开展传统基础设施智能化发展研究，可以有效支撑国家"十四五"重大基础设施高质量发展规划，以及各基础设施领域"十四五"规划，引导有效投资、促进各领域数字化转型，顺应新一轮科技革命和产业变革要求，有利于推动构筑国家竞争新优势。总体来看，我国传统基础设施智能化发展与发达国家相比起步较晚，目前处于发展初级阶段，各领域呈现发展不均衡态势。各类基础设施已经形成相对完善的政策体系，并取得大量实践经验。

（二）交通物流基础设施智能化发展快速演进

1.推动交通物流基础设施智能化发展的政策体系

智能交通是交通物流基础设施智能化发展的重点。智能交通作为人工智能与交通运输深度融合的重要领域，是综合交通发展的未来趋势，也是推动交通运输高质量发展的必由之路。交通物流基础设施智能化发展水平相对较高。从国家规划部署到地方试点测试，在实际开发和应用上取得了一定成效。在部分行业领域，智能化发展已经取得较为突出的成效，但智能交通总体框架和方向还缺乏统一规划和目标。在国家战略推动下，我国交通基础设施智能化快速发展，目前进入落实发展阶段。2016年7月，国家发改委、交通运输部印发了《推进“互联网+”便捷交通 促进智能交通发展的实施方案》，大力推进智能交通建设，促进现代综合交通运输体系发展。2017年1月交通运输部发布《智慧交通发展行动计划（2017—2020年）》，提出要在基础设施、生产组织、运输服务和决策监管等方面加强对智能交通的支持。2018年交通运输部、公安部、工信部都出台了相应的规划方案，间接地对我国智能交通发展起到了积极的推动作用。交通运输部围绕“交通强国”建设，规划实施了平安交通三年攻坚行动方案（2018—2020年），深化平安交通建设，优化完善智能交通发展体系，积极服务交通强国建设战略实施；公安部为加快推进汽车电子标识的推广和应用工作，印发《2018年道路交通管理工作要点》；工信部为进一步推动我国智能网联汽车的发展，发布了《智能网联汽车道路测试管理规范（试行）》，代表着我国无人驾驶汽车的发展或将进入一个全新阶段（表6-1）。

表6-1 交通物流基础设施智能化发展政策

序号	时间	领域	文件名	文件印发部门	主要内容
1	2019年7月25日	综合交通	数字交通发展规划纲要	交通运输部	促进先进信息技术与交通运输深度融合，以“数据链”为主线，构建数字化的采集体系、网络化的传输体系和智能化的应用体系，加快交通运输信息化向数字化、网络化、智能化发展，为交通强国建设提供支撑
2	2016年7月28日	综合交通	推进“互联网+”便捷交通 促进智能交通发展的实施方案	国家发改委、交通运输部	以旅客便捷出行、货物高效运输为导向，全面推进交通与互联网更加广泛、更深层次的融合，加快交通信息化、智能化进程，创新体制机制，优化营商环境，充分发挥企业市场主体作用，增加有效供给，提升效率效益，推动交通供给侧结构性改革，为我国交通现代化发展提供有力支撑

续表

序号	时间	领域	文件名	文件印发部门	主要内容
3	2016年7月29日	物流	"互联网+"高效物流实施意见	国家发改委	顺应物流领域科技与产业发展的新趋势，加快完善物流业相关政策法规和标准规范，推动大数据、云计算、物联网等先进信息技术与物流活动深度融合，推进"互联网+"高效物流与大众创业、万众创新紧密结合，创新物流资源配置方式，大力发展商业新模式、经营新业态，提升物流业信息化、标准化、组织化、智能化水平，实现物流业转型升级，为国民经济提质增效提供有力支撑
4	2019年8月12日	综合交通	智能交通近期行动方案	国家发改委、交通运输部等	以旅客便捷出行、货物高效运输为导向，聚焦出行体验、服务品质以及物流效率、管理效能等重点领域和关键环节，加快推进实施七大行动，提升交通供给质量和服务水平，为形成适应智能经济、智能社会的综合交通运输体系奠定坚实基础
5	2017年1月22日	综合交通	推进智慧交通发展行动计划（2017—2020年）	交通运输部	以方便公众出行、提高运输效率、增进交通安全、加强环境保护为切入点，按照"目标导向、模块推进、示范引领、市场驱动"的原则，聚焦基础设施、生产组织、运输服务和决策监管等重要领域，加快智慧交通建设，提升基础能力，加强集成应用。以试点示范为抓手，着力实现重点突破
6	2017年9月26日	客运交通	智慧交通让出行更便捷行动方案（2017—2020年）	交通运输部	推动企业为主体的智慧交通出行信息服务体系建设，促进"互联网+"便捷交通发展，让人民群众出行更便捷

《交通强国建设纲要》推动交通基础设施智能化发展的任务如下。

全面提升城市交通基础设施智能化水平。推广新能源、清洁能源、智能化、数字化、轻量化、环保型交通装备及成套技术装备。广泛应用智能高铁、智能道路、智能航运、自动化码头、数字管网、智能仓储和分拣系统等新型装备设施，开发新一代智能交通管理系统。提升国产飞机和发动机技术水平，加强民用航空器、发动机研发制造和适航审定体系建设。推广应用交通装备的智能检测监测和运维技术。加速淘汰落后技术和高耗低效交通装备

2.推动交通物流基础设施智能化发展的应用实践

我国在智能交通方面开展了大量实践。

在铁路领域，2019年12月，京张智能高铁开通运营，这是世界上第一条采用北斗卫星导航系统并实现自动驾驶功能的高铁，停准的误差在10厘米之内，节点约15%；列车车身安装有数千个传感器，可以随时检测车辆安全，保障运行安全；列车供电系统首次采用轮轨式机器人巡检，打破了人工巡检的局限性。

在公路领域，2019年12月，奥迪中国在延崇高速公路一封闭路段进行了乘用车编队的L4自动驾驶及网联汽车相关演示，覆盖7个高速公路驾驶场景。此次测试中，演示车辆组成车队完成了L4自动驾驶与基于C-V2X的车路协同的集成演示。在高速公路上，三辆演示车辆组成的自动驾驶编队与基础设施及其他车辆持续交互沟通，在收到限速预警、道路施工预警、前方堵车重点提醒、高优先级别车辆让行（如救护车）等C-V2X车路协同信号后，车辆无须驾驶员干预，自动进行相应的车速调整或变道超车等动作。

在城市交通方面，上海市轨道交通车辆智能运维系统于2019年1月被国家发改委批复为增强制造业核心竞争力关键技术产业化项目，成为城市轨道交通行业国家示范工程。上海地铁轨道交通车辆智能运维系统覆盖上海全部轨交线路，辅以运维管理手段的创新，初步实现城市轨道交通车辆运维由传统的计划修、故障修向状态修的转变。该运维系统由车联网系统、轨旁综合检测系统、维护管理信息系统组成，可完成从车辆运行到车

辆检测维护全过程的数据采集工作，并实现车辆状态检测自动化、车辆管理维护信息化、车辆数据应用智能化功能。

（三）能源基础设施由能源互联网引领发展

1.推动能源基础设施智能化发展的政策体系

能源基础设施智能化以能源互联网（智慧能源、互联网+能源）为重点，企业为主导的形式发展。能源互联网是一种互联网与能源生产、传输、存储、消费以及能源市场深度融合的能源产业发展新形态，具有设备智能、多能协同、信息对称、供需分散、系统扁平、交易开放等主要特征。在全球新一轮科技革命和产业变革中，互联网理念、先进信息技术与能源产业深度融合，正在推动能源互联网新技术、新模式和新业态的兴起。能源互联网是推动我国能源革命的重要战略支撑，对提高可再生能源比重，促进化石能源清洁高效利用，提升能源综合效率，推动能源市场开放和产业升级，形成新的经济增长点，提升能源国际合作水平具有重要意义。

2014年6月，习近平总书记在中央财经领导小组第六次会议上明确提出"四个革命、一个合作"能源安全新战略，要求立足我国国情，紧跟国际能源技术革命新趋势，以绿色低碳为方向，分类推动技术创新、产业创新、商业模式创新，并同其他领域高新技术紧密结合，把能源技术及其关联产业培育成带动我国产业升级的新增长点。国家电网提出构建"三型两网"的能源互联网目标，按照顶层设计、创新研发、示范试点、全面推广的步骤推进，目前处于顶层设计阶段。我国能源基础设施智能化发展以能源互联网发展建设为主。2016年，国家发改委、国家能源局发布《关于推进"互联网+"智慧能源发展的指导意见》和《能源技术革命创新行动计划（2016—2030年）》，为未来我国能源互联网技术的发展制定行动计划。2017年6月，国家能源局公布首批"互联网+"智慧能源（能源互联网）示范项目（表6-2）。

表6-2 能源基础设施智能化发展政策

序号	时间	文件名	文件印发部门	主要内容
1	2016年2月	关于推进“互联网+”智慧能源发展的指导意见	国家发改委、国家能源局、工信部	以“互联网+”为手段，以智能化为基础，紧紧围绕构建绿色低碳、安全高效的现代能源体系，促进能源和信息深度融合，推动能源互联网新技术、新模式和新业态发展，推动能源领域供给侧结构性改革，支撑和推进能源革命，为实现我国从能源大国向能源强国转变和经济提质增效升级奠定坚实基础
2	2016年12月	能源生产和消费革命战略（2016—2030年）	国家发改委、国家能源局	加速推动电气化与信息化深度融合。保障各类新型合理用电，支持新产业、新业态、新模式发展，提高新消费用电水平。通过信息化手段，全面提升终端能源消费智能化、高效化水平，发展智慧能源城市，推广智能楼宇、智能家居、智能家电，发展智能交通、智能物流。培育基于互联网的能源消费交易市场，推进用能权、碳排放权、可再生能源配额等网络化交易，发展能源分享经济。加强终端用能电气化、信息化安全运行体系建设，保障能源消费安全可靠
3	2019年3月	国家能源互联网发展白皮书2018	国家能源局、清华大学能源互联网研究院	我国能源互联网的发展历程，大致可分为两个阶段。第一阶段为2016—2018年，着力推进能源互联网试点示范工作阶段。第二阶段为2019—2025年，着力推进能源互联网多元化、规模化发展阶段。争取初步建成能源互联网产业体系，建成较完善的能源互联网市场机制，形成较为完备的技术及标准体系并推动实现国际化，形成开放共享的能源互联网生态环境

2.推动能源基础设施智能化发展的应用实践

在应用实践方面，中国石油、中国石化先后与腾讯、阿里签署了合作协议，建立长期、全面的战略合作伙伴关系，探索“互联网+”传统能源合作新模式。2019年年初，国家电网提出“三型两网、世界一流”战略目标，推动加强智能电网与泛在电力物联网协同并进，构成能源互联网平台，带动产业链上下游发展。2019年10月，国家电网发布《泛在物联网白皮书2019》，提出泛在电力物联网的建设分为两个阶段，到2021年初步建成泛在电力物联网，到2024年建成泛在电力物联网。2019年重点围绕着力构建能源生态、迭代打造企业中台、协同推进智慧物联、同步推进管理优化4条主线，明确了57项建设任务和25项综合示范。国家电网能源互联网顶层设计基本完成。

（四）水利基础设施发展由信息化向智慧水利升级

1.推动水利基础设施智能化发展的政策体系

智慧水利建设是水利基础设施发展的重点。智慧水利是指应用云计算、物联网、大数据、移动互联网和人工智能等新一代信息技术，对水利设施，如河流、湖泊、水库、水电站、水闸、监测站和取水口等，进行透彻感知、网络互联、广泛共享、智能分析和泛在服务，为水旱灾害防范与抵御、水资源开发与配置、水环境监管与保护、河湖生态监督与管理等提供现代化支撑的新型业务，主要由水利综合感知、水利信息传输、水利大数据、水利智能应用、水利网信安全和保障运维等体系构成。2003年，水利部正式印发了《全国水利信息化规划（“金水工程”规划）》，成为第一部全国水利信息化规划。从“十一五”开始，每年制定水利信息化发展五年规划，对水利信息化建设作出安排。此外，还印发了《水利信息化顶层设计》《水利信息化资源整合共享顶层设计》《水利网络安全顶层设计》以及防汛抗旱、水资源管理、水土保持、农村水利等方面的技术指导文件，发挥了水利信息化发展的指导和引领作用。2019年，水利部印发了《水利业务需求分析报告》《加快推进智慧水利指导意见》《智慧水利总体方案》《水利网信水平提升三年行动方案（2019—2021年）》四项重要文件，系统谋划了智慧水利发展的时间表、路线图、任务书，为当前和今后一段时期智慧水利规划、设计、建设和应用奠定了基础（表6-3）。

表6-3 水利基础设施智能化发展政策

序号	时间	文件名	文件印发部门	主要内容
1	2009年12月	水利信息化顶层设计	水利部	《顶层设计》在基础设施、业务应用和保障环境三大部分的基础上，提出了“水利信息化保障、水利信息系统运行环境、信息采集与工程监控、资源共享服务和综合业务应用等五大体系”
2	2017年5月	水利网络安全顶层设计	水利部	创新为动力，以需求为导向，以落实网络安全等级保护制度为抓手，以保护水利关键信息基础设施为重点，以可控为核心，坚持网络安全和信息化发展并重、管理机制和技术手段并举，确保水利关键信息基础设施安全可控，建立和完善水利网络安全保障体系，保障水利信息化健康发展
3	2019年7月	加快推进智慧水利指导意见	水利部	重点细化了推进智慧水利的保障措施，包括强化组织领导、健全制度体系、加大资金投入、完善标准体系、促进技术创新、加强队伍建设、开展先行先试等7个方面
4	2019年7月	智慧水利总体方案	水利部	深度融合遥感、云计算、物联网、大数据、人工智能等新技术，设计了智慧水利总体架构，确定了“天空地一体化”水利干之王、高速互联的水利信息网、智慧水利大脑、创新协同的智能应用、网络安全体系、保障体系等6项重要任务，明确了应用、数据、网络与安全、感知等4类10项重点工程，是智慧水利推进的顶层设计
5	2019年7月	水利网信水平提升三年行动方案（2019—2021年）	水利部	提出了实施网络安全防护提升行动、水利网络畅通行动、水利大数据治理服务行动、水文监测能力提升行动、水旱灾害防御联合调度行动、水利工程管理水平提升行动、节约用水与水资源执法能力提升行动、互联网＋政务服务能力提升行动等10项行动具体任务
6	2020年3月	关于开展智慧水利先行先试工作的通知	水利部	围绕水利业务中的难点和痛点，选择基础比较好，有代表性的流域和区域，围绕重点领域，强化新一代信息技术与水利业务的深度融合，推进智慧水利率先突破，示范引领全国智慧水利又好又快发展，驱动和支撑水利治理体系和治理能力现代化

2.推动水利基础设施智能化发展的应用实践

水利基础设施智能化发展正在从水利信息化向智慧水利升级，在水利部推动下出台了相关规划、基础设施初具规模，部分流域、地方也陆续开展了一些局部性、试点性的智慧水利建设。

在信息采集方面，截至2016年年底，综合信息采集体系初步形成，水雨情、工情等各类信息采集点超过20万处，自动采集率达到80%以上。

在通信网络方面，全部省级、95%地市级、76%县级水利部门实现了业务网联通，新一代水利卫星通信网的卫星小站扩充到810个。

在计算存储方面，初步建成水利部基础设施云，并搭建了"异地三中心"的水利数据灾备总体布局，省级以上水利部门配置各类服务器近6000套，存储能力近3PB。

在数据应用方面，以全国水利一张图为枢纽和桥梁，汇集了江河湖泊、水资源、水利工程等诸多领域的权威数据，初步实现了与各水利业务领域的信息互通，在信息资源整合共享、河湖监管、水利督查等方面开展应用。

（五）市政基础设施智能化发展建设进入全面统筹推进阶段

1.推动市政基础设施智能化发展的政策体系

市政基础设施智能化发展以新型智慧城市和数字孪生城市建设为重点方向，按照概念导入、试点建设、国家统筹的步骤推进。目前，智慧城市建设仍处于起步探索阶段，在技术功能、领域覆盖、商业模式等方面有待完善。

1）我国智慧城市建设历经三个阶段

第一阶段为2008—2012年，以智慧城市概念导入为阶段特征，各领域分头推进行业数字化、智能化改造，整体来看属于分散建设阶段。

第二阶段为2012—2015年，以智慧城市试点探索发展为阶段特征，在智慧城市部际协调工作组指导下，各业务应用领域开始探索局部联动共享，智慧城市步入规范发展阶段。

第三阶段为2016年启动至今，智慧城市发展理念、建设思路、实施路径、运行模式、技术手段的全方位迭代升级，进入以人为本、成效导向、统筹集约、协同创新的新型智慧城市发展阶段。从发展重点看，进一步强化城市智能设施统筹布局和共性平台建设，破除数据孤岛，加强城乡统筹，形成智慧城市一体化运行格局。从实施效果看，通过叠加5G、大数据、人工智能等新技术发展红利，推动智慧城市网络化、智能化新模式、新业态竞相涌现，形成无所不在的智能服务，让人民群众对智慧城市有更切实的现实获得感。

2）智慧城市一体化设计建设成为共识

智慧城市建设是一项涉及面广、统筹性强的系统性工程。智慧城市发展比较好的典型经验之一，是在“一把手”负责机制下明确专门推进管理机构，切实解决跨部门、跨层级的难点和“硬骨头”。成立大数据局等专门机构统筹管理智慧城市建设成为主流趋势，目前全国31个省、直辖市中已经有20多个成立了省级大数据主管部门（表6-4）。

表6-4 市政基础设施智能化发展政策

序号	时间	文件名	文件印发部门	主要内容
1	2015年8月	关于促进智慧城市健康发展的指导意见	国家发改委、工信部、科技部、公安部、财政部、国土部、住建部、交通运输部	建设智能化基础设施。加快构建城乡一体的宽带网络，推进下一代互联网和广播电视网建设，全面推广三网融合。推动城市公用设施、建筑等智能化改造。加快智能电网建设。健全防灾减灾预报预警信息平台，建设全过程智能水务管理系统和饮用水安全电子监控系统。建设交通诱导、出行信息服务、公共交通、综合客运枢纽、综合运行协调指挥等智能系统。建设智能物流信息平台和仓储式物流平台枢纽，加强港口、航运、陆运等物流信息的开发共享和社会化应用

续表

序号	时间	文件名	文件印发部门	主要内容
2	2017年5月	全国城市市政基础设施建设“十三五”规划	住建部、国家发改委	实施“互联网+”市政基础设施计划，加强通信光缆、局房、基站等信息通信设施建设。促进大数据、物联网、云计算等现代信息技术与市政基础设施的深度融合。发展智慧水务，构建覆盖供排水全过程，涵盖水量、水质、水压、水设施的信息采集、处理与控制体系。发展智慧管网，实现城市地下空间、地下综合管廊、地下管网管理信息化和运行智能化。发展智慧环卫，合理设计规划环卫管理模式，提升环卫作业质量

2.推动市政基础设施智能化发展的应用实践

智慧城市基础设施加快部署。

1）5G商用将为新型智慧城市建设赋能

截至2019年年底，我国已建成15万个5G基站。全国各地以5G网络建设为抓手，培育5G产业体系，推动5G建设与垂直行业应用融合建设，涉及“感知、分析、服务、指挥、监察”等多个环节，为市政基础设施、海洋管理、水务等提供实时反应、高效联动的5G应用解决方案。当前各地5G示范以低时延、高带宽的特性应用为主流，在40个试点城市中，5G+高清直播应用项目在试点城市覆盖率超过70%，5G+无人驾驶、车联网和远程手术等对实时性要求较高的应用也位居前列。

2）物联网感知设施向统筹规划、专网专用发展

截至2019年6月底，国家层面已经设立江苏无锡、浙江杭州、福建福州、重庆南岸区、江西鹰潭5个物联网特色的新型工业化产业示范基地，城市物联网感知设施统筹部署已成为智慧城市规划和建设的重点和必要内容。

3）智慧杆柱成为综合承载平台建设热点

2018年5月，工业部和信息化部、国务院国有资产监督管理委员会联合发布《关于2018年推进电信基础设施共建共享的实施意见》指出，积极推进通信塔与路灯、监控、交通指示等灯杆资源双向共享，推动“多

塔合一”“多杆合一”，各省市智慧路灯规划和建设快速推进。智慧路灯建设的行业标准、地方标准规范相继推出，2018年10月，住房和城乡建设部发布了《道路照明灯杆技术条件》；2019年4月中国照明电器协会发布了《多功能路灯技术规范》；2018年11月，广州市住房和城乡建设委员会发布了《广州市智慧灯杆及道路合杆整治技术导则》。

4）云边协同构筑城市泛在计算能力

数据中心行业政策环境发展持续向好，数据中心纳入国家新型工业化产业示范基地创建的支持范畴，各地纷纷出台数据中心电费补贴政策。多地开展边缘计算等新型计算试点布局，通信运营商开展5G MEC边缘计算布局试点，打造智慧港口、智能驾驶、智能制造等应用场景。

5）智能中枢形成数据枢纽与赋能中心

随着城市物联感知数据不断汇聚累积，以及大数据、人工智能、区块链等各类技术的深度应用，强化关键共性能力整合和统一赋能，成为消除数据孤岛、支撑上层业务条块联动的必然选择。智慧城市业务层共性能力单元逐步下沉，支撑平台层（数据共享交换平台、时空信息平台等）逐步扩张，聚合成为城市大数据平台、城市信息模型平台、共性技术赋能与应用支撑平台，形成强大的数据资源枢纽和能力赋能中心，成为向下统接智能基础设施、向上驱动行业应用的智能运行中枢。

习近平总书记考察调研杭州城市大脑运营指挥中心。2020年3月31日下午，习近平总书记在杭州城市大脑运营指挥中心，观看“数字杭州”建设情况，了解杭州运用健康码、云服务等手段推进疫情防控和复工复产的做法。习近平指出，用大数据、云计算、区块链、人工智能等前沿技术推动城市管理手段、管理模式、管理理念创新，从数字化到智能化再到智慧化，让城市更聪明一些、更智慧一些，是推动城市治理体系和治理能力现代化的必由之路，前景广阔。习近平希望，杭州在建设城市大脑方面继续探索创新，进一步挖掘城市发展潜力，加快建设智慧城市，为全国创造更多可推广的经验。

二、我国传统基础设施智能化发展面临的问题

（一）顶层设计和统筹规划亟须增强

我国交通物流、能源、水利、市政等传统基础设施智能化发展取得了一些成效，但基本都通过行业规划及行业内实践来推进，仍是单点建设为主。智能化发展的一个重要内容就是联网运行，只有大规模联网才能更好地发挥效率和效益，但现在缺乏基于网络化特点的统筹规划和顶层设计，存在跨行业、跨区域协调难度大，标准不统一、数据不互通等问题。此外，信息技术的发展变化也给智能化发展路径带来很大的不确定性，总体目标、推进路径、法律制度、标准制定、资金引导等方面还缺乏统筹考虑。

（二）传统建设运营管理模式面临挑战

传统基础设施智能化是将新一代信息技术与传统基础设施融合，以信息流驱动基础设施运行方式、业务流程和管理模式变革，是对业务流程再造、管理模式变革。原有的传统基础设施管理体制、管理模式、运作方式、人员结构等都需要根据智能化发展特点进行调整，传统基础设施智能化的建设模式也会出现较大变化，投入由谁来买单，带来的运营成本的节省、运行效率的提升如何评估，是否能够开展增值服务挖掘运营数据价值，这都需要进一步探索研究。

（三）信息化普及应用水平参差不齐

传统行业智能化应用水平总体上还处于初级阶段，大数据、人工智能、虚拟现实等技术尚未得到广泛应用、智慧功能尚未得到充分显现，对于传统行业建设、生产、管理、服务等各环节的赋能不足。不同行业之间信息化应用水平差异较大，电力、交通等已经开始智能化发展探索，市政等设施发展相对滞后。此外，由于投入机制等问题，地区间信息化水平差别也较大，对于车联网这样网络化要求比较强的应用，一些二三线城市道

路信息不完善、公共信息公开程度低，一定程度上也会影响整体智能化推广进程。

（四）网络安全和运行能力相对较弱

随着智能化应用的普及，传统基础设施将更多地依靠信息技术实行联网运行，数字世界和物理世界紧密联系，生活生产将取决于新型基础设施的网络安全和可靠运行。网络故障或者恶意攻击，将给社会带来不可估量的损失，甚至威胁国家安全。在推进智能化建设时，要强化网络安全管理，同步建设网络安全保障措施，在网络组织、技术选择等方面考虑提高网络可靠性。

三、传统基础设施智能化发展的形势和要求

（一）传统基础设施智能化发展面临的形势

从全球范围来看，新一轮科技革命和产业变革要求，网络信息技术发展为传统基础设施智能化发展提供有力支撑，网络信息技术正全面融入传统基础设施领域。信息基础设施与传统基础设施融合发展趋势明显，主要发达国家也都在通过国家政策引导传统基础设施智能化发展，从国家战略、法律、规划、标准等层面开展布局。

从国内来看，基础设施高质量发展要求以整体优化、协同融合为导向，统筹存量和增量、传统和新型基础设施发展。互联网、大数据、人工智能等技术正支撑传统基础设施转型升级，推动基础设施高质量发展，构建形成融合性新型基础设施，为经济社会转型发展提供新动能。

（二）基础设施智能化发展的要求

1.传统基础设施智能化发展的总体要求

传统基础设施智能化发展总体要求是实现传统基础设施智能化运行、

全局性管理、自动化部署和动态分析，提升行业资源优化配置能力、公共决策能力、行业管理能力、公众服务能力，推动传统基础设施更安全、更高效、更便捷、更经济、更环保、更舒适的运行和发展，实现传统基础设施高质量发展。

2. 交通物流基础设施智能化发展要求

交通物流基础设施智能化发展要求主要涵盖铁路、公路、港口航运、民航、城市交通、物流设施的智能化建设和应用。交通物流基础设施智能化发展要求是：交通物流基础设施和运载装备全要素、全周期地实现数字化升级，充分运用物联网、云计算、互联网、人工智能、自动控制、移动互联网等技术，通过网络信息技术汇集交通信息，使交通系统在区域、城市甚至更大的时空范围具备感知、互联、分析、预测、控制等能力，提高城市交通运输系统的管理水平和运行效率，为交通治理提供及时、准确、全面和充分的信息支持和信息化决策支持，为出行者提供全时空全链条的交通信息服务。

3. 能源基础设施智能化发展要求

能源基础设施智能化发展要求主要包括智能电源、智能电网、泛在电力物联网、智能油气管线的发展和应用。能源基础设施智能化的目标是：促进能源与现代信息技术的深度融合，推动能源生产、管理和营销模式的变革，重塑产业链、供应链、价值链，增强能源发展的新动力，实现智慧产能、送能、用能和节能。

4. 水利基础设施智能化发展要求

水利基础设施智能化发展要求包括农田水利、河源保护、防汛抗旱、工程建设与运行、水资源管理、水土保持等方面的设施智能化建设和应用。对水资源、河湖水域岸线、各类水利工程、水生态环境等涉水信息动态监测和全面感知是我国水利领域基础设施智能化发展的主要要求。

5. 市政基础设施智能化发展要求

市政基础设施智能化发展要求主要包括交通、桥梁、排水、照明、水务、燃气、热力、地下管线、园林等设施的智能化建设及应用，城市治理现代化、公共服务智能化是我国市政基础设施智能化发展的要求。

四、传统基础设施智能化发展的整体思路及建议

（一）传统基础设施智能化发展总体考虑

以全球新一轮科技革命和产业变革为契机，以智能化技术创新为引领，打通产业化链条，以打造经济社会数字化转型基础能力为目标，探索融合性技术和应用方案，积极推进5G、物联网、先进计算、人工智能、大数据等新一代信息技术与传统基础设施广泛深度融合，融合构建具备感知、连接、存储、计算、处理能力的新型基础设施，探索新型应用场景，创新建设运营模式，打造全球领先的智能化基础设施体系，实现传统基础设施高质量发展，为网络强国、数字中国、交通强国等建设奠定坚实基础，构建基础设施智能化发展体系，全面推动智能交通、智慧物流、智慧能源、智慧水利、智慧城市建设取得新进展。

（二）传统基础设施智能化发展基本原则

1）创新引领，数据赋能

以数据为关键要素，以新一代信息网络为载体，赋能交通运输及关联产业，推动产品、服务等联动创新，提升基础设施服务品质，让数字红利惠及人民，增强人民获得感。

2）共建共享，融合发展

充分发挥统筹规划、协同推进的制度优势，推动政企、行业、部省间协同发力。发挥市场主体作用，科学配置各类资源要素，构建跨界融合、共创共享的数字交通产业生态。以数据链促进多种运输方式高效衔接，促进政企间数据双向转化运用。

3）分类施策，因地制宜

依据技术产业成熟度、发展迫切性、国际产业竞争需要等分类施策，以全面布局、区域实施、试点示范、研究探索等多样化措施促进基础设施融合发展，结合地方需求因地制宜推进智能化创新应用，催生新产业模式成熟落地。

（三）传统基础设施智能化发展目标及重点方向

到"十四五"末期，我国传统基础设施智能化转型发展全面展开，智能交通、智慧物流、智慧能源、智慧水利、智慧城市等相关设施建设取得积极进展，基础设施智能化转型升级达到世界先进水平，基础设施运行效率、管理水平和服务能力得到大幅提升，形成一批适应我国国情的基础设施智能化发展模式和路径，关键基础设施网络安全可靠。

（1）围绕提高供给效率，以安全高效为目标，加快设施调度指挥、运行管理、状况感知、监测预警、运维巡检等系统的数字化、智能化改造，加强智能化铁路信号系统、干线公路重点区段感知、空管调度、数字航道、自动化码头、自动化分拣中心、智能电网调度系统、微电网、水利联合调度系统等建设。

（2）围绕提升服务品质，以精准便捷为目标，加快延伸拓展面向终端消费者的服务功能，并通过数字化精准识别对接需求来不断调整完善设施功能，提高设施服务互联网销售比例和票据电子化水平，加强智能用电用水及配送系统建设，推广客运枢纽内全景导航及全程行李托运等电子化服务，借助大数据跟踪用户行为完善设施规划设计。

（3）围绕催生业态创新，以产业链升级为目标，加快与装备制造、旅游、商贸、金融、环保等行业的深度融合，推动传统设施领域组织管理框架的调整和商业服务模式的重构，联动自动驾驶汽车制造业、地图导航服务业建设车路协同的智慧公路，联动新能源汽车产业、能源行业建设充电桩、加气站及电池组装配中心等设施，联动旅游行业发展风景道、景观铁路、“动域旅游”“全程出行规划”等设施及服务，联动商贸、金融等行业发展电商快递、供应链金融，促进传统运输企业向现代物流集成商转变。

五、传统基础设施智能化发展的主要任务

(一)加强基础设施智能化发展转型共性信息网络设施建设

1.构建数字化基础设施信息感知体系

1)推动基础设施全要素、全周期数字化

推动基础设施规划、设计、建造、养护、运行管理等全要素、全周期数字化。构建覆盖全国的高精度基础设施地理信息平台，完善基础设施工程等要素信息，实现对基础设施、物理设施的三维数字化呈现。针对重大基础设施工程，实现基础设施全生命周期健康性能监测，推广应用基于物联网的工程质量控制技术。建设覆盖全国的高精度时空基准服务能力。充分利用已有北斗卫星导航定位基准站网，推动建设全国统一的高精度时空基准服务能力。建立完善面向全口径基础设施领域统一标准的全国全息地理实体数据库和地理信息系统。持续完善和优化基础地图数据库模型与结构，构建地理信息系统快速动态更新和在线服务体系。

2)加快传统基础设施深度数字化改造

重点推进智能抄表、市政物联、交通物流等应用场景感知设施部署，完善传统基础设施“末梢神经元”。充分抓住5G等新技术发展机遇，利用5G大带宽、低时延和海量连接等特点，打造可复制的物联网行业解决方案，加强传统基础设施部件的智能互联。适时推进传统基础设施数字孪生体构建，推广物联网和感知终端的部署，推进信息系统与物理系统的高效集成与智能化控制，共同推进数字孪生体的构建，改进传统基础设施建设、管理、使用模式。

2.推动信息通信网络网联化设施建设

1）加快5G、千兆光纤宽带、卫星互联网等新型网络部署

打造全球领先的5G精品网络，加快5G形成城镇区域连续覆盖，结合垂直行业应用做好园区、码头、工厂、矿区及高铁等场景5G网络覆盖，推动5G与交通等典型行业的融合创新。打造超高速光纤宽带网络，加快推进千兆光纤宽带向机构单位、厂矿企业、工业园区等延伸。加快高带宽、低延时的低轨宽带通信卫星组网，为交通运输和物流、能源生产和传输、水利供水、城市市政设施等提供更便捷的联网方式。

2）建设适应行业数字化转型要求的智能高效骨干网络

持续提升网络承载能力，加快城域网和骨干网扩容，建设新一代超长距离、超大容量、智能调度光传输网络。继续优化互联网网络架构，推动建设新型互联网交换中心，提升跨网访问业务性能。坚定推进网络重构进程，加快网络软化和智能化改造，推动软件定义网络/网络功能虚拟化（SDN/NFV）等网络新技术的应用和部署，增强网络资源灵活适配和敏捷调度能力，提升行业端到端服务能力。

3）推动传统基础设施与信息通信新型基础设施一体化建设

促进基础设施专网与信息通信卫星互联网、公用互联网等深度融合，推进5G、卫星通信信息网络等部署应用，完善基础设施业务应用网络，形成多网融合的基础设施信息通信网络，提供广覆盖、低时延、高可靠、大带宽的网络通信服务。

3.加快行业智能化中枢决策平台发展

1）构建布局合理的数据中心设施

优化大型、超大型云计算数据中心在全国范围布局，加强西部、东北等能源富集地区数据中心聚集区建设，有序推动一线城市向其周边区域数据中心布局。根据交通物流、能源、水利、市政等行业应用需求，合理规划边缘数据中心区域布局方案，推广云计算与边缘计算协同应用。

2）加快构建行业统一的云计算平台

充分利用现有设施和数据资源，统筹建设行业云计算平台和大数据平台，重点开发建设标准统计、开放共享的基础数据中心，协同建设跨区域、跨行业数据共享和交换平台，统一开发符合行业需求的人工智能能力开放平台，用大数据、人工智能等技术为传统基础设施赋能，实现传统基础设施高效运营和智能化管控。

4.加强网络安全防护和可靠性保障

1）提高关键信息基础设施和重要信息系统的网络安全防护能力

随着传统基础设施数字化和智能化发展，传统基础设施也将面临越来越严峻的网络安全形势，可靠性要求也越来越高，要坚持安全和发展双轮驱动，以安全保发展，以发展促安全。贯彻国家相关安全法律法规要求，落实网络安全等级保护制度，加强网络安全设施与信息系统同步建设。

2）完善适应新技术发展的行业网络安全标准

加强公网和专网网络安全防护设施和防护机制的协同。完善和落实网络安全管理制度，做好关键信息基础设施安全保障和网络安全应急处置。强化自主创新能力，支持网络安全技术研发和产业发展壮大。提升和保障网络可靠运行，统筹考虑关键基础设施的信息系统整体架构、路由组织、节点备份，选用成熟稳定技术，做好供电防火预案。

（二）分领域推动传统基础设施智能化发展

1.推动交通物流基础设施智能化发展

1）全面实施交通基础设施网联化、智能化建设和改造

把握新一轮科技革命和产业变革发展机遇，以智能交通为主攻方向，推动人工智能以及云计算、大数据、物联网、移动互联网等现代信息技术与交通运输基础设施深度融合，将智能化发展贯穿于交通基础设施建设、运行、服务、管理等全链条各环节，不断加快交通运输现代化进程，推动

高质量发展。依托移动通信网络站址设施，构建新一代车用无线通信网络（V2X）设施等。推进交通标志标识等道路基础设施数字化改造升级，加强交通信号灯、交通标志标线、视频监控设施、通信设施、车载终端之间的智能互联。加快推进基于C-V2X技术的车联网设施部署，提高路侧通信设备与道路基础设施、交通管控设施的融合接入能力。在桥梁、隧道等道路关键节点部署窄带物联网（NB-IoT）等网络。建立综合信息数据库和多维监控设施系统。基于北斗地基增强网，建设覆盖全国的高精度时空服务系统。鼓励大中型港口根据实际需要部署不同等级的自动化码头系统，提升港口装卸、转场、调度等作业效率。全面推动智能港口建设，实现港口港区泊位联动运营。推动新一代空管系统部署，布局数字化放行和自动航站情报服务系统，实现飞行任务四维航迹管理，促进民航飞机起降效率和安全性达到世界先进水平。加强无人化物流配送载具推广应用，加快智能配送快递箱布局建设。

2）加快完善重点交通物流信息平台

加快完善国家综合交通运输信息平台、国家物流公共信息平台、国家交通地理空间信息平台、国家交通基础设施大数据平台等一系列国家级信息平台。面向未来智能汽车发展，统一部署、协同共建智能汽车大数据云控基础平台，逐步实现车辆、基础设施、交通环境等领域的基础数据融合应用。推动交通定位导航、出行服务、物流电商、交易结算等交通运输平台融合发展。鼓励集约布局交通运输和物流行业大数据中心，建立国家交通运输战略数据安全灾备基地。

2.推动能源基础设施智能化发展

1）推动能源生产设施智能化

鼓励建设智能风电场、智能光伏电站等设施及基于互联网的智慧运行云平台，实现可再生能源的智能化生产。鼓励用户侧建设冷热电三联供、热泵、工业余热余压利用等综合能源利用基础设施，推动分布式可再生能源与天然气分布式能源协同发展，提高分布式可再生能源综合利用水平。

促进可再生能源与化石能源协同生产，推动对散烧煤等低效化石能源的清洁替代。建设可再生能源参与市场的计量、交易、结算等接入设施与支持系统。鼓励煤、油、气的开采、加工及利用全链条智能化改造，实现化石能源绿色、清洁和高效生产。鼓励建设与化石能源配套的电采暖、储热等调节设施，鼓励发展天然气分布式能源，增强供能灵活性、柔性化，实现化石能源高效梯级利用与深度调峰。加快化石能源生产监测、管理和调度体系的网络化改造，建设市场导向的生产计划决策平台与智能化信息管理系统，完善化石能源的污染物排放监测体系，以互联网手段促进化石能源供需高效匹配、运营集约高效。

2）加快智慧能源网络设施建设

加快泛在电力物联网和智能电网建设，推进能源流、业务流、数据流集成融合。开展泛在电力物联网电力设备故障智能感知与诊断、源网荷储泛在资源的自主智能调控、综合能源的自治协同与多元服务技术及应用，构建能源系统智能化运营体系；促进5G技术与电力物联网深度融合，开展5G+智能电网建设。聚焦社会用能新需求，培育电力行业新业态，大力开拓综合能源服务、电动汽车、电子商务、储能等新兴业务，共建、共享、共赢的能源互联网生态圈。积极发展用户侧智慧用能和综合用能增值服务、新能源智能微电网等新模式和新业态，推动电网从单一供电向综合能源服务平台转变。建设接纳高比例可再生能源、促进灵活互动用能行为和支持分布式能源交易的综合能源微网。建设以智能电网为基础，与热力管网、天然气管网、交通网络等多种类型网络互联互通，多种能源形态协同转化、集中式与分布式能源协调运行的综合能源网络。建设高灵活性的柔性能源网络，保证能源传输的灵活可控和安全稳定。

3）加快智能化充电补能基础设施建设

以用户居住地停车位、单位停车场、公交及出租车场站等配建的专用充电设施为主体，以公共建筑物停车场、社会公共停车场、临时停车位等配建的公共充电设施为辅助，以独立占地的城市快充站、换电站和高速公路服务区配建的城际快充站为补充，全面提升城市汽车充电设施的部署密度和使用经济性，有序推动电动出租汽车和公交汽车使用换电设施。形成电动汽车充电基础设施体系。开展"多站融合"示范建设，利用变电站站址、通信网络和电力资源，开展数据中心站、充（换）电站、加氢站、5G基站、储能站、北斗基站和光伏站等多站融合新模式。加强汽车充电加氢设施在高速公路和普通国省干线沿线布局。

3.推动水利基础设施智能化发展

1）提升水利信息感知能力建设

深度融合遥感、云计算、物联网、大数据、人工智能等技术，构建天地一体化水利监测体系，加快水文观测站提档升级，构建水文、水资源、水利工程、水土流失等智能感知体系，推进中小水库、地方、水闸、水电站、灌区等领域安全监测预警设施建设和技术应用。开展水库、堤防、水闸等要素的更新。推进水利大数据中心建设，提升数据分析处理能力。完善水利业务数据体系，以基础数据、监测数据、业务管理数据为基础形成统一的水利数据资源体系，打造水利大数据中心。

2）提升水利信息传输和交互能力

加强水利卫星通信网络建设，研究拓宽卫星通信带宽资源，探索新型通信卫星网络在水利行业应用，加强北斗三号卫星、新型遥感卫星在小型水库安全监测预警中的研究应用。建立国家部委与长江委、黄委、淮委、太湖及部分省份的基础数据同步和服务调用机制，开展水库地方、水闸等水利要素数据更新。充分应用国家数据共享交换平台，实现部门间数据共享。推动流域和省级水利一张图应用。

3）创新水利发展模式推动数字治水应用

充分整合利用各类水利信息管理平台，加强对水利信息化资源的统筹管理、优化配置、集约利用，强化信息共享和业务协同，提升水利信息化的投资效益和综合应用水平。推动水资源信息网络覆盖和互联互通，进一步加强计算和存储能力建设，建设高度集成的水利大数据中心，逐步形成智慧水利大脑。加快全国智慧水利网络建设，建设多元共治的系统治水体系。运用大数据等现代化手段实现对区域、流域水资源精准调配和智能调控，实现对水资源、河湖水域岸线、各类水利工程、水生态环境等涉水信息动态监测和全面感知。加大水资源监控体系建设，加强对水资源“三条红线”监测以及洪水灾害预警监测，共建汛情、雨情监测预报和发布系统，纳入统一的地质灾害信息管理和预警系统。完善水利工程建设管理与信用信息平台，提高水利基本建设、运行维护的管理水平和规范化程度。

4.推动市政基础设施智能化发展

1）集约建设城市综合信息载体

统筹推动多功能信息杆柱建设，统筹规划城市智慧灯杆升级改造，试点推广“一杆多用”集约建设的智慧灯杆建设，构建城市统一杆塔信息平台，探索建立杆塔资源共建共享和有偿使用制度。推动智慧管网（廊）建设，面向地下管网、综合管廊维护无人化和管理智能化需求，统筹部署或预埋环境感知、状态监测、信号传输、运行控制等各类数字化基础设施，建设支撑管网、管廊智能检修设备的综合运营平台、数字化管理接口，实现城市地下空间、城市地下管网、管廊的管理信息化和实时监测、自动预警、智能处置的智能化运行。

2）推广“水电气”三表合一

推广“多表合一”信息采集系统和终端建设，实现水、电、气三表信息的联合集中自动采集和跨行业用能信息资源共享，减少人工抄表工作量和硬件重复建设，打通家庭电表与水表、天然气表数据，开通“一键缴费”“水电气”数据的用量提醒、远程断电及开关阀门等智能便捷新型服务，为政府企业提供节能降耗、减排增效等政策的数据支撑，为城市居民提供信息化、自动化、互动化的水、电、气综合服务模式。

3）加快"海绵城市"感知设施建设

建设"海绵城市"可视化、可预警的智慧监测管控平台，在试点区域内部署气温、雨量、液位、流量、水质等各种感知监测设备，重点对人工湖、景观河、蓄水池等雨水调蓄重要海绵体节点、河流断面、排水管网的关键节点等重要位置进行水位和水质监测，为城市水资源、水环境、水安全的综合管理和海绵城市建设成效的评定提供数据支撑。

六、保障措施

（一）加强顶层设计统筹推进

传统基础设施智能化发展强调网络化运营，提倡统筹建设、一体化运营，避免分立建设运营，需加强前期规划和顶层设计，解决好并行建设面临的网络互连、信息互通等问题。同时，传统基础设施智能化改造的跨行业、跨领域属性突出，涉及多个主管部门，需要加强跨部门统筹管理，从政策法规、标准制定、试点示范、商用落地等各个方面协同推进。在实施过程中，要充分发挥政府和行业主管部门的主导作用，调动多方参与积极性，坚持市场化运作，合力推进新型基础设施建设。

（二）建立跨部门跨行业协作机制

基础设施智能化升级是一项复杂的工程，涉及多领域、多层次的建设主体，涉及各种各样的技术和标准，需要加强跨部门、跨区域、跨业务间协作。一是建立信息通信、交通运输、电力能源等主管部门共同参与机制，研究解决高质量融合发展所面临的合作机制、协作流程、标准规范等问题。二是推动行业专网与公网协调发展，处理好公网和专网的定位，充分利用公网覆盖广、速率高等特性为行业用户提供一般性的普遍接入和服务；针对特定行业需求碎片化，需求模糊化，行业、企业、组织标准众多等特点，通过专网为行业用户提供特定的高可靠和高安全性的定制化服务。加强信息通信运营企业、ICT集成企业、互联网应用企业与传统基础设施企业协作，共同提升传统基础设施数字化、网络化、智能化水平。三是推动建立跨行业、跨领域、跨部门数字基础设施标准协同发展机制，加快完善面向数字化应用的基础设施工程建设标准，为公用和专用信息通信基础设施部署提供便利条件，推动信息通信基础设施与传统基础设施同步规划、同步设计、同步建设、同步运维。发挥企业在标准研究方面的作用，积极参与国际标准制修订的协调、交流与合作。

（三）鼓励建设和应用模式创新

传统基础设施智能化转型资金需求大、持续投入时间长、技术水平要求高，应以创新的思维突破传统基础设施发展路径，吸引社会资本加入，在高效提供高质量公共服务的基础上，创新商业模式，构建数字经济新模式。专业化运营是新型基础设施发展的重要路径，智能化改造需要新一代信息技术与传统基础设施融合发展，技术性强、迭代式创新快、融合型ICT人才需求大，需要建立专业化企业进行建设运营管理。建议通过放宽市场准入、扩大数据开放、政府购买服务等形式，为企业提供模式创新机会，吸引更多企业参与投资、建设和运营有合理回报或一定投资回收能力的可经营性基础设施项目。

（四）加大融合技术创新与应用支持力度

有别于传统基础设施技术与标准比较成熟、信息技术演进快、智能化改造缺乏统一的建设标准规范，在推进传统基础设施数字化、智能化转型时，应充分考虑技术的演进，在顶层设计指引下，积极推动试点，总结经验，分步实施。同时，从国家重点专项等方面加大支持力度，鼓励企业技术创新，加快信息网络、云计算、人工智能等公用型、新型基础设施建设，加强5G、人工智能、物联网等新一代信息技术与传统基础设施的融合，加快现代信息技术在行业中的集成应用创新与成果转化。

参考文献

[1] 陈晓博 . 智能交通高质量发展研究 [M]. 北京：中国社会科学出版社，2020.

[2] 交通运输部推进交通强国建设领导小组 . 交通强国建设专项研究成果汇编 [M]. 北京人民交通出版社，2020.

[3] 汪鸣 . 物流产业发展规划理论与实践 [M]. 北京：人民交通出版社，2014.

[4] 童光毅等著 . 智慧能源体系 [M]. 北京：科学出版社，2020.

[5] 刘满杰，谢津平 . 智慧水利创新与实践 [M]. 北京：中国水利水电出版社，2020.

[6] 秦虹，苏鑫 . 城市更新 [M]. 北京：中信出版集团，2018.

[7] 金江军 . 智慧城市：大数据、互联网时代的城市治理 [M]. 北京：电子工业出版社，2021.

[8] 徐宪平 . 新基建：数字时代的新结构性力量 [M]. 北京：人民出版社，2020.

第七章　我国能源输送基础设施现状及“十四五”发展战略需求

21世纪以来，我国处于工业化加速发展时期，能源电力消耗强度大幅增长，囿于我国能源资源分布特点，为保障东部地区能源安全稳定供应，国家加大了西气东输、西电东送、北煤南运等重大能源基础设施建设。截至2019年，我国能源输送基础设施建设得到了长足进展，已经建成世界规模最大电网、建成规模较大的国家油气管道系统、建成了相当完善的煤运通道基础设施体系。尽管如此，我国能源输送基础设施发展仍面临一些严峻挑战，主要体现在电网、油气管网的安全运行方面。同时天然气管网建设相对滞后、互联互通相对不足，部分地区煤炭运输存在瓶颈。“十四五”时期，建议进一步完善能源输运设施及网络体系，如优化电网主网架布局和结构、加快重要电力通道建设、加快充电基础设施建设、全面加强天然气管网建设和互联互通、合理调整铁路煤炭运力布局等。

从能源行业发展视角来看，能源基础设施是指为能源生产和消费提供服务的工程设施。具体地，从服务电力供需体系来说，发电厂、电网和储电设施是电力基础设施，用户端不算电力基础设施；从服务油气供需体系来说，油气管网、炼化厂、储油气、接收站和加油站等是油气基础设施，油气生产车间及燃油汽车等都不算油气基础设施；从服务煤炭供需体系来说，专用煤炭铁路、公路、水运通道、专用港口码头、大型储备集散中心等是基础设施，煤矿、中小配煤点都不算基础设施。此外，服务于电动汽车产业发展的充电桩等也作为基础设施，城市热网一般属于市政基础设施范围，跨区域长距离的输热管网可作为热力的基础设施。

本章主要探讨能源输送基础设施，重点包括电网通道、油气管网通道和煤炭运输通道等基础设施。其他能源基础设施暂不体现在该范围之内。

一、中国能源输送基础设施发展现状

总体上，我国能源输送基础设施建设成效显著，有效支撑了全球最大能源系统的高效运转。一是建成世界规模最大电网。截至2019年年底，全国220千伏及以上输电线路回路长度已达75.5万千米，变电设备容量已达42.6亿千伏安，分别是2010年的2.7倍和2.1倍；已建成数十条全球电压等级最高的特高压输电线路，保障电力资源的优化配置。二是建成规模较大的油气管道系统。截至2018年年底，全国已建成的陆上油气长输管道里程达到13.6万公里，已基本形成西油东送、北油南运、西气东输、北气南下、海上登陆、就近供应的油气管道供应格局。三是LNG接收站设施能力快速增长。截至2019年年底，全国投产LNG接收站21座，总接卸周转能力达到6695万吨。四是建成相对完善的煤运通道基础设施。铁路煤炭运量年均超过20亿吨，占全国煤炭生产总量的50%~60%。五是煤运中转港口吞吐能力强。近年来全国港口发运量保持在6.5亿吨左右，占煤炭生产总量的17%左右。

（一）中国电网发展现状

“十三五”以来，我国电力工业发展取得巨大进步。电网体系规模最大，运行良好，有效保障了我国世界第一规模的可再生电力装机稳定运行和可再生电力消纳。

1.我国已建成世界规模最大电网

全国电网划分为六大电网，由两大集团分别管理，形成以六大区域电网为主体，区域电网交直流互联，覆盖全部省（区、市）的大型电网，实现除台湾以外的全国联网。其中，东北电网、华北电网、华中电网、华东电网和西北电网属国家电网公司，南方电网属南方电网公司。

截至2019年年底，全国220千伏及以上输电线路回路长度已达75.5万千米，变电设备容量已达42.6亿千伏安，与2015年相比分别增加14.4万千米和11.3亿千伏安，分别增长23.6%和36.1%。电网建设保证了20余亿千瓦的电源并网，满足了7万亿余千瓦时的电量需求，支撑了社会经济快速发展，服务人口位居世界首位。截至2018年年底，全国跨区电网输电能力达到1.36亿千瓦，全年完成跨区送电量4807亿千瓦时，完成跨省送出电量12936亿千瓦时。将西部、北部大型基地的电能经济高效地输送到东中部负荷中心，其中清洁能源超过一半，有力支撑了西部地区水电、风电、太阳能发电的开发利用（图7－1）。

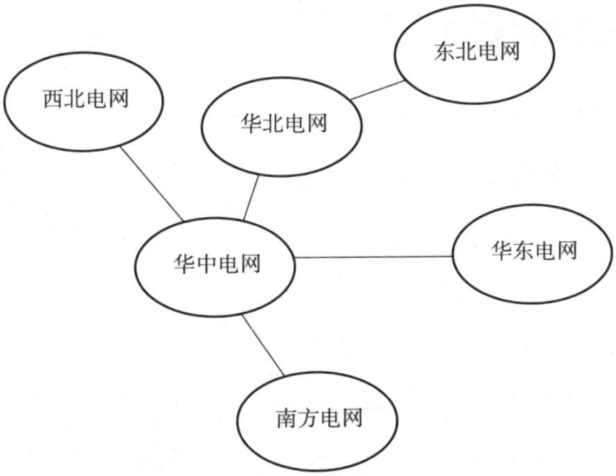

图7-1　全国电网结构示意图

截至2019年年底，国家电网已累计建成22条特高压输电线路，特高压输电线路累计送电量超过11457.8亿千瓦时，保障电力资源的优化配置。我国特高压输电技术成熟，商业应用领先世界。特高压是指电压等级在交流 1000 千伏及以上和直流 ±800千伏及以上的输电技术，具有输送距离远、容量大、损耗低和效率高等技术优势。从近几年特高压建设来看，2019年全国共有张北—雄安、驻马店—南阳、青海—河南、陕北—湖北、雅中—江西5条特高压线路开工建设。2018年开工的乌东德电站送电广东广西特高压线路、北京西—石家庄1000千伏交流特高压目前正在建设中。截至2020年3月，我国共有25条在运特高压线路、7条在建特高压线路以及7条待核准特高压线路。

2.在电网的安全保障下，我国清洁电力装机和消纳增长全球领先

截至2019年年底，我国总发电装机容量达到20.1亿千瓦，比2015年净增5.04亿千瓦，增长33.4%。其中火电11.91亿千瓦，水电3.56亿千瓦（含抽蓄3000万千瓦），风电2.1亿千瓦，太阳能发电2.05亿千瓦，这几项数据均居世界第一；核电装机4874万千瓦，仅次于美国和日本。火电、水电、风电、太阳能发电和核电分别比2015年增加2.0亿千瓦、3703万千瓦、8175万千瓦、16310万千瓦和2157万千瓦，分别增长20.2%、11.6%、63.7%、392.3%和79.4%。

（二）油气管网发展状况

我国已建成规模较大的油气管道系统。截至2017年年底，全国已建成的陆上油气管道里程达到13.3万公里，已基本形成西油东送、北油南运、西气东输、北气南下、海上登陆、就近供应的油气管道供应格局。LNG接收站设施能力快速增长，截至2019年年初，全国投产LNG接收站21座，总接卸周转能力达到7325万吨。

1.油气骨干管网基本形成，构建了我国油气供应格局

21世纪以来，随着我国社会经济的快速发展、加大西部大开发和推动“一带一路”倡议的实施，我国油气骨干管网建设掀起新高潮。中国石油陆续建成投产了西气东输一线、二线、三线及陕京管道系统、中俄原油管道、中缅油气管道等一批重点工程，构建东北、西北、西南、海上四大油气战略通道，基本构成“西油东送、北油南运、西气东输、北气南下、缅气北上、海气登陆”的油气供应格局，油气骨干管网总里程超过10万公里。目前，我国陆上油气管道基本形成了连通海外、覆盖全国、横跨东西、纵横南北的全国性原油、成品油和天然气管网供应格局，我国油气骨干管网保障体系基本形成，覆盖我国30多个省、市、自治区和特别行政区，近10亿人受益，在保障国家能源安全方面发挥了巨大作用。我国四大进口油气通道，分别为海上通道、西北通道、东北通道和

西南通道。

2.“全国一张气网”布局初步形成，天然气互联互通工程加快推进

截至2018年年底，全国天然气长输管道总里程近7.6万千米，一次输气能力3200亿方/年，覆盖30个省份。蒙西管道与天津管网、中缅管道等加快推进。考虑省级支线在内，全国天然气管道里程10.8万公里。随着天然气支线管网和城市管网的建设，使互联互通进一步升级。通过互联互通，现有的管道能力有效联通、整合，促进天然气资源调配更加高效、便利。同时，形成国家基干管道、国家支干线、省级干线、省级支线等不同层级管网；形成央企占70%、省属国企19%、民企及其他11%的不同主体运行模式。

3. LNG接收站得到大幅进展

截至2019年年底，全国已建成并投产LNG接收站21座，总接收能力7325万吨/年，主要分布于珠三角沿海区域、长三角沿海区域和环渤海沿线地区，福建、山东、海南和广西也有个别接收站。我国在建LNG接收站7座，一期接收能力为1620万吨/年。另外，唐山LNG接收站、青岛LNG接收站、如东LNG接收站等开启扩建工程，投产后接收能力将显著提升。

从接收站布局来看，华北、华东、华南三足鼎立，华北、华东地区利用率较高。2019年年初，华北沿海地区有5座接收站，设计年接收能力2070万吨，接收站利用率为77%；华东沿海地区有6座接收站，设计年接收能力为2165万吨，接收站利用率为71%；华南沿海地区有10座接收站，设计年接受能力为3090万吨，接收站利用率为44%。近年来，我国接收站整体利用率只有50%~70%，但相比之下，已处于国际上较高位置。全球LNG接收站历年利用率不足50%。

4.初步形成一定规模的储气库能力

截至2018年年底，调峰能力为160亿方左右，占当年消费量5%；已建成地下储气库26座，调峰能力达130亿立方米，有效工作气量89亿立方米。根据国家规划，2020年全国地下储气库累计形成工作气量至148

亿方；预计2030年达到400亿方。

（三）中国煤炭运输通道建设情况

煤炭基础设施主要包括煤运通道、储备中心和煤运港口。由于公路通道不仅仅作为煤炭运输功能，本书的煤运通道主要论述铁路通道。总体上来看，我国铁路煤运通道总架构有：华北地区的西煤东运通道，华北向华南、华东和华中地区的北煤南运通道，以及华南地区的"西煤东运"通道。

全国煤运通道基础设施相对完善，铁路煤炭运量年均超过20亿吨，占全国煤炭生产总量的50%~60%。煤运中转港口吞吐能力强，近年来全国港口发运量保持在6.5亿吨左右，占煤炭生产总量的17%左右。

我国煤炭生产和消费地区分布不平衡，当前晋陕蒙（新）地区是煤炭主要产区，煤炭生产大于消费，是煤炭输出区。华东、华南和华中地区煤炭消费大于生产，是煤炭输入区。目前，根据"三西"煤炭生产和消费由西向东、从北至南的流向，已形成了由大秦铁路、丰沙大铁路、京原铁路、集通铁路、朔黄铁路、石太铁路、邯长铁路、太焦铁路、侯月铁路、陇海铁路、西康铁路、宁西铁路、浩吉铁路13条干线煤炭外运通道。2019年全国铁路煤炭运量完成24.6亿吨，同比增加7700万吨、增长3.2%，但增幅比2018年下降7.4%。从铁路属性来看，国家铁路完成17.15亿吨，同比增加4580万吨、增长3.4%；地方和企业铁路完成7.45亿吨，同比增长3120万吨、增长2.9%（表7-1，图7-2）。

表7-1　2019年重点煤运通道煤炭运输量

铁路线	运输量／万吨	同比增速 /%
大秦线	43400	−3.8
朔黄线	30450	−0.2
蒙冀线	7800	45.0
瓦日线	6100	79.4
浩吉线	400	—

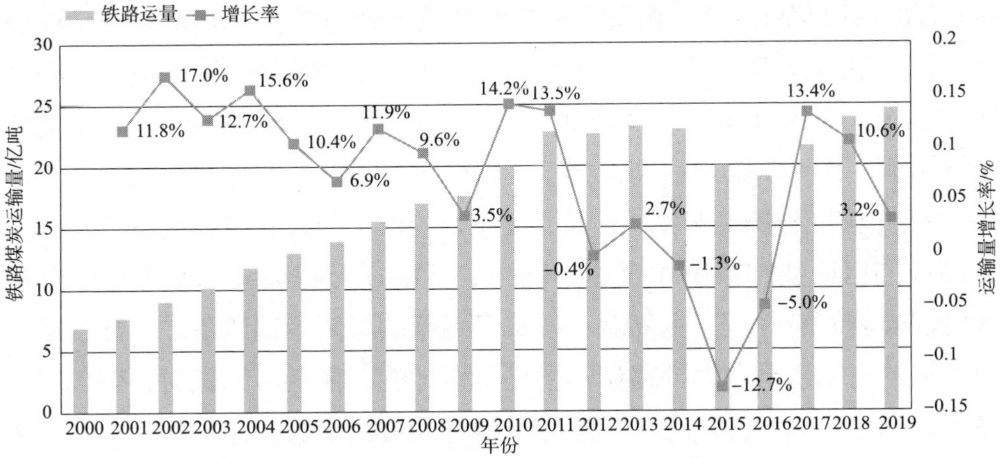

图 7-2　2000—2019 年铁路煤炭运输量

1.华北地区西煤东运通道

我国煤炭产需分布格局决定了晋陕蒙地区（特别是山西、陕西北部和内蒙古西部，即“三西”地区）煤炭，向华东和华南地区，主要是上海、江苏、浙江、福建、广东、湖北、湖南和江西等省市运输，这也是传统意义上的北煤南运。我国北煤南运运量大、运距长，主要采用铁路、海运和内河水路运输。京沪、京九、京广、焦枝等铁路，沿海、长江和京杭运河水路运输线都是北煤南运的主要线路。“三西”地区煤炭东运主要由铁路运输，并且集中在北、中、南三大运输通道上。

1）北通道

北通道主要有大秦线、丰沙大线、京原线、张曹线等，以运输动力煤为主，重点担负晋北、蒙西和陕北煤炭基地至京津冀、东北、华东，以及秦皇岛、唐山、天津、黄骅等港口下水煤炭的运输，是“三西”煤炭外运的主要通路。2019 年北通路完成煤运量 8.51 亿吨，同比增加 1600 万吨，占“三西”煤炭外运总量的 68.6%，煤运北通路总的输送能力利用率 90%。

（1）大秦线（大同—秦皇岛）。大秦铁路西自山西省大同市与北同蒲铁路相交的韩家岭站，东至河北省秦皇岛市秦皇岛港，横贯山西、河北、北京、天津，全长 653 公里，是我国西煤东运的主要通道之一，也是我国铁路第一条开行重载单元列车的煤炭运输专线，经过多次改造升级，该线煤炭运输已超4亿吨/年。大秦铁路主要经营货物运输，尤其是煤炭运输业务。除了主要运载山西北部的煤炭，一些来自内蒙古西部、陕西北部的煤炭也由大秦铁路运出，在晋北、蒙西煤炭外运市场中占据85%以上的市场份额。大秦铁路是目前世界上运输能力最大的专业煤炭运输线路，其采用双线电气化重载技术，配置了大能力的机车和大载重专用货车，采用大规模的自动装卸系统和直达运输方式，依托万吨级装车站点和中国最大的煤炭装卸港——秦皇岛港，形成了完整的煤炭运输体系。大秦铁路上所使用的货车也是专为铁路和秦皇岛港设计的，在港口卸煤时，列车并不停下，而是慢速行进过程中，由翻车机自动进行卸煤，卸煤之后，列车遂通过环形线返回大同方向。大秦铁路原属于北京铁路大同铁路分局，至2004年10月，原分局改组成大秦铁路股份有限公司，负责该线的运营。

（2）丰沙大铁路（丰台—沙城—大同）。该线起于北京枢纽丰台西站，迄于大同西站，全长354公里；主要技术标准为国铁Ⅰ级，双线电气化，自动闭塞，限坡7‰；限制区段为沙城至张家口南，输送能力为客车24对，货运能力6500万吨。

（3）京原线（北京—原平）。该线起于北京枢纽石景山南站，迄于北同蒲线原平站，全长437公里；主要技术标准为国铁Ⅱ级，单线内燃，半自动闭塞，限坡12‰；限制区段为奇峰塔至徕源，输送能力为客车3对，货运能力1700万吨。

（4）集通铁路（集宁—通辽）。该线为铁道部与内蒙古自治区合资建成，起于京包线责红站，迄于大郑线通辽站，全长945公里；主要技术标准为国铁Ⅱ级，单线蒸汽，半自动闭塞，限坡6‰；限制区段为好鲁库至大板，输送能力为客车2对、货运能力1000万吨。煤炭来源主要为东胜、乌海和石嘴山等矿区。

（5）神朔黄线（神木—朔州—黄骅港）。该线自陕西省神木神东煤田东至河北省沧州市的黄骅港，全长815公里，是中国西煤东运的第二大通道，由神朔铁路和朔黄铁路组成，主要承担神府东胜煤田的煤炭外运任务；现为电力牵引，朔州至肃宁为双线自动闭塞，神木—朔州、肃宁—黄骅段为单线半自动闭塞；货运能力：神木—朔州段3000万吨，朔州—肃宁段8000万吨，肃宁—黄骅段3000万吨。2002年完成煤炭运量3037万吨，神朔黄线具备2亿吨/年的运输能力。

2）中通道

中通道主要有石太铁路，以运输焦煤和无烟煤为主，主要运输晋东、晋中煤炭至华东地区、中南地区以及青岛港的煤炭。2019年中通路完成煤运量1.13亿吨，增加300万吨，占“三西”煤炭外运总量的9.1%，能力利用率为92%。通路运距最短，运费节省效果明显，使瓦日线运力紧张的情况大幅度缓解。

（1）石太线（石家庄—太原）。该线东起河北省石家庄市，西到山西省太原市，全长231公里，共有车站35个，是山西煤炭外运的主要通道之一。石太线东接京广铁路、石德铁路，西与西蒲铁路、太焦铁路相通，是山西、河北两省联系的交通干道。石太铁路榆次至赛鱼段输送能力为客车13对，货运能力5000万吨，阳泉至石家庄段输送货运能力1.2亿吨。

（2）瓦日线（吕梁瓦塘镇—日照港）。该线又称山西中南部铁路通道、晋豫鲁铁路、晋中南铁路，西起山西省吕梁市兴县瓦塘镇，东至山东省日照港，是我国“十一五”铁路建设重点工程，是连接我国东西部的重要煤炭资源运输通道，是世界上第一条按30吨重载铁路标准建设的铁路，为国家中长期铁路网规划的重要组成部分。瓦日线建设工期为四年半，于2014年12月30日正式建成通车，设计标准为国铁一级、双线电气化，设计时速为120公里，设计货运能力每年2亿吨。

3）南通道

南通道主要有太焦铁路、邯长铁路、侯月铁路和南同蒲铁路，以运输肥煤和无烟煤为主，主要担负晋中煤炭至中南、华东及至日照、连云港等港口的煤炭运输。2019年，南通路完成运量2.75亿吨，增加3700万吨，能力利用率为75%，主要增量为瓦日铁路以及西康线运输陕煤至西南地区外运量，其余各线增幅较小。

（1）太焦线（太原—焦作）。该线起于南同蒲线修文站，迄于月山站，全长343公里；主要技术标准为国铁I线，太原至长治北为单线半自动闭塞，长治北至月山为双线半自动闭塞，限坡20‰；北段限制区段为修文至南王，输送能力为客车4对，货运能力1400万吨，南段限制区段为晋城北至月山，输送能力为客车5对，货运能力4400万吨。煤炭来源主要为西山和沿线的潞安、晋城等矿区。集运铁路主要有太原枢纽、沁沁线、武墨线和沿线各路，大部分转交新月线至河南、山东或日照港下水，小部分转交焦柳线南下至华中。

（2）侯月线（侯马—月山）。该线起于山西侯马，迄于河南月山，全长252公里，于1994年建成通车，是晋煤外运的南通路之一。侯月铁路向东的最终点是山东日照港，为与陇海铁路平行的一条铁路干线，可减轻陇海铁路负担，缩短西北与山东出海口的运距。侯月铁路沿线桥梁和隧道众多，货运能力为8000万吨。

（3）邯长线（邯郸—长治）。该线东起河北省邯郸市，西到山西省长治市，全长220公里，共有车站33个，现为单线半自动闭塞，内燃牵引，货运能力8000万吨。

（4）陇海线（兰州—连云港）。该线为一条从江苏连云港通往甘肃兰州的铁路，于1905年动工，1952年建成，全长1735公里。陇海铁路是贯穿中国东、中、西部最主要的铁路干线。西安—郑州输送能力为客对56对，货运能力7000万吨，郑州—徐州段输送能力为客车32对，货运能力7000万吨。铁路煤炭主要来源为神府、榆林、黄陵、蒲白、石嘴山等矿区，集运铁路主要有宝中线、成桐线、西延线、侯西线、南同蒲线等，其中部分转交焦柳线至湖北、湖南，部分转交京广线南下至湖北、湖南，部分转交至京九线至安徽、江西，部分转交至江苏、浙江。

2.北煤南运通道

我国北煤南运有两大流向，一是"三西"地区煤炭先通过西煤东运到达华中渤海或黄海等地港口，再经水路输往华东、华南，部分通过海进江再进入安徽、江西、湖北和湖南等地。二是陕西、内蒙古的煤炭经过浩吉铁路到达湖北、湖南和江西等华中地区。具体特征如下。

（1）该通道全部为"客货共线"的综合性运输通道。

（2）东中部的京沪、京广、京九、焦柳等主要通道运力紧张，增量空间较小。

（3）中西部的包西通道局部区段运力接近饱和，西安枢纽运力紧张；西康、襄渝、兰渝等西部通道运力相对富裕。

（4）运输能力布局总体表现为“北端大、南端小”。

（5）集疏运体系配套完善程度远不及西煤东运、铁水联运通道。

1）浩吉铁路（乌审旗浩勒报吉—吉安）

（1）自浩勒报吉南至江西吉安，途径蒙、陕、晋、豫、鄂、湘、赣七省区，全长1814.4km。浩勒报吉南—陶利庙（155.3千米）、岳阳—吉安（433.5千米）为单线预留复线条件；其余为双线（1225.6千米）（图7-3）。

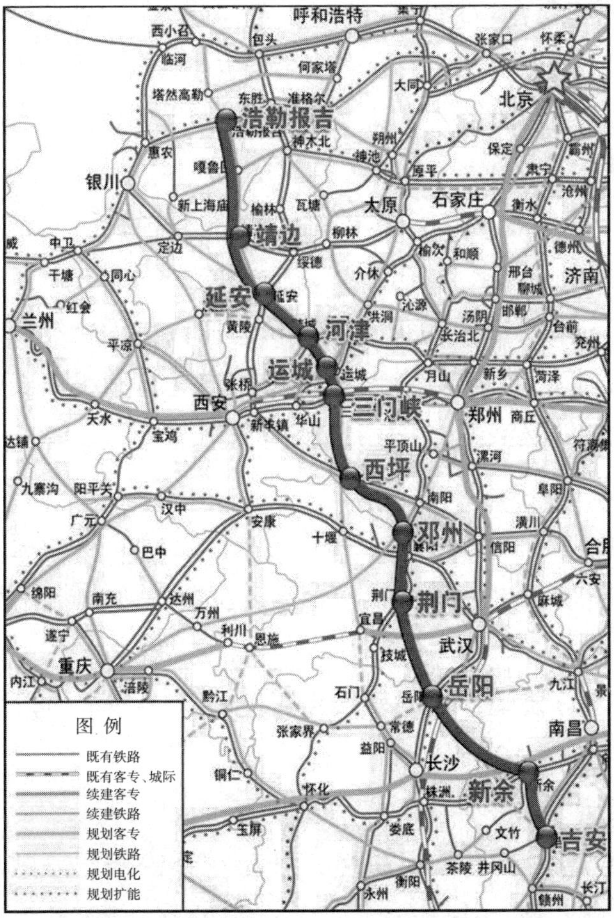

图7-3　浩吉铁路煤运通道地理位置示意图

（2）衔接东乌、新上、太中银、南同蒲、陇海、宁西、焦柳、京广、京九、沪昆等11条路网干线。

（3）主要技术标准：I级，电力，浩勒报吉南—襄州段10000万吨、部分5000万吨；襄州—吉安段5000万吨。

（4）国家批复的路网功能为：北煤南运新通道，西北至华中直通便捷新通道，国家综合运输通道组成部分。

2019年（投产三个月）完成400万吨运煤量，2020年1~3月完成330万吨，进入4、5月份后，由于大秦线检修、陕煤化集团集运线路靖神线实行运价优惠等政策，运量逐步上升，预计2020年上半年完成约800万吨，全年计划完成3000万吨左右。

根据浩吉铁路主要发展目标，2020年运输量6000万吨（现实已经难以完成），之后迅速达到1亿吨以上规模，并实现稳定增长。

2）西康铁路

该铁路起于西安枢纽内新丰镇站，迄于襄渝线吕河站，全长267公里。西康铁路限制区为窑村至吕河，输送能力为客车8对，货运能力为1500万吨，煤炭来源主要为黄陵、彬长、蒲白和澄合等矿区，集运铁路主要有咸铜线、侯西线和襄渝线，大部分转交襄渝线安康—襄樊段至湖北，小部分转交襄渝线安康—重庆段南下至川渝地区。

3）京广线

该线为贯通中国南北的重要铁路干线，起自北京，迄于广州，全长2313公里，主要承担"三西"煤炭疏运，主要为该线丰台西至武昌南段。

4）京沪线

该线全长1463公里，现为双线自动闭塞，内燃牵引，货运能力7300万吨，能力利用率为100%。

3.疆煤外运通道

疆煤外运通道主要是兰新铁路，既有兰新铁路已完成双线电气化改造，运输能力1亿吨，并已实现客货分线运营。2019年运力利用率约67%。2019年疆煤外运经铁路调出1178万吨，其中甘肃河西走廊地区

1025万吨，占87.0%，其余西南地区123万吨、中南地区30万吨。此外，临河—哈密铁路已经建成，作为疆煤外送的第二通道。

疆煤外运有其较大弱点，主要是运输经济性差，从主要的调出矿区淖毛湖至川渝地区运距约2600~2800公里，比鄂尔多斯和陕北地区调出距离长900~1200公里。乌鲁木齐作为末梢局，长期空车不足。

（四）近年来中国能源基础设施发展政策

“十二五”时期是我国能源基础设施建设的高峰时期。该时期主要加快西部能源基地建设，并依托西部能源基地，完善了电力输送等能源基础设施和能源基本公共服务能力，同时基于油气安全稳定供应保障能力建设，大力推进了油气管道基础设施建设。

“十三五”时期，总体上常态情况下我国能源安全保障压力减小，国家对能源基础设施建设主要是补齐短板，如部分跨区跨省输电线路建设、油气储备及输送能力建设等（表7-2）。

表7-2　能源规划中能源基础设施的发展要求和目标

规划	要求	具体量化目标
“十二五”能源发展规划	①加快建设山西、鄂尔多斯盆地、内蒙古东部地区、西南地区、新疆五大国家综合能源基地 ②统筹城乡和区域能源发展，加强能源基础设施和基本公共服务能力建设	①新增原油管道8400公里，新增成品油管道2.1万公里，成品油年输送能力新增1.9亿吨 ②新增天然气管道4.4万公里；沿海液化天然气年接收能力新增5000万吨以上 ③建成330千伏及以上输电线路20万公里，跨省区输电容量达到2亿千瓦 ④实现行政村通电，无电地区人口全部用上电 ⑤天然气使用人口达到2.5亿人
“十三五”能源发展规划	补齐基础设施短板	①新增跨区输电能力1.3亿千瓦左右 ②原油、成品油管道总里程分别达到3.2万公里和3.3万公里，年输油能力分别达到6.5亿吨和3亿吨 ③天然气管道总里程达到10万公里，干线年输气能力超过4000亿立方米

二、中国能源输送基础设施发展问题

尽管成就巨大，但我国能源输配基础设施仍存在一些短板和问题。

（一）电网安全稳定运行面临诸多挑战

随着电网规模的不断加大，电网运行管理也日趋复杂，安全风险明显加大，大面积停电风险依然存在。第一，随着电网的快速发展，电网的复杂性和脆弱性也大幅增加，交直流混联运行、短路电流超标、电磁环网等问题，加大了电网运行风险。第二，继电保护、安稳装置等二次系统在电网中得到广泛应用，但如果出现不正确动作，可能带来影响和风险，甚至可能会造成事故扩大。第三，风电、光伏等新能源快速发展，其间歇性、不连续性等特性客观上加大了电网控制的难度。第四，传统电网网架和现有电源的运行灵活性将难以适应现实需要，特别是东部负荷中心，负荷峰谷差越来越大，已不得不更多依赖大中型煤电机组进行调峰，安全稳定供应存在风险。第五，台风、地震、泥石流、山火等自然灾害和外力破坏多发频发，给电网安全带来较大影响。

造成上述问题的主要因素在于电力基础设施发展不均衡。第一，部分区域电网主网架结构不强，安全标准差异大，存在隐患。第二，农村地区供电可靠性较城市明显偏低，即使是已改造过的农网，电力供应依然存在“过载”和“卡脖子”等现象。第三，电网系统的调节能力和智能化水平不足。随着电网中波动性可再生能源发电比例不断提高，加之电动汽车快速发展，对电网系统的调节能力和智能化水平提出更高要求。第四，跨省跨区输电能力不足制约清洁能源更大范围消纳，受各种因素影响，西南地区汛期水电能力不能充分发挥。第五，特高压直流输电与落地省份受电能力冲突，电源、电网规划建设不平衡，导致一些特高压直流线路达不到设计利用小时数。

（二）油气管网安全可靠运行面临多重风险。

目前，我国油气管道承担了全国约99%的天然气、85%的原油和约半数的成品油输送，但管网互联互通程度不够，第三方开放程度低，用能高峰期制约资源统筹利用。油气管道与密闭空间、人员密集区、市政和民用管道、公路、铁路等相互交叉，存在被挤压占用和第三方破坏现象。现有部分油气管道运营时间较长，存在老化情况。此外，我国石油储备从无到有快速发展，取得了显著成效，但与100天净进口量的石油安全储备量（国家战略储备+企业社会责任储备）还有一定距离。特别是企业生产经营库存、社会责任储备等缺乏统一明确的规定，石油储备轮换、调用等机制尚需进一步完善。

（三）天然气管网建设滞后、互联互通不足

一是我国天然气管网发展还远未成熟。与国土面积相当的美国相比，长输管道密度仅为美国的1/7，却承担了相当于美国1/3的消费量。

二是不同主体的管网互联互通很弱，关键节点瓶颈制约以及不同管线压力等级不同，影响全国气量平衡和区域调配。

三是LNG接收站与管网连接程度总体较差，已连通的接收站仅12座、接收能力5630万吨/年。制约资源调配以及接收能力的充分释放。

四是部分已经连通外输管网的接收站仍受限于管输能力不足。例如，大连LNG接收站与大沈线相连，受大沈线管输能力限制，接收站气化外输能力不能充分发挥。从国内各LNG接收站利用率来看，虽然接收站整体利用率不高，但不同接收站之间的利用率差异较大，如宁波、青岛、上海洋山港等部分接收站处于超负荷运营状态，其中宁波接收站利用率接近200%，而海南洋浦、粤东、大连、北海、启东等接收站利用率在40%以下。

（四）部分地区煤炭运输存在瓶颈

近年来，煤炭供需格局发生的明显变化增加了煤炭运输压力，跨区域铁路输煤通道能力基本饱和，面临季节性和区域性运力紧张。特别是“三西”地区的大秦、石太、侯月等铁路运力已趋于饱和；新建成的晋中

南（瓦日线）、蒙冀（张唐线）等铁路由于配套的专用线、联络线、装卸站、堆场等设施建设滞后，以及运输组织等原因，运力尚未有效释放。晋中南铁路运力2亿吨，2017年煤炭运量仅2200万吨。西南、中南地区煤炭调入困难较大。湖北、湖南、江西每年需调入煤炭2.7亿吨，但京九铁路、京广铁路、焦柳铁路、浩吉铁路等北煤南运通道运力不足，水运又受到枯水期长江支流水位下降的制约，保供压力较大。

三、"十四五"时期中国能源输送基础设施发展建议和趋势展望

（一）建议完善能源输运设施网络

1.完善电力基础设施建设

进一步优化主网架布局和结构，加强区域内省间电网互济能力，推进配电网建设改造和智能电网建设，提高电网安全可靠性和运行效率。加强重要输电通道，特别是大气污染防治行动计划12条重点输电通道建设，打造坚强稳定的清洁能源大范围优化配置平台，不断提升电力系统平衡调节能力，保障大电网的安全稳定运行。根据目标市场落实情况，稳妥推进跨省区电力输送通道建设，加快西南水电外送通道建设，扎实推进陕西、青海、新疆、陇彬、白鹤滩水电和金沙江上游、中游等水电电力外送通道，以及闽粤联网工程前期论证。加强农村电网改造升级，补齐电力基础设施短板，提升乡村用能可靠性和灵活性水平。加快充电基础设施建设，为全国电动汽车推广应用夯实基础。

2.完善天然气基础设施建设

（1）全面加强管网建设和互联互通。加快完善和优化全国干线管网布局，基础设施建设和管网互联互通两手抓，消除管输能力不足和区域调运瓶颈的制约。加快管网改造升级，协调系统间压力等级，实现管道双向输送，最大限度发挥应急和调峰能力。当前要加快中贵联络线增输、陕京四线增输、广西LNG接收站与中缅管道联通、广东区域LNG接收站经西二线反输等11项互联互通重点工程建设。

（2）以优化落实环渤海地区LNG储运体系实施方案为重点，尽快完善全国的LNG储运体系。推动LNG接收站与主干管道间、LNG接收站间管道互联，消除"LNG孤站"和"气源孤岛"。支持国内LNG水路运输船发展，配套相关政策标准，推动LNG罐箱铁路运输和多式联运，积极推进试点示范。

（3）强化管道保护，进一步加强相关规划统筹协调，落实管道企业安全生产主体责任，持续推进安全隐患治理，防范打击相关违法违规行为，提升管网自身安全。

3.加快北煤南运大通道建设

在现有铁路网规划的基础上，紧密结合煤炭去产能后的生产格局，详细测算主要煤运通道需求和能力变化情况，完善铁路网规划，调整运力布局，消除煤炭运输瓶颈。优化车辆调配和运输组织，保障重点区域电煤运输。研究推进神木—瓦塘、靖边—神木等铁路建设，解决陕北地区煤炭调出问题。加快瓦日、张唐铁路配套专用线、联络线、装卸站、堆场等集疏运系统建设，尽早达到设计能力。加快北方主要港口铁路集疏港能力建设。推动新建铁路与已有路网的互联互通，协调解决配套设施建设中的资金不足、审批滞后等问题，提升运能利用效率。

（二）趋势和展望

1.电网发展趋势和展望

加快转变电力发展方式。摆脱传统电力发展模式，从数量追赶转向质量追赶，从规模扩张转向结构优化，通过清洁能源开发、能源高效利用、减少污染物排放等措施，发展低碳电力，推动电力行业转型升级，实现电力工业清洁、高效、可持续发展。一是在发电侧加强电网优化型发电技术应用。二是在电网侧加强电网基础设施建设，优化电网结构。三是在用户侧努力实现电网高效智能用电，不断提升电气化水平。

2.油气管网发展趋势和展望

在《中长期油气管网规划》中，2025年我国油气管道长度要达到

16.3万千米。目前在建和筹备中的接收站数量众多，未来年接收能力有望进一步提升。按国家发改委的规划，LNG接收能力预计在2025年前达到1亿吨。

3.铁路煤炭运输总体趋势

根据《国务院推进运输结构调整三年行动计划（2018—2020年）》发展目标和要求，加快新建浩吉、黄大铁路，改建京原电气化扩能；提高瓦日、邯黄等铁路既有线利用率；推动大宗货物集疏港运输向铁路和水路转移，2020年采暖季前，沿海主要港口和唐山港、黄骅港的矿石、焦炭等大宗货物原则上主要改由铁路或水路运输。目前，这一行动计划进展相对顺利。

综合分析，预计2020年全国铁路煤炭运输量及"三西"地区外调量有较大可能呈现下降趋势。第一，2020年受新冠肺炎疫情影响，全国煤炭生产、消费规模难有较大增长甚至出现下降。第二，目前西煤东运、铁水联运主要运煤通道运力有较大提高。国家能源集团朔黄铁路及其集运支线神朔线、准池线、大准线等，改扩建和集疏运系统更加完善；蒙冀线全线万吨牵引配套完成，曹妃甸港区煤炭下水能力提高；瓦日线新增众多集运站和铁路专用线。第三，"三西"煤炭主产地西电东送、煤化工项目规模依然较大，煤炭就地转化率保持高位，影响外调量增长。第四，沿海和俄罗斯、蒙古国内陆进口煤仍是重大影响因素。

从浩吉铁路产建设及沿线煤炭集运和消费需求分析，2025年前浩吉铁路仍将维持较低的运量水平。

未来铁路煤运通道格局发展形势研判如下：第一，西煤东运、北煤南运能力保障较为充分。蒙冀线、瓦日线、兰渝线等以煤运为主的新线运营，煤运通道能力有较大提升，总体上可以适应煤运需要。浩吉运煤干线建成后，通道能力保障更加充分。第二，北方煤炭下水港综合配套完善的优势对比铁路直达有较大的竞争力。环渤海四港货源辐射区域广，铁港航配套设施完善，流通环节顺畅，具有成熟的经营销售体系。北方港口以"海进江"的形式交货，发运企业可在港口实现仓储、配煤等功能并提升经济收益。浩吉铁路集疏运系统配套完善仍有较长时间，同时面临与既有北煤南运铁路的竞争。第三，现有运输格局短期内不会有较大变化。从煤炭主产区西煤东运、铁海（江）联运为主的格局短期内不会出现较大改变，但随着华中、西南地区煤炭“去产能”力度加大，包括河南、湖北、湖南、江西等中部省份，以及川渝地区等北煤南运铁路直达运输比重将有一定提高。

此外，值得注意的是，一些精品煤炭采用集装箱“铁水联运”方式，具有较高的经济效益和环保优势。据统计，集装箱运输块煤比散装运输可以降低6‰的亏吨和15％的破损率。如果再考虑集装箱运输的灵活性所带来的时间价值，则煤价越高、煤质越优、批量较少的煤种，越适宜采用集装箱运输方式。此外，煤炭在储运环节产生的煤尘飞扬会对矿区及运输线路两侧生态环境造成一定的污染，据粗略统计，全国每年在输煤环节产生的扬尘在1500万吨以上。因此，在一定程度上推广精品煤炭“散改集”铁海联运对于我国大力推进生态文明建设具有重要意义，特别是对环京津煤炭运输主通道而言，意义更为重要。

参考文献

[1] 中国电力企业联合会.2019年1—11月全国电力工业统计数据一览表[EB/OL].[2019-12-26].https：//cec.org.cn/detail/index.html?3-259907.

[2] 中国电力企业联合会.2018—2019年度全国电力供需形势分析预测报告[EB/OL].[2019-01-29].https：//cec.org.cn/detail/index.html?3-258056

[3] 中研网.中国特高压电网建设分析[EB/OL].[2020-8-19].http：//www.chinairn.com/hyzx/20200819/141741570.shtml.

[4] 前瞻经济学人网.2020年中国新基建特高压产业链全景图深度分析汇总[EB/OL].[2020-5-22].https：//www.qianzhan.com/analyst/detail/220/200521-a524463f.html.

[5] 叶锦业.世界典型LNG接收站运营状况分析[J].煤气与热力，2014，34（7）：1-5.

第八章 “十四五”信息基础设施发展思路及主要任务

信息基础设施是新型基础设施形成和发展的关键组成部分。经过多年发展，我国信息基础设施建设取得令人瞩目的成绩。我国网络基础设施全球领先，已经完成光纤网络全面升级，5G网络建设有序推进，蜂窝物联网部署快速推进，网络规模、覆盖范围都处于全球领先地位。算力基础设施发展进入快速上升阶段，互联网数据中心（IDC）规模快速增长，能耗水平持续下降，云计算设施建设和应用全面推广。新技术基础设施正在培育形成，人工智能部分技术已经商用，区块链应用开始试点。整体而言，我国信息网络建设规模和发展水平已全球领先，新兴技术领域也走在世界前列，但由于很多新型信息基础设施的建设刚刚起步，技术还在发展过程中，新型信息基础设施距离支撑经济社会数字化的要求还有一定差距。“十四五”期间，要以深化供给侧结构性改革为主线，以打造经济社会数字化转型基础能力为目标，积极推进5G、物联网、先进计算、人工智能区块链等新一代信息技术发展，加快构建融合感知、连接、存储、计算、处理功能为一体的新型信息通信基础设施，打造全球领先的智能基础设施体系。

基础设施是经济社会发展的重要支撑，为促进形成强大国内市场、推动高质量发展，2018年12月，中央经济工作会议提出，“加快5G商用步伐，加强人工智能、工业互联网、物联网等新型基础设施建设”，之后中央多次会议强调加快新型基础设施建设。2020年4月，国家发展改革委首次明确新型基础设施的概念和范围。初步研究认为，新型基础设施是以新发展理念为引领，以技术创新为驱动，以信息网络为基础，面向高质量发展需要，提供数字转型、智能升级、融合创新等服务的基础设施体系。目前来看，新型基础设施主要包括3个方面内容：信息基础设施、融合基础设施和创新基础设施。信息基础设施是新型基础设施形成和发展的关键组成部分，主要是指基于新一代信息技术演化生成的基础设施。例如，以5G、物联网、卫星互联网为代表的通信网络基础设施，以数据中心、云计算、智能计算中心为代表的算力基础设施，以人工智能、区块链等为代表的新技术基础设施等。

一、发展现状及面临问题

（一）网络基础设施全球领先

1.光网改造工作效果显著，5G网络建设有序推进

经过多年的发展，我国已基本完成光进铜退的改造升级和4G网络的全面覆盖工作，建成全球最大的光纤宽带网络和4G网络，当前阶段开始全面推进5G网络和千兆光网规模商用部署。截至2019年年底，全国4G移动基站超过545万个，全国共建成5G基站13万个；截至2020年第一季度，全国移动基站852万个，其中全国建成5G基站达19.8万个，套餐用户规模超过5000万，5G推进速度不断加快，2020年年底实现全国所有地级市覆盖5G网络。在全面实现光纤到户改造、普及百兆宽带接入后，我国又继续推进宽带接入能力升级，全国已有超过300个城市开始建设千兆接入网络，到2020年第一季度，全国互联网宽带接入端口达到9.2亿个，其中FTTH端口8.5亿个。工信部、财政部、国家发改委等积极推进电信普遍服务试点、中西部“百兆乡村”示范及配套支撑工程等项目，目前农村地区光纤宽带和4G网络覆盖行政村比例已超过98%（图8–1）。

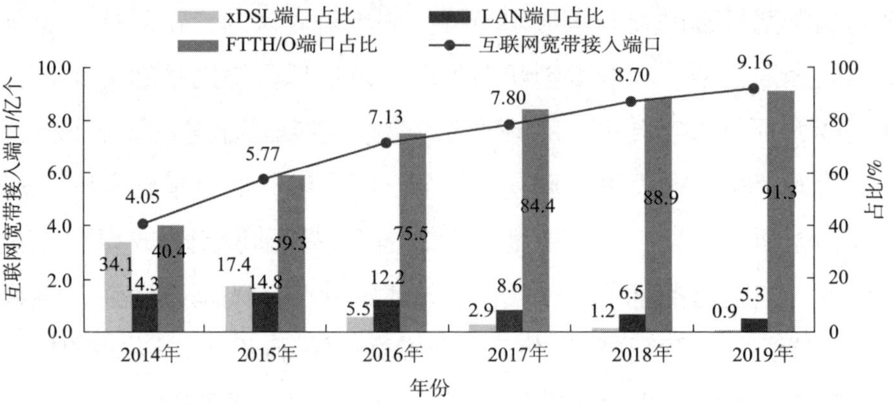

图 8-1　2014—2019 年互联网宽带接入端口发展情况（据工业和信息化部数据）

2.骨干网络承载能力和智能化水平显著提升

超高速率传输网络覆盖全国，100bps传输网络规模全球领先，200bps传输系统开始在干线网络推广应用，截至2020年第一季度，全国光缆线路长度达到4798万公里，其中长途光缆线路长度109万公里。互联网架构持续优化，先后新增建成10个骨干直联点、新批复杭州新型互联网交换中心试点、内蒙古国家级骨干直联点，网络性能持续改善。软件定义网络和网络功能虚拟化进入规模商用，网络智能化调度水平逐步提升。国际网络全球服务提供能力持续增强，国际光缆通达70多个国家，海外网络接入节点规模扩大到270多个（图8-2，图8-3）。

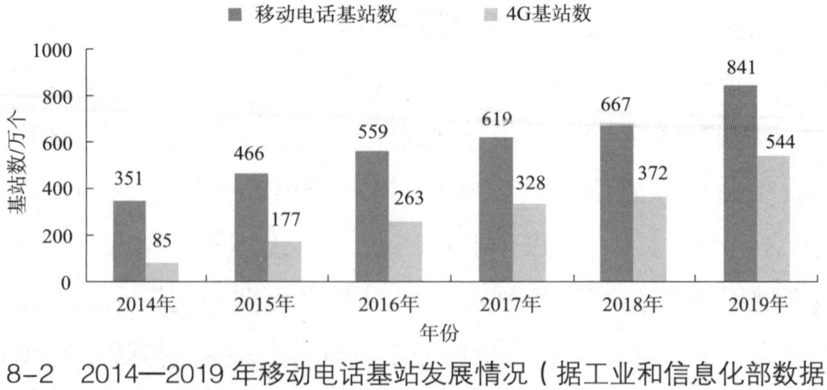

图 8-2　2014—2019 年移动电话基站发展情况（据工业和信息化部数据）

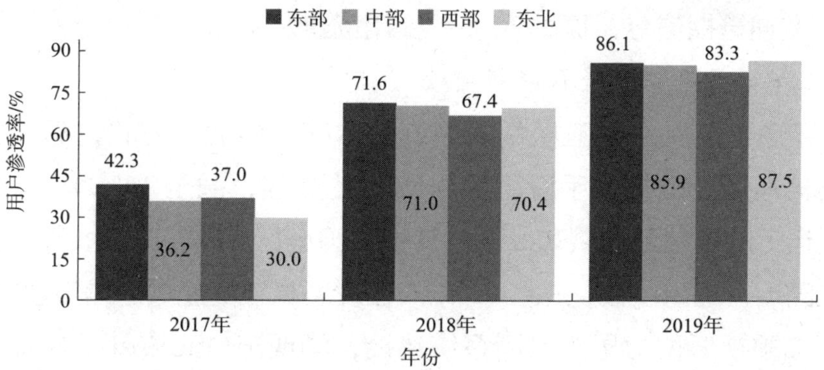

图 8-3 2016—2019 年东、中、西、东北地区 100Mbps 及以上固定宽带接入用户渗透率情况（据工业和信息化部数据）

3.蜂窝物联网部署快速推进

物联网是推动基础设施数字化发展的重要驱动力，物联网相关技术逐步成熟，我国已初步形成“云—管—端”一体化物联网服务能力。目前，我国三家运营商已建成百万级基站规模、全球覆盖范围最广的窄带物联网（NB-IoT）网络。2020年年底，NB-IoT网络实现县级以上城市主城区普遍覆盖，重点区域深度覆盖，移动物联网连接数达到12亿。我国也已形成阿里AIoT、中国移动物联网开放平台等多个自主研发的物联网应用使能平台，为企业提供从生产部署到服务变现“全生命周期”的物联网连接管理与自服务功能，开发出一批可推广的物联网行业解决方案和应用案例。

4.车联网由测试验证向现场应用过渡

车联网涉及汽车、信息通信等多个行业发展以及交通运输、车辆管理等领域的数字化改造，我国LTE-V2X等车联网关键技术已取得重要突破，在政策法规、标准规范、测试应用等方面取得积极成效，启动建设了一批车联网测试基地。江苏（无锡）车联网先导区作为全球第一个城市级应用示范项目，目前已建设完成了现阶段全球最大规模的城市级车联网LTE-V2X网络，覆盖了无锡主城区、新城主要道路200余个信号灯控路口，升级了车路协同路侧管控基础设施及智慧交通信息服务平台，开放了

40余项交通管控信息，提供20多种实用场景。

5.卫星通信设施部署取得新突破

卫星通信是以空间卫星作为中继载体的一种通信方式，是实现全球无缝覆盖最重要的技术手段。根据UCS的数据，截至2019年10月，全球在轨运行的通信卫星共829颗，其中中国运行44颗，占比5%，远远落后于美国运行的381颗（占比46%）。在发展高轨高通量通信卫星的同时，各国更加重视低位卫星互联网系统建设，涌现出OneWeb、Starlink及Telesat等一批低轨卫星互联网发展计划。自2018年开始，我国低轨卫星通信发展迈出实质性步伐，鸿雁、虹云、行云工程纷纷亮相，标志着我国开始启动新型卫星互联网布局，构建全球覆盖、天地融合、安全可靠和自主可控的卫星互联网系统。此外，2018年年初，我国首颗高通量通信卫星"中星十六号"正式交付并投入使用，我国自主建设的第一个卫星移动通信系统——天通系统于2020年1月正式面向全社会提供服务，让我国摆脱了长期对国外卫星移动通信服务的依赖。

（二）算力基础设施发展上升阶段

1.互联网数据中心（IDC）发展水平整体提升

发达国家政府积极推进数据中心整合和能效提升，IDC企业受市场需求驱动多围绕经济发达的中心城市开展IDC资源布局，我国数据中心总体规模高速增长。2016—2019年，我国数据中心总体规模增速超过30%，到2019年年底，在用数据中心机架总体规模超过260多万架。2013年以后，国家逐步出台政策，引导大型、超大型数据中心逐渐向贵州、内蒙古等中西部以及热点地区周边转移，总体布局在逐步改善，能效水平总体提升。2019年年底，全国数据中心平均PUE为1.6左右，这与2013年（PUE为2.5左右）以前的情况比较，有着质的飞跃。

2.云计算设施建设和应用全面推广

云计算设施是企业IT资源集中化最重要的载体，经过十多年发展，信息系统上云的理念逐步为政府、企业所接受，云计算设施建设发展较快。

我国云计算设施发展主要是由阿里、华为等一批高技术企业所主导，目前已经形成阿里云、腾讯云、华为云、天翼云、百度云、金山云等一批云计算服务企业，为用户提供公有云服务。此外，地方政府、大型企业等也在利用国内外云计算技术建设集中化的私有云计算设施。

3.大数据基础设施建设还处于起步阶段

在当前数据经济时代，数据已经成为一种重要的生产要素。大数据基础设施是实现数据采集、数据标注、数据存储和处理、数据统计、数据挖掘、模型预测和数据共享交易等相关功能的设施集合，其物理形态包括智慧城市大数据平台、政务大数据中心、行业大数据中心、数据共享交换平台等。当前，数据的重要性已经形成共识，各城市、各行业都在构建自己的大数据中心或平台，但受数据流通等限制，大数据基础设施建设还没有围绕数据全生命周期形成较完善的闭环机制，大数据应用效果还不明显。

（三）新技术基础设施正在培育形成

1.人工智能部分技术已经商用，基础设施建设模式多样

人工智能是第四次工业革命的重要驱动力之一。当前，人工智能仍然在快速发展，相关技术成熟度不同，计算机视觉、自然语言处理、智能语音、知识图谱等技术已经达到“商品化”阶段，并在安防、医疗、交通、金融、教育、制造等领域得到广泛应用。随着技术成熟度和“商品化”程度进一步提高，应用赋能的深度、广度不断加强，开始呈现应用深度融合泛化的态势。目前，我国已经形成百度大脑、华为、阿里等AI开发平台和通用AI能力开放平台等基础设施，能够为用户提供开放的AI算法应用，自动驾驶、人工智能辅助诊疗等一批专业AI算法平台也在发展过程中。除了开放的AI平台，目前大的政府、行业、企业多利用百度、华为、依图等企业的AI技术构筑自用的垂直AI使能平台。

2.区块链应用开始试点，基础设施形态有待形成

区块链是一种由多方共同维护，使用密码学保证传输和访问安全，能够实现数据一致存储、难以篡改、防止抵赖的记账技术，也称为分布式账

本技术。区块链是信任传递的基石，全球各国都关注区块链技术，通过国家战略布局和积极推进产业创新应用。2019年10月24日，习近平总书记在中央政治局第十八次集体学习时强调区块链技术的集成应用在新技术革新和产业变革中起着重要作用，2020年各级政府加快规划和推进。截至2019年8月，全球各国政府推动的区块链项目数量达154项，主要涉及金融业、政府档案与数字资产管理、投票、政府采购、土地认证与房地产登记、医疗健康等领域。根据"Gartner区块链技术成熟度曲线"，区块链技术逐渐成熟，可规模化应用，但区块链基础设施仍处于发展初期，整体处于局部业务流程优化的层面。目前，区块基础设施形态有多种类型，一是以区域为主体建设公共服务平台，如广州公共资源交易中心联合9地共建的公共资源交易区块链平台、重庆市推出区块链公共服务平台"渝快链"。二是以行业为主体建设公共服务平台，中国央行宣布将推出数字货币和电子支付工具DCEP、百度超级链解决方案、区块链服务网络BSN、司法存证天平链、政务链海淀一通办等。

总体而言，我国信息网络建设规模和水平目前已达到全球领先水平，在新兴技术领域也走在世界前列，但由于很多新型信息基础设施的建设刚刚起步，技术还在发展过程中，新型信息基础设施在能力和影响等方面与支撑经济社会数字化的要求相比，还有很大差距，突出表现在：第一，传统领域数字化升级给网络基础设施提出更高的需求，网络连接泛在化，宽带需求弹性大，时延性能要求高，网络基础设施需要持续地演进升级。第二，计算设施成为数字经济发展的基础和网络组织的核心，支持AI等需求的高性能计算需要加强，支持强实时性业务需求的边缘计算需统筹考虑布局，数据中心仍需要结合能源需求进行全国范围优化布局，需要加大算力网络的研究和部署。第三，很多新技术的基础设施属性形成过程中，大数据基础设施因数据开放等问题限制了基础性作用，人工智能、区块链、数字孪生等技术还在不断发展，现在很多还只是技术、工具，而非基础设施形态。此外，数据孤岛、复合型技术人才缺乏、核心技术受制于人、网络安全防护能力不足等也是影响新型信息基础设施快速发展的重要原因。

二、"十四五"发展思路和目标

（一）总体思路

深入贯彻落实习近平总书记重要讲话精神和中央相关会议部署，以深化供给侧结构性改革为主线，以打造经济社会数字化转型基础能力为目标，积极推进5G、物联网、先进计算、人工智能、区块链等新一代信息技术发展，加快构建融合感知、连接、存储、计算、处理功能为一体的新型信息通信基础设施，打造全球领先的智能化基础设施体系，为实现经济高质量发展、助力数字中国建设奠定坚实基础。

（二）发展目标

预计到2025年，我国基本建成国际领先的新一代信息通信基础设施。

（1）网络基础设施保持全球领先，实现乡镇级以上区域5G网络全面连续覆盖、重点场景室内覆盖，千兆光纤宽带接入网络全国普遍覆盖，大城市基本建成城市级泛在感知网络，形成一批具备国际先进水平、服务城市建设、道路交通、民生保障、绿色经济的开放共享服务平台。

（2）数据和计算基础设施进入全球前列，大型、超大型数据中心资源分布更加合理，通用云计算和智能计算服务能力、水平达到国际先进，边缘计算规模部署。

（3）新技术基础设施实现突破发展，人工智能生态初具一定规模，形成一批世界级的人工智能开发和能力开放平台；国家级区块链公共服务网络和城市级区块链基础设施布局进一步完善，处理能力进一步提升，区块链服务与运营机制更加完善。

（三）重点方向

（1）在感知层，统一通信技术标准，扩展信息接收范围，加快芯片处理器、基础传感技术和装备的创新研发和应用。

（2）在网络层，拓展网络覆盖范围，提高网络传输速率，加快以千兆光纤宽带固定网、5G移动网、北斗卫星通信网等为代表的基础信息网络以及电力等行业安全专用信息网络的规模化建设。

（3）在平台层，强化整合处理能力，提升开源兼容水平，加快云计算、边缘计算、超级计算、分布式计算等设施建设，挖掘海量采集数据价值，加快兼容性操作系统、软件定义网络、区块链等组织管理技术的应用，提升平台多元化服务支撑能力。

（4）在应用层，聚焦重点领域场景，加快协同融合创新，围绕公共卫生、工业生产、公共事业、公共安全、智慧城市、智慧农业、环境保护等重点领域和场景，推进物联网、车联网、工业互联网、远程医疗、疫情防控等设施部署，促进数字经济相关产业快速发展。

三、主要任务

（一）持续推进宽带网络演进升级

1.加快5G网络全面部署

推动5G高低频协同技术标准化和应用，全面开展5G网络规模化部署，加快实现城市、县城、乡镇、工业园区、高铁、地铁等应用密集地区5G网络连续覆盖。有选择性、分步骤向交通沿线、精准农业、农村居住区等场景延伸，拓展5G+应用场景。加快5G室内覆盖建设进度，提升室内、地下空间等场景5G使用体验。

2.推广千兆光纤网络升级

适应高速率业务发展需要，发展下一代大带宽高效率全光网通信技术，持续推进千兆宽带建设，扩大千兆光纤宽带覆盖范围，农村地区优先推进卫生所、学校等公益机构向千兆升级。有条件的地区超前布局更高速率宽带接入网络，构建大容量、低时延光纤接入网络。

3.建设智能高效骨干网

推广部署SRv6/EVPN简化协议、网络软硬切片等技术打造简洁IP网络，提供端到端差异化承载和快速提供能力。推动骨干网络向400G及更高速率能力迈进，建设新一代超大容量、超长距离、智能调度的光传输网络。深入优化互联网网络架构，持续扩容网间互联带宽。加快网络NFV化和网络SDN商用进程，提升网络设施智能化发展水平。

（二）大力发展智能算力基础设施

1.积极打造布局合理、绿色集约的数据中心体系

完善数据中心分区、分类划分标准，结合业务需求差异优化布局，推进数据中心和计算资源在全国范围内统筹布局，支持在西部和东北等地区建设大型超大数据中心和云计算设施。持续提高数据中心绿色节能水平。探索建立骨干承载网络与数据中心布局间的统筹协调机制，加快构建以数据中心为核心的骨干网络架构。

2.着力推进云边协同的计算基础设施建设

统筹高性能智能计算中心部署，加强城市计算设施体系建设，构建城市公共云计算设施。加强边缘计算应用场景、部署方案的研究，探索边缘计算在工业互联网、智慧城市等场景的落地实践，加强云边协同技术架构统一规划，形成云边协同发展格局。

（三）统筹规划物联感知设施部署

1.加快物联网开发和服务平台建设

引导行业应用企业搭建整合设备智能化、设备及数据管理智能化、系统运维智能化的垂直行业应用平台，逐步形成移动物联网平台体系，进一步降低移动物联网设备的开发成本和连接复杂程度，满足复杂场景应用需求。支持基础电信企业建设移动物联网连接管理平台，加强网络能力开放，支持物联感知设备快速接入，支撑海量并发应用场景。

2.推广移动蜂窝物联网网络覆盖和差异化发展

重点推进基于5G的物联网接入技术发展、成熟，积极构建NB-IoT、4G（含LTE-Cat1）和5G协同发展的移动物联网体系，NB-IoT面向低

速率广连接的场景应用，LTE Cat1满足中等速率的传输和话音需求，5G则实现更高速率和更低延时物联场景。加快推进5G网络建设，继续深化4G网络覆盖，支持Cat1发展；按需新增建设NB-IoT基站，逐步实现县级及以上城区普遍覆盖，面向室内、交通路网、地下管网、现代农业示范区等应用场景实现深度覆盖。结合5G商用部署，推动5G与车联网协同建设，在重点地区、重点路段建设新一代广泛覆盖的车用无线通信网络（C-V2X）。

3.强化感知设施标准整合和统筹建设

围绕产业数字化、治理智能化、生活智慧化三大方向推动移动物联网创新发展。加快感知设施在城市管理、生产制造、环境保护等领域应用部署。加强城市管理感知终端部署顶层设计和统筹建设，构建服务整个城市公共管理、公共服务和公共安全的城市物联专网，大力发展基于NB-IoT、5G等技术的物联网应用。加强遥感、遥测卫星部署，建设国家航空航天测绘遥感影像数据共享机制和平台。

（四）加强新技术基础设施培育

人工智能、区块链等新兴信息技术的基础设施形态还在发展过程，应鼓励构建开放式、普惠性的算力平台，面向社会提供低成本、开放式、通用性产品和服务。

1.打造普惠人工智能基础设施

大力推进人工智能算力、算法库、数据集以及公共服务平台和解决方案库等建设，强化人工智能发展基础，减少对美国掌控的人工智能产业链的依赖。一是积极推进人工智能芯片研发和制造，鼓励国产AI芯片和服务器产业生态的发展，发展集中式AI算力平台。二是提升人工智能算法核心基础，在算法框架与数据集领域，重视国内人工智能算法框架的创新发展和应用推广，鼓励国产算法框架和数据集成长，合理利用国外主流框架与数据集。三是大力发展通用AI算法平台，充分利用我国AI人才和应用场景等优势，通过开源等方式聚集一批通用人工智能算法打造大型通用

AI算法平台，面向所有用户提供较为成熟的通用AI算法。四是鼓励建设行业性AI算法平台。面向医疗卫生、交通、城市管理等重点领域，抽取行业业务逻辑，沉淀行业服务能力，开发高质量的行业数据集，建设一批开放的行业性AI算法平台。

2.加强区块链基础设施顶层设计

区块链当前仍是一种技术应用，技术路线还不清晰，基础设施形态还不明确，还有待进一步引导和开发。一是加强技术试验和突破，开展行业区块链相关标准化工作。二是建设“国家+城市”两级区块链公共基础设施网络，推进建设国家层面的区块链服务网络（BSN）正式商用推广，大城市可以考虑构建城市级区块链服务平台，各行业根据流程可以考虑构建行业区块链服务平台。三是大力发展跨链基础设施，促进跨链信息互通。

（五）强化区域协同发展

1.合理处理区域发展不平衡问题

新型信息基础设施的引入和推广过程中要避免形成新的数字鸿沟，减少城市间、区域间出现数据互通等问题。一是解决东部与中西部、东北地区的平衡发展问题。大城市保持与东部城市同步发展，中小城市优先发展基础性的网络设施部署，选择性地复制人工智能等新型信息基础设施部署经验。二是升级农村地区电信普遍服务水平。建立健全长效电信普遍服务补偿机制，制定针对农村的5G频率和异网漫游政策，推动千兆光网和5G网络逐步向有需求的农村地区延伸。

2.强化区域内城市间的协同发展

加强城市群新型基础设施的统筹规划，优先推进京津冀、长三角、粤港澳大湾区等城市群内新型信息基础设施统筹部署和应用。重点推进城市群内部大型数据中心的优化布局，协调智慧城市、城市物联网、车联网、工业互联网等建设内容、建设规范、管理模式，打通城市间新型信息基础设施的网络连接，促进数据流通。

（六）积极培育共性能力基础设施

1.建设高精度时空基准服务能力

北斗卫星导航系统是我国支撑国家安全和经济社会发展需要的重要空间基础设施。高精度定位服务是自动驾驶汽车、物联网等发展的核心要素，要统筹考虑各方需求，充分利用已有北斗卫星导航定位基准站网，推动全国统一的高精度时空基准服务能力建设。加强导航系统和通信系统融合，建设多源导航平台。

2.建立统一的空间基础信息平台

在数字化时代，各领域信息化系统建设都需要利用或开发地理信息系统模块功能，地理信息系统是智慧城市、智能交通等各个领域数字化、网络化、智能化发展的基础之一。云计算、大数据与人工智能的发展为构建统一的空间基础信息平台提供条件，应建设部门联动、开放共享、安全高效的分布式空间基础信息平台，解决各部门独立开发、重复开发、信息不统一、不准确、不互通等问题。

3.构建国家基础设施数字孪生体

数字孪生体是物理世界在数字世界的映像，并通过感知设施、物联网、智慧大脑等能力，在数字世界实现物理实体的全生命周期管理，具备生产模拟、预测等能力。当前数字孪生概念已经在工业生产、大型基础设施建设等领域开始应用，并在探讨应用到智慧城市复杂系统中。要实现全面的数字孪生，未来还有很长的路要走，当前要鼓励数字孪生技术创新，促进技术成熟，并开展前期标准化的相关工作，确保未来不同数字孪生体能够通过数据互通实现整体化发展。

（七）巩固提升国际网络地位

国际通信基础设施是支撑我国全球化发展、开展“一带一路”合作的重要基础，应重视信息基础设施的海外部署和国际互联互通，提升我国网络国际地位。

1.加强国际网络互联互通

合理增设国际互联网出入口局，完善乌鲁木齐、昆明、深圳等区域性国际局功能，加快国际互联网出入口扩容。积极优化国际海缆登陆站等国际信道出入口设施设置，以周边和“一带一路”为重点，加强跨境信息通道建设，加快构建以我国为中心的国际光缆网络，打通我国网络与世界主要国家的直联通道，推动实现国际信息服务业务在国内落地，积极打造具有重要影响力的国际网络枢纽和国际信息中心。

2.积极参与新型信息基础设施国际协作

密切关注新兴技术在全球化推广过程中的互联互通问题，尽早参与国际合作，积极探索建设全球互联互通的新型基础设施的途径。一是推进我国工业互联网标识解析系统与国外主要解析体系实现互联互通。二是积极参与区块链领域国际合作，推进我国区块链与国际区块链平台互联。三是建设全球性的数据基础设施，积极参与跨境数据流动的治理，为人工智能、大数据等推广应用提供基础。

统筹推进空基互联网的研发部署。加强卫星关键核心技术攻关，超前规划频率资源使用，积极储备卫星轨位资源，积极推进高通量卫星和低轨卫星星座部署，逐步扩展全球重点区域覆盖水平和接入能力。

（八）加强网络安全防护和可靠性保障

信息基础设施的安全可靠性是整个经济社会平稳运行的基础，要重视网络的可靠设计，积极构建网络安全监测和防护设施。

1.建设跨行业网络安全保障体系

积极推进关键信息基础设施保护，加强网络安全风险评估、隐患排查。同步规划、建设、运行网络安全系统，完善网络安全态势综合感知平台，建设全方位、全覆盖安全防护体系，提高主动预警和防御能力。建立移动物联网网络安全管理机制，加快建设移动物联网安全监管手段，提升安全态势感知、卡端管理、风险预警等实时监测能力。积极构建网络安全风险联防联控机制，强化跨领域、跨部门、跨政企合作。

2.提升信息基础设施可靠性

加强信息基础设施可靠性系统设计，建立和完善分段、分层、分级可靠性保障机制，各司其职，共同提升端到端的可靠性。增强信息基础设施可靠性保障能力，重点加强网络枢纽、数据中心、骨干光缆等关键设施的可靠性保障，确保网络安全平稳运行。

3.加强应急通信保障能力

加强网络资源冗余配置，提升网络、计算等资源按需弹性扩展能力，加快构建技术先进、安全可靠、机动灵活、天地一体的应急通信网络，做好重大活动和突发事件通信保障，降低突发事件对基础设施和网络运行的影响。

四、推进高质量发展的政策建议

（一）加强顶层设计统筹推进

在全面推进新型基础设施发展的背景下，信息基础设施的发展要与传统基础设施融合发展、统筹推进，要横跨不同的行业、不同的领域、不同的区域，强调网络化运营，系统创新性强，开始就应做好前期规划和顶层设计，解决好并行建设面临的网络互连、信息互通等问题。一是加强主管部门间对接，协调推动解决跨行业政策制度、技术标准等方面的问题，加强对产业发展的规范和引导。二是要加强行业间协同。新型基础设施的关键是信息基础设施，要处理好行业专用设施与公用基础设施的关系，充分利用我国公用基础设施优势为各行业发展提供服务。三是建立跨区域衔接机制，对于交通、环保、水利等跨区域性基础设施，应加强省市间衔接，从建设之初就解决网络和信息的互联互通问题。

（二）建立和完善协同建设标准规范

新一代信息技术在形成基础设施形态的过程中需要加强行业和标准的引导，提前考虑不同实体之间互联互通、数据共享等问题。同时，新一代信息技术在赋能形成新型经济基础设施和新型社会基础设施的过程中，也需要标准融合先行，应推动建立跨行业、跨领域、跨部门基础设施标准协同发展机制，制定一批面向新型基础设施的共享标准、网络标准、数据标准、应用标准和安全标准，推动制定移动物联网与垂直行业融合标准、车联网等跨领域融合标准规范和统一终端标识。加快完善面向传统领域数字化、网络化、智能化发展的基础设施工程建设标准，统筹考虑智慧应用需求，提前做好移动物联网等设施建设或预留空间，推动新型信息基础设施与其他新型基础设施同步规划、同步设计、同步建设、同步运维。

（三）营造开放公平的发展环境

未来信息基础设施的发展不完全集中在信息网络，云计算、人工智能、区块链等新型信息基础设施的发展需要依靠高科技企业的力量，要充分发挥市场和民间投资的力量，必须建立开放、公平的发展环境，建立和完善适应新型信息基础设施融合发展的法律和监管体系。需要针对新型信息基础设施、融合基础设施等新生事物，制定适应新一代信息技术发展需要的电信业务分类目录，明确建设和运营准入条件，降低企业合规性风险。研究编制车联网、物联网、工业互联网等新型基础设施频率使用规划，协同推进制定跨领域融合标准规范。深入推进公共资源开放共享，编制公共资源开放目录，简化使用审批流程，为新型基础设施建设提供必要场地和接入便利条件。制定同一领域统一数据标准，加快建设公共数据资源池，推进数据资源开放共享和有序流通。

（四）鼓励投资建设运营模式创新

信息基础设施种类繁多、特点各异、建设主体多样化。云计算、人工智能、区块链等部分新型信息基础设施技术门槛较高、技术变革快，5G等新型信息基础设施初始投资大、建设周期长、投资回收慢，车联网等融合基础设施初始投资大、建设周期长、短期找不到盈利模式。对于未知大于已知的新型基础设施，要给予足够的时间和空间，允许其实现自我创新、自我演进和自我完善。基础设施具有公共物品和公共服务属性，在保证最基本的服务和安全的前提下，应允许多元化投资、多元化建设、多元化运营，允许探索更多的新型模式，如企业投资建设运营维护、政府购买服务，国有公司投资建设、虚拟运营商租用经营等。要允许企业在符合法律法规的条件下，探索除基本服务以外的增值服务，寻找新的商业模式，形成投资闭环。

（五）加快构建具备核心竞争力产业链

加强新一代光通信、5G/6G、卫星互联网、时间敏感网络等前沿信息通信技术研发，促进计算、处理、终端等领域关键技术创新和产业突破，发展拥有核心竞争力的技术平台，构建创新型生态。加强物联网、工业互联网、车联网、算力与数据基础设施等领域关键核心技术的研发和产品研制，推进人工智能、数字孪生、深度学习、增强现实、虚拟现实、区块链等新兴前沿技术与传统基础设施的深度融合和应用推广。加强与相关国际组织对话及战略合作，共同制定标准规范和国际规则。加强信息技术人才培育，培养跨ICT领域与传统领域复合型人才。

第九章　定方位、谋长远、促融合、开新局

2022年4月26日，习近平总书记在中央财经委员会第十一次会议上强调指出，基础设施是经济社会发展的重要支撑，要统筹发展和安全，优化基础设施布局、结构、功能和发展模式，构建现代化基础设施体系，为全面建设社会主义现代化国家打下坚实基础。5月31日，《国务院关于印发扎实稳住经济一揽子政策措施的通知》（国发〔2022〕12号）中明确提出，要加大金融机构对基础设施建设和重大项目的支持力度，并部署加快推进水利、交通、城市地下综合管廊、能源、物流枢纽等领域一批重大项目建设。2021年年底至2022年7月，上海市、北京市等地方政府相继发布新一代信息基础设施发展“十四五”规划、“十四五”重大基础设施发展规划，住房和城乡建设部联合国家发展改革委印发实施《“十四五”全国城市基础设施建设规划》，一系列涉及“十四五”时期基础设施建设发展的专项规划陆续进入实施阶段。作为全书的总结，本章从现实基础、形势研判、阶段特征、总体思路、主要任务、治理体系等方面，对我国“十四五”重大基础设施发展规划思路研究的主要观点进行了提炼，以期为相关政府决策部门高质量编制和落实国家重大基础设施发展规划提供参考。

一、现实基础：总体适应但结构性矛盾突出

基础设施是国民经济和社会发展的重要支撑，对国家经济体系建设具有重要的战略先导性，优先发展基础设施是我国取得巨大发展成就的重

要经验之一。"十三五"时期，我国基础设施发展在网络化建设、供给能力、服务质量、发展业态等方面取得新成就，总体适应经济社会发展需要，但在空间布局、网络结构、经济融合以及体制机制等层面还存在明显短板。

（一）重大基础设施：经济社会发展的基石和基本经验

1）承载宏观经济调控，带动国民经济增长

重大基础设施的建设和发展，是国民经济持续增长的重要动力之一，也是应对经济危机影响，拉动经济回升、稳定经济社会运行秩序的"强心剂"和"压舱石"。作为国家宏观调控的重点领域之一，基础设施的大规模投资建设，在应对1998年和2008年两次输入型经济危机的过程中发挥了重要的内需拉动作用，并带动相关产业发展，同时，也为政府积累了主动应对危机的有关经验和教训。

2）推动国土资源开发，优化国土空间格局

国土资源开发与基础设施建设是一个互动的过程，基础设施是国土资源开发的重要因素，也是国土空间格局优化的重要体现。北煤南运、西气东输、西电东送、南水北调等国家重大系统性工程，在推动国土资源开发、促进能源及产业结构调整、保障经济民生等方面发挥了巨大作用。

3）完善区域经济结构，支撑区域协同发展

随着交通基础设施大发展，极大地压缩了资源要素流动的时空距离和位移成本，在支撑国家区域发展战略、优化区域经济格局等方面发挥了重要作用。依托长江黄金水道构建的综合立体交通走廊、倚重轨道交通骨干推进的地区交通一体化发展以及借助港航网络拓展和转型升级的自由贸易港建设，在长江经济带、京津冀协同发展、长三角一体化发展、粤港澳大湾区建设等国家重大区域发展战略中都充当了"先行军"的角色。

4）搭建开放经济体系，全面深度对外开放

基础设施在国际和全球范围内的互联互通，是落实"一带一路"倡议中设施联通的必要手段，也是建设高标准自由贸易网络、加强国际产能合作和拓展域外市场、提升我国参与国际合作和竞争新优势的必然选择。沿海港航设施体系的完善为东部地区率先融入国际经贸体系奠定了基石，以中欧班列为代表的国际铁路联运通道建设为中西部地区打造内陆开放高地拓展了新空间，国际航空网络、能源进口通道为人员高效流动和能源安全提供重要保障。

（二）“十三五”评估：总体适应经济社会发展需要

1）网络建设持续完善，网络规模和覆盖范围进一步扩大，特别是通信基础设施网络增长显著

2016—2020年，铁路里程和公路里程分别新增2.5万公里和62.1万公里，民航机场和定期航班通航城市分别新增35个和33个，发电装机容量新增6.21亿千瓦，互联网宽带接入端口和全国移动电话基站分别新增4.76亿个和464.2万个，较“十二五”末期分别增长100%和99%，其中4G基站数翻一番。

2）供给能力总体适应，服务用户的需求量总体稳步增长

相较“十二五”末期，2019年，铁路旅客发送量和周转量分别增长44.7%和23.0%，民航旅客和货邮吞吐量分别增长47.8%和21.3%；2020年，铁路货运总发送量和总周转量分别增长35.6%和28.5%，固定互联网宽带接入用户数和4G用户总数分别增长126.6%和233.7%。

3）服务质量稳步提高，服务均等化、绿色化水平大幅提升

2020年，全国农村宽带用户达1.42亿户，较2015年增长132.8%，天然气、核电、水电和风电等清洁能源消费量占比达24.3%，较2015年提升6.4%（表9-1）。

表9-1　有关年份部分重大基础设施建设及服务规模情况

相关指标	2015年	2019年	2020年
铁路营业里程／万公里	12.1	13.9	14.6
高速铁路营业里程／万公里	1.9	3.5	3.8
公路通车里程／万公里	457.73	501.25	519.81

续表

相关指标	2015 年	2019 年	2020 年
高速公路建成里程 / 万公里	12.4	14.96	16.1
民航机场 / 个	206	237	241
通航城市 / 个	204	234	237
发电机容量 / 亿千瓦	15.8	20.1	22.01
互联网宽带接入端口 / 亿个	4.7	9.16	9.46
全国移动电话基站数量 / 万个	466.8	841	931
4G 基站数 / 万个	177	544	575
铁路客运量 / 亿人	25.35	36.6	22.03
铁路客运周转量 /（亿人 / 公里）	11960.6	14706.64	8266.19
铁路货运量 / 亿吨	33.58	43.89	45.52
铁路货运周转量 /（亿吨 / 公里）	23754.31	30075	30514.46
民航客运吞吐量 / 万人次	91477.3	135162.9	85715.9
民航货运吞吐量 / 万吨	1409.4	1710	1607.5
固定互联网宽带接入用户数 / 亿户	2.13	4.49	4.84
4G 用户总数 / 亿户	3.86	12.82	12.89
全国农村宽带用户 / 亿户	0.61	1.35	1.42
天然气、核电、水电和风电等清洁能源消费量占比 /%	17.9	23.4	24.3

4）融合发展成效初显，新一代信息技术广泛应用，新业态、新模式发展迅速

"十三五"期间，电网调度、变电、用电监测环节基本实现自动化。2019年，有40%的国省干线公路的重点路段、特大桥梁、特长隧道实现了运行状况的智能感知，网约车平台的日均使用量达到2000万人次，共享单车约4500万人次。

5）有效应对疫情影响，基本如期完成规划目标

2020年以来，新冠肺炎疫情对基础设施投资、建设及运营带来明显的负面影响，其中交通运输行业受冲击最为直接和严重，突出表现在交通

专项资金收入面临下滑压力、客货运输收入及公路通行费显著下降、工程建设进度滞缓等方面。值得一提的是，疫情期间，中欧班列在一定程度上缓解了因海运空运通道不畅对进出口贸易的不利影响，为应对疫情防控、稳定国际供应链运转、保障生产生活有序恢复发挥了积极作用。整体来看，各领域基础设施建设基本如期完成“十三五”规划的目标任务。以交通领域为例，国家“十三五”现代综合交通运输体系发展规划中的约束性指标圆满完成，预期性指标也较好完成，如建制村通硬化路比例，目标为99%，实际完成99.61%，高速铁路营业里程、公路通车里程、高速公路建成里程等预期性指标超额完成预期目标，铁路营业里程、内河高等级航道里程和民航运输机场个数等预期性指标的完成率分别为97%、94%和92%。

（三）突出短板：基于结构性矛盾的全局性审视

1）空间布局短板

从国土资源空间开发及区域经济发展角度审视，各种基础设施的综合规划布局，尚不适应区域经济发展格局转变对基础设施布局建设的精准化和协同化要求。突出表现在：支撑国土空间开发的骨干网络尚未完全贯通，城镇化发达地区特别是都市圈、城市群形态逐步显现的地区，设施发展面临提挡升级需求大、土地空间局限大等方面的矛盾，中西部等经济欠发达地区特别是“老少边穷”地区的设施覆盖范围和服务可靠性仍待提升。

2）系统结构短板

从设施网络自身的技术等级、功能分工以及设施之间的系统性衔接角度看，还存在大量制约系统整体效率提升的突出问题：设施网络层次不清晰，功能结构待完善，设施等级结构不够匹配，点线能力和效率配合不充分，不同设施间的功能互补不足，存量设施利用和新建设施间的关系不够协调。

3）经济融合短板

从深化经济联动融合角度看，设施布局建设和功能与相关产业间的衔接互动仍较弱。例如，全局性系统性认识不足，对设施建设的认识更多的是作为投资拉动工具，缺乏从时空资源配置视角理解设施建设和运营的重要性。此外，业态融合创新基础不扎实，传统产业总体创新水平不足，一些核心技术的开发和应用仍受制于人，与生态环保的适配性及其产业化治理水平仍有待大幅提升。

4）体制机制短板

上述短板的形成有着更深层次的制度性因素，市场准入方面，部分行业还存在着市场开放程度较低、公平准入困难、区域垄断特征显现等问题，"信息孤岛""数字鸿沟"等问题也依然严重；监管方面存在流程复杂、协同机制不健全、效率较低等问题；基础设施规划、设计、建设、运营及维护等环节，缺乏有利于基础设施整体功能发挥的统筹衔接和资金合理运用，不仅积累了大量隐性债务，而且基础设施投资的风险也在加大；行业标准化、产权保护、信息安全、环保法规等基础制度仍待健全。

二、形势研判：大变局下的系统性结构调整

百年未有之大变局叠加世纪疫情影响，使得全球生产和贸易分工体系下的国际经济循环格局加速向纵深调整，国内经济循环也受到严峻挑战。"十四五"时期，我国面临国内外环境深刻变化带来的新矛盾新挑战，需要准确识变、科学应变、主动求变，聚焦高质量发展主题，进一步深化供给侧结构性改革，加快构建以国内大循环为主体、国内国际双循环相互促进的新发展格局。相应地，基础设施发展也面临深刻的系统性结构调整。

（一）强国战略态势：供应链"拔河博弈"与现代化经济体系构建

和平与发展仍是当今时代的主题，各国需要用经济策略而不是军事

教条去争取竞争优势，国家间的竞争本质是围绕全球供应链、能源市场、工业生产以及金融、技术、知识和人才流动的拔河博弈。建设现代化经济体系是我国跨越高质量发展关口的迫切要求和战略目标，也是建设社会主义现代化强国的中心工作，而其中关键的一点就是要形成面向全球的贸易、投融资、生产、服务网络。当前，受政治、经济和安全等多方面力量交织叠加，全球产业链进入快速调整期，各主要大国都在谋求新的产业链布局以求获得竞争优势。全球产业链状链接发展的基础保障是全球运输、信息、管理和交易等经济合作成本的下降，从中长期强国战略态势来看，我国仍需要通过加强国际地区层面的基础设施联通，实现资源、生产、服务、消费的高效链接，构筑更加紧密的供应链伙伴关系。

（二）宏观经济形势："三性问题"交织与"两个循环"的新发展格局

我国经济正处在转变发展方式、优化经济结构、转换增长动力的攻关期，经济发展前景向好，但也面临着结构性、体制性、周期性问题相互交织所带来的困难和挑战，加上新冠肺炎疫情冲击，目前我国经济运行面临较大压力。习近平总书记深刻指出，随着外部环境和我国发展所具有的要素禀赋的变化，市场和资源两头在外的国际大循环动能明显减弱，而我国内需潜力不断释放，国内大循环活力日益强劲，客观上有着此消彼长的态势。未来一个时期，国内市场主导国民经济循环特征会更加明显，经济增长的内需潜力会不断释放。需要坚持供给侧结构性改革这条主线，使生产、分配、流通、消费更多依托国内市场，提升供给体系对国内需求的适配性。此外，受经济下行、财政紧缩、债务及金融风险防范、生态环保等方面的影响，基础设施投资建设的要素保障压力，以及其他经济社会领域资源要素流动的畅通压力都将持续增加。为此，需要深度契合"以国内大循环为主体、国内国际双循环相互促进"的新发展格局下的供应链、产业链发展需求，聚焦重点先导领域，科学把控建设节奏，推动基础设施对经济要素资源的空间组织优化，以及提升基础设施自身的可持续发展能力。

（三）行业发展趋势：先进技术应用与联动融合集约高效发展

当前，大数据、物联网、移动互联网、工业互联网、云计算等新一代信息技术快速发展，广泛渗透于经济社会各个领域，与人类的生产生活深度融合，成为引领创新和驱动转型的先导力量。近年来，我国以发展数字经济为导向，逐步加强新型基础设施规划建设，支撑引领包括传统基础设施在内的各类产业转型升级，并通过由此形成的巨大国内市场需求，抢占全球技术竞争高地。此外，随着新一代信息技术广泛应用，新业态、新模式发展迅速，各类基础设施之间以及基础设施与其他产业之间的联动融合发展趋势明显，这有助于形成新的经济发展动能，并改善基础设施的投资效率和整体效益。为此，需要把握数字经济发展趋势，深化系统协同体制机制创新，深入推动基础设施联动融合发展。

我国2030年将达到碳排放峰值，2060年将实现"碳中和"，这意味着，从2020年到2060年的40年间，我国的碳排放量要从每年的160亿吨降低到几乎不排放，也意味着2030年前我国碳排放要做到高速度、高强度、高质量达峰，全产业都要以清洁低碳为发展方向，能源系统和能源结构开始出现根本变革和转变。这就要求，一方面，能源消费结构要显著优化，严格控制煤炭消费总量，不再新增煤电装机，可再生能源、低碳能源成为主流；另一方面，能源供给质量大幅提升，降低甚至消除高碳能源投资、逐步退出已有高碳能源设施。

三、阶段特征：由基本适应迈向支撑引领

回顾改革开放以来，基础设施对经济社会发展的适应性及其作用关系，大体是从"瓶颈制约"到"初步缓解"，再到"基本适应"，而又进入"支撑引领"的新时期。这意味着，基础设施的功能要从被动满足经

济活动的派生性需求向主动引导和优化经济要素的时空组织延伸拓展，在匹配适应经济社会发展的基础上进一步催生经济发展新动能。

（一）内涵目标的转换：从规模快速扩张到整体质量效益

“十四五”时期，是开启社会主义现代化强国建设新征程的第一个五年规划期，也是第一个完整贯穿“高质量发展”主题的五年规划期，或将还是第一个全面涵盖并整体推进各领域重大基础设施发展的五年规划期。着眼国家中长期发展战略部署，基础设施的高质量发展，不仅意味着自身发展质量和效益要高，更重要的是能够高效支撑现代化经济体系的建设和运行。其主要内涵至少包括以下四个方面：一是网络规模适配性高，能够促进和引导国土空间的综合协调及立体开发；二是技术水平先进适用，能够顺应数字化、绿色化和精细化运营服务及管理的发展趋势；三是发展动力持续健康，能够有效防范、化解和应对各类潜在风险挑战；四是影响作用创新多元，能够支撑现代化经济体系建设和催化相关产业发展产生新动能。因此，基础设施发展的目标，应从各自网络的大规模快速建设转变为提升设施整体服务质量和综合效益。

（二）方式路径的转换：从独立割裂粗放发展到创新协同融合发展

各类基础设施特别是传统基础设施，经过一个较长时间的相对独立发展已演进至比较成熟的阶段，主要体现在具有比较扎实的规模基础和适应基本需要的供给能力，但面对动能转换下的经济转型升级新要求，包括应对新一代信息技术变革应用下的数字经济发展机遇和挑战，这种“个性张扬”有余而“共性协同”不足的矛盾随即凸显，突出体现在各种设施内部缺乏自规划建设至运营维护全链条的协调统一，“重投资建设、轻运营维护”的现象普遍存在，各种设施间的系统性衔接不顺畅、资源共享不充分、能源结构不优化、联动融合不深入，“前后一公里”“争抢要素资源”、重复建设、行业壁垒、“数字鸿沟”等问题障碍重重。因此，基础设施的发展方式，要由相对独立甚至封闭割裂的状态转向整体优化、协同融合的格局，发展路径要由主要倚重资源要素投入以加大建设转向深化体制机制改革和运营服务模式创新以推动可持续发展。

（三）着力重点的转换：从基础设施网络建设到网络型基础产业治理

审视现实，传统基础设施的大规模建设，使得其骨干网络化水平已渐趋相对稳定的状态，进一步加大投资建设的边际效应已呈现递减趋势，而大量的存量设施不乏背负沉重的债务负担。新时期，应注重统筹平衡资源占用和价值创造的关系，在扩充增量以继续完善传统设施网络化的同时，更加注重优化利用存量设施，节约集约利用资源能源，而且对于新扩充的增量，应符合"整体优化、协同融合"的要求，更加精准化地谋划布局和控制节奏，提高各类设施的存量间、增量间以及存量与增量间的协调性。而对于新型基础设施领域，则应更加注重统筹"传统基础设施的智能化绿色化转型升级"以及"数字设施的网络化布局、平台化建设和协同融合应用"，特别是注重依托数字设施网络化、标准化平台以及广泛多样的信息技术应用场景，助推消费升级和产业升级，在高效利用各类资源要素的基础上，充分挖掘经济新动能。这就需要用产业链治理的思维解决基础设施的产业化发展问题。

四、总体思路：推动系统协同联动融合，优化资源要素时空配置

从时空经济学的角度来看，基础设施本身就是对资源要素进行时空配置的载体，资源在时空配置上的效率从更长远的视角上决定着国家和地区未来的发展方向和水平，而未来现代化经济体系所需要的资源配置和产业布局，已经从单纯的低成本要素吸引渐趋升级到以运输链、物流链、信息链和供应链的时空组织优化和构造经济生态圈来引导。鉴于基础设施的巨大沉没成本、资产专用性和路径依赖，优化基础设施布局及其运用模式就显得异常重要，不能简单地将设施投资建设作为拉动内需的工具。当然，

破除基础设施所承载的要素流动链条上的体制障碍，也是实现这种作用机制转换的应有之义。

（一）发展思路

以习近平新时代中国特色社会主义思想为指导，把握新发展阶段，完整、准确、全面贯彻新发展理念，以基础设施高质量支撑现代化经济体系建设为主题，以系统协同、联动融合方式推进供给侧结构性改革为主线，深度适配新发展格局下的供应链、产业链发展需求，统筹推动基础设施产业化治理体制机制改革，聚焦国家重大发展战略区域和先导领域，完善基础设施网络布局及结构，创新基础设施协同融合发展路径，系统规范推进基础设施赋能提效，引导国内国际资源要素的时空组织优化，提升基础设施整体服务质量、综合发展效益及总体安全保障能力，巩固和强化重大基础设施对国民经济和社会发展的战略支撑和先行引领作用。

（二）基本原则

1）系统谋划，重点突破

着眼现代化经济体系建设的战略目标，聚焦以国内大循环为主体、国内国际双循环相互促进的新发展格局要求，加强重大基础设施的顶层设计，推动相关法律法规、规划政策、技术标准体系建设，以国家重大区域发展战略、国土空间开发及总体安全格局、网络结构性短板、重大核心及优势融合发展领域等为优先重点，加快相关基础设施特别是新型基础设施的布局建设。

2）管控风险，稳中求进

增强机遇意识和风险意识，努力防范和化解基础设施领域引发的债务风险、金融风险，加强基础设施领域的生产安全、生态安全、数据安全和环境保护，坚持稳中求进工作总基调，科学有序把握建设节奏，深入推动基础设施绿色化、可持续发展。

3）改革创新，协同联动

深刻把握行业治理体系和治理能力现代化发展方向，深化行业管理体制机制改革和市场运营组织模式创新，健全部门、区域、军地间协同联动发展机制，强化事中事后监管，提升基础设施全生命周期管理服务水平，有机整合各类基础设施资源，推动设施共商、共建、共用、共享、共维，促进基础设施与相关产业深度融合发展。

4）以人为本，精益求精

牢固树立以人民为中心的发展理念，以广大人民群众的生产生活需求为根本出发点，在基础设施的规划、设计、投融资、运营、管理、维护等各环节，统筹社会资源尽可能地精准对接人民群众需要，注重依法保障人民群众的切身利益，提高设施的精细化服务和管理水平。

（三）总体目标

到"十四五"末期，国家重大战略区域综合交通骨干网络结构进一步完善，连接重要能源产区及消费地的电网、油气管网设施规模大幅增长，风能、光伏、核能等新能源基础设施更趋完善，千兆光纤宽带网络、5G移动网络及北斗通信网络建设取得显著发展。基础设施数字化绿色化转型升级系统全面推进，基础设施网络协同化一体化发展程度加深，整体运行效率和服务水平明显提升，节能减排综合效能显著提升，基础设施与相关产业联动融合更加深入，基础设施经济效益和财务可持续性趋向改善，基本构建形成系统完备、高效实用、智能绿色、安全可靠的现代化基础设施体系。

五、主要任务：着力三大重点领域

（一）传统基础设施精准化补齐短板

（1）支撑国家重大区域发展战略，以城市群、都市圈为重点，统筹强化多层次轨道交通网，适度加密地方高速公路网，同步推动一批干支线航道整治，推进一批国际枢纽机场、国家物流枢纽基地、大型综合客运枢纽、综合水利枢纽、能源储备基地建设，强化带状引领和圈状辐射作用，推动形成若干重要的贸易走廊、产业轴带和经济中心。

（2）优化国土资源开发和生态安全格局，以西部资源能源富集区和生态保护屏障为重点，加快建设一批引调水、重点水源、江河湖泊治理、大型灌区、重点水系水电站等重大水利水电工程，积极推进一批特高压输电、油气产能、管网等工程，加快风能、光伏、核能等新能源基础设施发展步伐，提升新能源消纳和存储能力，统筹资源开发和环境保护，推动资源高效集约利用和能源供需结构优化调整。

（3）提升特殊薄弱地区总体安全保障能力，以老少边穷地区为重点，加快进疆入藏新通道建设，持续巩固和完善集中连片特困地区基本公共服务，加强重点边境地区沿边、抵边设施建设和军民融合发展，稳步推进我与周边国家及地区间的交通、物流、能源、信息等设施互联互通，加快实施新一轮农村电网改造升级工程，持续改善民生和保障国防、能源及供应链安全。

（4）完善设施网络系统结构，以空间、方式、技术等多层级网络衔接短板为重点，加快未贯通地区国家骨干设施网络建设，优化设施网络干支技术等级结构，实施一批集疏港铁路、铁路专用线建设和枢纽改造工程，统筹要素资源集约利用，推动各类设施衔接协调、功能互补、共建共用，提升各种基础设施网络的整体运行效率和服务水平。

（二）基础设施数字化、绿色化转型升级

（1）围绕提高供给效率，以安全集约高效为目标，加快设施调度指挥、运行管理、状况感知、监测预警、运维巡检等系统的数字化、智能化改造，加强智能化铁路信号系统、干线公路重点区段感知、空管调度、数字航道、自动化码头、自动化分拣中心、智能电网调度系统、微电网、水

利联合调度系统等建设。加大基础设施绿色化改造，加强绿色技术创新和节能减排技术应用，提升基础设施中绿色化设施建设运营的投资比重。

（2）围绕提升服务品质，以精准便捷人性为目标，加快延伸拓展面向终端消费者的服务功能，并通过数字化精准识别对接需求来不断调整完善设施功能，提高设施服务互联网销售比例和票据电子化水平，加强智能用电用水及配送系统建设，推广客运枢纽内全景导航及全程行李托运等电子化服务，借助大数据跟踪用户行为完善设施规划设计。

（3）围绕催生业态创新，以产业链升级为目标，加快与装备制造、旅游、商贸、金融、环保等行业的深度融合，推动传统设施领域组织管理框架的调整和商业服务模式的重构，联动自动驾驶汽车制造业、地图导航服务业建设车路协同的智慧公路，联动新能源汽车产业、能源行业建设充电桩、加气站及电池组装配中心等设施，联动旅游行业发展风景道、景观铁路、"动域旅游""全程出行规划"等设施及服务，联动商贸、金融等行业发展电商快递、供应链金融，促进传统运输企业向现代物流集成商转变。联动环保产业发展共享单车、共享汽车、电池回收、绿色建筑等设施及服务，推动基础设施行业绿色化改造。

（三）数字基础设施网络化协同融合

（1）在感知层，统一通信技术标准，扩展信息接收范围，加快芯片处理器、基础传感技术和装备的创新研发和应用。

（2）在网络层，拓展网络覆盖范围，提高网络传输速率，加快以千兆光纤宽带固定网、5G移动网、北斗卫星通信网等为代表的基础信息网络以及电力等行业安全专用信息网络的规模化建设。

（3）在平台层，强化整合处理能力，提升开源兼容水平，加快云计算、边缘计算、超级计算、分布式计算等设施建设，挖掘海量采集数据价值，加快兼容性操作系统、软件定义网络、区块链等组织管理技术的应用，提升平台多元化服务支撑能力。

（4）在应用层，加快重点领域场景各类数字化设施的应用协同及融合创新，围绕工业生产、公共卫生、公共安全、智慧城市、智慧农业、环境保护等重点领域和场景，推进物联网、车联网、工业互联网、远程医疗、疫情防控等设施部署，促进数字经济相关产业快速发展。

六、治理体系：瞄准三大调整方向

（一）“目标”治理：经济资源的时空配置

（1）有利于区域经济发展战略的实施和统一开放大市场的实现，形成若干重要的能源通道、贸易走廊、产业轴带、创新基地、开放高地和经济中心，强化带状引领和圈状辐射作用。

（2）加强与相关产业的联动融合发展，以运营管理体制改革及经营业态创新为先导，细化配套政策保障，加强精细化、数字化、绿色化、协同化发展，强化综合立体开发，促进资源节约集约高效利用，充分挖掘自身服务潜力和催生经济新动能的作用。

（3）更深度融入开放型世界经济，充分考虑国际政治经济变化发展因素，统筹协调国际产能对接合作、国际贸易、资金融通、人文交流等需求，在加强国际设施联通的基础上，有组织、有重点地优化布局和联动开发，促进规划设计、施工建造、投融资及相关技术研发、装备制造等高质量、标准化、成体系地“走出去”，形成国内国际双循环。

（二）“门槛”治理：竞争中性的开放互联

（1）深化行政管理体制改革，进一步加快推动相关行业“政企分开”“放管服”“综合管理”，强化竞争政策基础地位，打破行政性垄断、防止市场垄断，清理废除妨碍统一市场和公平竞争的各种规定和做法，依法加强各种所有制经济产权保护，加大知识产权保护力度，完善政府守信践诺机制。

（2）健全现代企业治理体系，完善国有资产监督管理体制机制，深入推动国有企业混合所有制改革，统筹基础设施建设与运营关系，加快铁路、电力、电信等网络型基础产业的竞争性治理。

（3）完善要素市场化配置体制机制，细化创新设施用地供给、集约节约利用和空间综合开发配套措施，加大股票债券、银行贷款、保险基金等资本要素对设施投融资的有效供给，加快数据、技术等要素市场的培育和发展，健全要素市场运行机制。

（4）建立健全设施高质量发展体制机制，强化国家重大基础设施发展规划引领，加强标准化建设，推动各类设施统筹规划、协同建设。

（三）"过程"治理：全生命周期的精细化管理

（1）进一步健全规划体系，确保方向准确、重点突出、节奏合理。在战略规划层面，确保与国民经济发展阶段以及国土空间和资源开发重点相匹配。在发展规划层面，要与不同地域产业、城镇化及要素流动特点相适应，综合协调各种资源的集约节约利用。在建设规划层面，要把握不同实施主体在不同阶段的具体实施能力。此外，为更好识别、对接和协调供需，在规划管理体制机制上要更加注重多元主体的广泛深度参与，特别是在重大项目的技术论证中，要进一步加强需求预测和经济社会效益综合分析，注重经济原则和全面反映项目生命周期的各种成本，为基础设施精细化决策提供科学依据。

（2）深化投融资管理，更加强调精准化、法治化和规范化。注重有机结合项目的公益性、社会性和市场性，强化依法充分界定和有效保护各类投资主体的权益，加强投资实施的透明度以及金融创新，在有效防范债务和金融风险的同时，优化各级政府、各类相关金融机构与社会资本之间的合作，健全风险和收益分担机制，使项目更具产权激励、经济效率和财务可持续性。

（3）统筹优化工程建设管理，突出协同性和兼容性。注重统筹协调设计和验收标准，注重统筹成本预算控制和资源集约节约利用及环保措施的激励，确保工程质量达标和建设进度合理。

（4）强化运营维护管理，注重精细化、人文化。进一步加强对运维主体的产权保护和创新激励，促进设施安全高效利用和精准对接需求，提升设施综合开发强度，完善设施养护体系。此外，全过程必须坚守安全、绿色、环保、保障相关利益主体合法权益等发展底线，加强“事中事后”联合监管，不断完善信用体系及追责机制。

参考文献

[1] 王杨堃 . 关于新时期中欧班列战略功能定位的思考 [J]. 大陆桥视野，2017（5）：47–48.

[2] 国家铁路局 . 铁道统计公报 [R]. 2016—2020.

[3] 交通运输部 . 交通运输行业发展统计公报 [R]. 2016—2020.

[4] 中国民用航空局 . 全国民用运输机场生产统计公报 [R]. 2016—2020.

[5] 国家统计局 . 国民经济和社会发展统计公报 [R]. 2016—2021.

[6] 工信部 . 通信业统计公报 [R]. 2016—2021.

[7] 国家互联网信息办公室 . 数字中国发展报告 [R]. 2020.

[8] 国务院新闻办公室 . 中国交通的可持续发展 [R]. 2020.

[9] 吴文化 . 迎难而进 奋力打好“十三五”交通运输发展规划收官战 [J]. 中国经贸导刊，2020（11）：20–23.

[10] 帕拉格·康纳 . 超级版图：全球供应链、超级城市与新商业文明的崛起 [M]. 北京：中信出版社，2016.

[11] 习近平 . 决胜全面建成小康社会　夺取新时代中国特色社会主义伟大胜利——在中国共产党第十九次全国代表大会上的报告 [M]. 北京：人民出版社，2017.

[12] 习近平 . 正确认识和把握中长期经济社会发展重大问题 [J]. 求知，2021（2）：4–7.

[13] 习近平 . 在深圳经济特区建立 40 周年庆祝大会上的讲话 [J]. 共产党员，2020（22）：4–7.

[14] 汪鸣 . 新形势下物流产业发展新动向 [J]. 物流技术与应用，2020，25（10）：80.

[15] 王杨堃，张广厚，秦山."十四五"时期交通运输支撑引领现代化经济体系建设的思路［J］. 中国经贸导刊，2021（6）：27–30.
[16] 张建宇."有条件的地方率先达到碳排放峰值"意味着什么［N］. 中国环境报，2020–11–19.
[17] 李连成，王杨堃.交通基础设施高质量发展的思考［Z］. 综合运输，2019（7）.
[18] 荣朝和.交通－物流时间价值及其在经济时空分析中的作用［J］. 经济研究，2011，46（8）：133–146.
[19] 本书编写组.中共中央关于制定国民经济和社会发展第十四个五年规划和二〇三五年远景目标的建议［M］. 北京：人民出版社，2020.
[20] 王杨堃.高铁发展再审视［J］. 中国投资（中英文），2019（7）：32–34.
[21] 中共中央国务院关于构建更加完善的要素市场化配置体制机制的意见［N］. 人民日报，2020–04–10.